# 독학 경매 1

바보라도 따라 할 수 있는

# 독학 경매 1

**초판 1쇄 발행** 2011년 9월 15일
**초판 3쇄 발행** 2021년 8월 4일

**지은이** 박수진 **문제출제** 심은영 **감수** 이순
**펴낸이** 김선식

**경영총괄** 김은영
**콘텐츠사업1팀장** 임보윤 **콘텐츠사업1팀** 윤유정, 한다혜, 성기병, 문주연
**마케팅본부장** 이주화 **마케팅2팀** 권장규, 이고은, 김지우
**미디어홍보본부장** 정명찬
**홍보팀** 안지혜, 김재선, 이소영, 김은지, 박재연, 오수미, 이예주
**뉴미디어팀** 김선욱, 허지호, 염아라, 김혜원, 이수인, 임유나, 배한진, 석찬미
**저작권팀** 한승빈, 김재원
**경영관리본부** 허대우, 하미선, 박상민, 권송이, 김민아, 윤이경, 이소희, 이우철, 김재경, 최완규, 이지우, 김혜진

**펴낸곳** 다산북스 **출판등록** 2005년 12월 23일 제313-2005-00277호
**주소** 경기도 파주시 회동길 490
**전화** 02-702-1724 **팩스** 02-703-2219 **이메일** dasanbooks@dasanbooks.com
**홈페이지** www.dasan.group **블로그** blog.naver.com/dasan_books
**종이** (주)한솔피앤에스 **출력·인쇄** (주)북토리

ISBN 978-89-6370-497-5 (04320) 1권
       978-89-6370-496-8 (04320) 세트

* 책값은 표지 뒤쪽에 있습니다.
* 파본은 구입하신 서점에서 교환해 드립니다.
* 이 책은 저작권법에 의하여 보호를 받는 저작물이므로 무단 전재와 복제를 금합니다.

---

다산북스(DASANBOOKS)는 독자 여러분의 책에 관한 아이디어와 원고 투고를 기쁜 마음으로 기다리고 있습니다. 책 출간을 원하는 아이디어가 있으신 분은 다산북스 홈페이지 '투고원고'란으로 간단한 개요와 취지, 연락처 등을 보내주세요. 머뭇거리지 말고 문을 두드리세요.

바보라도 따라 할 수 있는

# 독학 경매 1

박수진 지음 | 심은영 문제 | 이순 감수

• 기본편 •
입찰 전 준비해야 할 모든 것

**프롤로그**

# 확실한 성과를 거둘 수 있는 경매투자

　나는 세상 물정을 잘 모르는 사람이었다. 지금도 많은 부분 살아가는 데 서툰 구석이 많은 사람이다. 하루가 다르게 급변하고 있는 한국이라는 나라에서 아직도 많은 것들이 생소하고 새로운 것들을 발견할 때면 스스로 놀라곤 한다. 유년 시절을 조그만 시골마을에서 보냈던 탓도 있거니와 서울에서 대학생활을 보내자마자 해외에서 거의 6년이라는 세월을 생활했기 때문에 그런 것인지도 모른다. 이런 이유로 많은 부분 이래저래 뒤처진 삶이었다.

　숨 가쁘게 나 자신을 몰아치며 살았다. 마음 편하게 발 뻗고 몸을 누일 한 칸의 공간을 마련하기 위해, 나의 가족들 앞에서 당당해지기 위해, 그렇게 나 자신을 채찍질하며 살았다. 직장을 다니며 일 분을 아껴가며 쉴 새 없이 재테크에 관련된 책들을 섭렵하기 시작했다. 하지만 공부를 하면 할수록 드는 회의감을 떨칠 수가 없었다.
　'이렇게 해서 언제?'
　아마 당신도 나와 같은 회의감을 가지고 있을지 모르겠다. 모든 게다 대단해 보이는데 막상 자신과는 동떨어지고 허황되어 보이는 그 미심쩍은 느낌 말이다.

주식투자도 나에게 그러했다. 정말 클릭 몇 번 만으로 큰돈을 벌것 같은데, 그런데 어김없이 "그럼 그렇지" 하는 상황이 되어버리곤 하는 것이다. 지금에서야 알았지만 주식공부도 엄청난 노력과 공부가 필요하다. 결국 자신이 만들어놓은 기본과 소신을 지키는 것이 중요하고 등락을 거듭하는 시장에서 자기 자신을 통제할 줄 알아야 이길 수 있다는 절대 진리를 깨닫고 나서야 안정된 투자를 할 수 있다고 한다. 하지만 일반 사람들에게는 너무 위험한 과정이 될 수 있다. 주식투자로도 얼마든지 큰돈을 버는 사람도 있다. 이렇게 말할 수 있는 것은 꾸준히 수익을 만들어내는 투자자를 가까이서 봐왔기 때문이다. 상승시장에서든 하락시장에서든 그 투자자는 꾸준히 수익을 만들어내는 것이다. 그런 투자자가 나에게 이렇게 말했다.

"제가 아무리 잘해도 여전히 주식투자는 불확실한 싸움이에요. 그래서 늘 대비를 하고 있어야 해요. 아무리 공부를 하더라도 시장의 패턴은 계속 변화하고 새로운 양상들이 나타나죠. 그래서 어제까지의 승자가 하루아침에 패자가 될 수 있는 것이 이 주식투자의 세계예요. 지금 시장에 먹히는 기법이 다음날이면 무용지물이 되어버리기가 일쑤죠. 그래서 공부를 아무리 많이 한 사람도 주식투자에 대해서는 장담할 수 없어요. 하물며 일반 사람들은 어떻겠어요. 재테크의 투자방법으로 선택하기엔 참으로 불확실한 시장인 거죠. 그러나 경매투자는 달라요. 공부가 조금 되었을 때는 여전히 장님이 코끼리를 만지는 느낌

이겠지만 경매투자는 일반인도 얼마든지 공부를 하면 '이제 이 정도가 됐구나!'라는 일정 정도의 기준이 정해져 있어요. 즉 장님이 코끼리를 만지더라도 한 달 정도 지속해서 더듬게 된다면 어느 정도 코끼리라는 형체를 분명히 알 수 있듯이 경매투자에 있어서 공부를 해두어야 하는 어느 일정 정도의 수치가 정해져 있으므로 확실하게 매달리고 공부하면 쉽게 목표지점을 향해 나아갈 수 있게 되는 것이죠. 그리고 곁가지로 알아두어야 할 건축에 관련된 것들이나 관련 지자체 법조항들, 개발내용 등 투자에 관련된 것들은 얼마든지 전문가에게 조언을 구해 확실한 답변을 들을 수도 있고요. 지속적인 공부를 한다면 일정 정도의 궤도에 오를 수 있고 확실한 투자를 할 수 있는 분명한 선이 있다는 것이 경매투자의 가장 큰 매력인 것 같아요."

그렇다. 다른 투자 분야에 비해 경매투자는 제대로 공부를 해둔다면 누구나 능숙한 투자자가 될 수 있고 확실한 성과도 거둘 수 있다(몇 번의 경험이 있는 경매투자라면 이 말이 무슨 뜻인지 잘 이해가 될 것이다. 투자를 하면 할수록 점점 깨닫게 되는 것이 "아, 좀 더 공부를 했더라면 분명 더 좋은 기회를 잡을 수 있었을 텐데. 분명 더 좋은 수익을 얻었을 텐데"라는 아쉬움이 생긴다는 것이다).

우리는 부동산투자와 경매투자에 대한 부정적인 이야기들을 끊임없이 들어왔다. 경매투자를 하는 사람들에 대해 아직도 부정적인 시각을 갖고 있는 사람들이 적지 않은 것도 사실이다. 불쌍한 사람들의 불행을 이용하여 돈을 번다는 인식이 바로 그것이다. 하지만 경매투자의 속을 들여다보면 불쌍한 사람들의 불행을 이용하여 돈을 버는 사람들은 극소수(실제로 타인의 입장을 전혀 고려하지 않고 자신의 이익만을 우선시하는 사람들도 있다.)에 불과하다. 아무튼 경매투자를 하는 사람들이 우리나라 경제의 한 축을 담당하고 있는 것은 분명한 사실이다.

경매투자를 한다는 것은 한 부동산 소유자가 빚을 못 갚아 그의 소유권을 빼앗고 강제로 그를 그의 주택에서 내쫓는 것이 결코 아니다.
경매나 공매를 통해 자신의 재산을 처분하고 싶어 하는 사람들도 있고, 빚에서 자유로워지고 싶은 사람도 있으며, 피땀 흘려 번 돈을 빌려주고도 못 받은 돈을 회수해야만 되는 사람도 있다. 돈을 빌려준 은행 입장에서는 부실 은행이 되지 않고 고객이 예탁해놓은 돈을 지키길 바라는 것이 당연하며, 경매절차가 진행되는 동안 건물의 관리가 전혀 되지 않아 열악한 환경에서 살아야만 하는 세입자 입장에서는 자신의 보증금을 돌려받을 수 있게 되는 마지막 기회이기도 하다.

사람들의 흔한 오해 중 하나가 '경매투자는 단순하다'는 것이다. 그러나 정말로 그럴까? 경매투자를 만만하게 생각하는 자세는 그 자신에게도 결코 좋은 자세라고 할 수 없다. 잘하면 한 번의 부동산투자로 일반 직장인들의 일 년 월급을 벌 수 있는 경매투자, 이런 분야가 단순하기 그지없다면 너도나도 앞 다퉈 경매투자에 뛰어들지 않겠는가 말이다. 경매투자에 나서는 사람 누구나 돈을 벌 수 있는 기회는 있다. 그러나 실제로 아무나 경매투자에 성공하는 것은 아니다. 다음과 같은 태도로 경매에 임하는 사람들은 경매투자에 실패할 수밖에 없다.

1. 공부는 필요 없고, '물건 하나 잘 골라 낙찰 받으면 팔자 고친다'

라고 생각하는 사람
2. 신기루와 같은 비법만 찾아 헤매는 사람
3. 500만 원, 천만 원을 우습게 보는 사람
4. 너무 쉽게만 돈을 벌려고 하는 사람
5. 실수를 통해 배우지 못하는 사람
6. 자신에게 맞는 투자계획이 없는 사람

　투자에 대한 공부를 안 해둔 사람에게는 작은 행운이 오히려 불행이 될 수 있다. 혹시 당신이 실수요자로 저가로 살 주택을 구입하겠다는 사람이 아니라면 하나의 투자로 대박을 바라서는 안 된다. 한 번의 투자가 좋은 결과로 끝나면 다행이지만 오히려 그 반대로 불행의 전초가 될 수도 있기 때문이다. 그냥 '좋은 물건 하나 잘 낙찰 받으면 되지'라는 생각에 투자를 했는데, 막상 낙찰을 받고 나서야 의외의 문제들로 엄청 마음고생을 하게 될 수도 있는 것이 경매투자다. 한 번의 낙찰로 수익을 보았다고 하여 또 다른 물건에 섣불리 투자하여 두고두고 애를 먹기도 한다. 어떤 사람들은 경매투자로 수익을 얻게 된 500만 원이나 1,000만 원을 너무 적은 금액이라고 만만히 보는 사람들이 있다. 하지만 이 금액은 일반사람들이 기본생활비를 빼고 꾸준하게 저축하여 모을 수 있는 금액이다. 그러나 사람의 마음이란 참으로 묘하다. 대박을 바라고 했던 투자인 탓에 금액이 생각보다 너무 적다고 느끼게 되는 것이다.

　당장의 수익이 중요한 것이 아니라 지속적으로 성공하는 투자를 해나가는 것이 경매투자에서는 중요하다. 능숙한 투자자가 되느냐 마느냐에 따라 결국 이기는 투자자와 실패하는 투자자가 결정된다. 큰 부자가 아니어도 경제적으로 여유롭게 살 수 있느냐 없느냐가 바로 여기에 달려 있는 것이다. 분명 경매투자는 알면 알수록 어떤 묘미가 있다. 경매투자의 어떤 한 방법을 잘만 습득하면 두고두고 잘 써먹을 수도 있다. 하지만 그 방법을 실행에 옮길 수 있게 되기까지는 또한 많은 지식을 꾸준히 습득하고 어느 정도 투자에 익숙해진 후에야 가능한 일이다.

한 번의 성공 투자를 했다고 해서 모든 것을 다 안다고 자만할 일도, 한 번의 잘못된 투자로 좌절할 일도 아니다. 투자에 익숙해지고 끊임없이 자신을 연마해 간다면 큰 성과를 얻을 수 있는 것이 바로 경매투자이기 때문이다.

그런데 직장까지 그만두고 일 년을 열심히 발품만 팔다가 혹은 한 번 투자를 해보고 수익이 기대한 것 이하라며 경매투자를 접는 사람들이 있다. 경매투자에 어느 정도 익숙해질 때까지는 절대 본업을 그만두어서는 안 된다. 오히려 본업이 있기에 더 나은 투자를 할 수 있는 것이다. 현명한 사람들은 경매투자를 자신의 자산을 늘리거나 노후를 대비하는 하나의 방편으로 이용하면서 자신의 소명을 찾아 그 일을 열심히 하는 사람들이다.

당신이 투자나 인생의 허망함을 느끼지 않으려면 투자에 앞서 자신의 삶에 대한 설계가 있어야 한다. 대박을 바라며 돈을 좇아서는 안 된다. 당신의 책상 앞에 붙여두었던 목표 금액은 잊힌 지 오래고, 목표를 써둔 종이는 너덜너덜해져서 이젠 더욱더 빛바랜 허황된 목표로 느껴

지고 있지는 않는가?

 필자도 한때 이 세상 두려울 것이 없을 때가 있었다. 차를 끌고 마트에 가면 자신이 주차할 수 있는 공간이 출입구 앞에 항상 나더라고 웃으며 말하던 드라마 〈시크릿〉에 나오던 한 남자처럼 나도 그럴 때가 있었다. 주차를 못한 차들이 꼬리를 물어도 우스갯소리로, "내가 주차할 공간은 꼭 생긴다니까."라고 장담하면 꼭 그렇게 될 때가 있었다. 설마 하던 사람들도 나와 함께 동행을 해보곤 깜짝 놀라 파안대소를 하기도 했다. 그런데 커다란 슬럼프가 찾아왔다. 모든 것이 내가 바라던 그대로 다 이루어질 것 같은 그 기운에서 모든 것이 바닥으로 곤두박질친 것이다. 목표를 잃어버린 때문은 아니었다. 그 목표를 왜 이루어야 하는지에 대한 의문이 들었던 탓이었다. 이 슬럼프를 극복하는 데 무려 1년이라는 처절한 시간을 필요로 했다.
 당신의 계획이 이루어지길 바란다면 목표 금액을 적어 책상 앞에 붙여놓는 것보다는 왜 하필 그 목표여야 하는가에 대한 깨달음을 먼저 얻는 것이 중요하다. 왜 그 목표여야 하느냐의 질문에 구체적인 답을 할 수 있는 사람이라면 자신의 인생설계가 되어 있는 사람일 것이고, 그런 사람은 목표를 향해 나아가면서 부딪히게 될 난관에 대해 좌절하지 않을 것이며, 실수로부터 배워 결국 자신이 바라던 인생의 모습으로 살아갈 수 있게 될 것이다.

 이 책을 집어든 사람이라면 당신은 이런 사람들 가운데 한 사람일 것이다.

1. 권리분석에 대한 기본적 뼈대를 잡았는데 막상 투자를 하려고 하니 모르는 것이 많은 사람
2. 낙찰을 받았는데 어떻게 처리해야 할지 모르는 사람
3. 한두 번의 투자로 경매에 대한 감은 잡았는데 실제로 보다 나은 투자를 하고 싶은 사람
4. 알아두어야 할 대부분의 내용이 담겨 있는 권리분석에 대한 기본서가 절실한 사람
5. 모여서 권리분석 스터디를 하려고 하는데 마땅한 교재가 없는 사람
6. 자신이 제대로 알고 있는지 점검해 보고 싶은 사람
7. 경매 분야에서 고수가 되고 싶은 사람
8. 권리분석에 대한 자신의 실력을 검증받고 타인에게 알려야 할 필요성이 있는 사람(경매컨설턴트, 부동산중개인, 법무사, 변호사 등)
9. 경매투자만을 전업으로 하고 싶은 사람

어떻게 이렇게 잘 아느냐고 반문할 필요는 없다. 필자인 나 자신이 이런 책에 대한 필요성이 절실했던 적이 있었으니까. 이 책은 또한 이런 사람에게도 도움이 될 것이다.

1. 월급 이외에 분명한 수익을 창출하고 싶은 직장인
2. 한 가지 투자 분야에 전문가만큼의 지식을 얻고 싶은 사람
3. 능숙한 투자자가 되길 바라는 사람
4. 늘 이기는 투자를 하고 싶은 사람
5. 가족과 함께 더 많은 시간을 보내고 싶은 사람

6. 게으른 부자가 되고 싶은 사람

어릴 적부터 내가 갈망하던 것이 게으른 부자가 되는 것이었다. 일만 하다가 인생을 마감하는 것이 싫었고, 게으른 가난뱅이가 되는 것도 원치 않았다. 그래서 선택한 것이 경매투자였고, 지금은 나에게 더할 나위 없이 좋은 투자방법이 되었다.

"게으른 백만장자는 최소한 일하고 최대한 즐긴다."
— 마크 피셔의 《게으른 백만장자》에서

최소한의 일을 하기 위해서는 먼저 공부부터 해야 한다. 효율적으로 일하면서 부자가 되는 공부에 시간을 투자해야 한다. 그래야 최소한 일하고 최대한 즐길 수 있는 인생을 살 수 있게 되는 것이다. 성급하게 생각해서는 안 된다. 고작 몇 시간 공부한 후 또는 누군가 알려준 투자처에 투자한 뒤 왜 벼락부자가 되지 않느냐며 투덜거리는 건 곤란하다.

주식투자로 오늘 50억 원을 번 사람과 1,000만 원을 번 사람 중 10년 후 과연 누가 부자로 남아 있을까?

한 번의 운으로 큰돈을 벌었다면 한 번의 불운으로 모든 것을 잃을 수도 있다.

한 번의 운으로 50억을 번 사람이 다시 50억의 빚을 지는 데 고작

한 달의 시간이 걸리지 않을 수도 있다. 하지만 비록 오늘 50억이 아닌 1,000만 원을 번 사람일지라도 꾸준히 투자공부를 한다면 지속적으로 500만 원 1,000만 원을 벌 수 있는 능력을 가지게 될 것이고, 10년 후에는 엄청난 부자가 되어 있을 것이 분명하다(이것은 실제 이야기이다. 이것이 가능한 것은 그 투자자의 10년이 넘는 꾸준한 공부 덕분이다. 그 사람은 내가 아는 사람들 가운데 가장 책을 많이 읽는 사람이기도 하다).

당신이 꿈꾸는 삶을 현실로 이루고 싶다면 지금 당장 당신이 해야 할 일은 투자에 대한 공부를 제대로 하겠다는 분명한 결단을 내리는 일이다. 그리고 가장 적절한 공부 방법을 찾아 그것을 단기간에 마스터하는 데 집중하기로 결심을 하는 것이다. 그런 결심을 하였다면 이 책은 당신에게 더할 나위 없이 든든한 동반자가 되어 줄 것이다.

《독학 경매 1·2》에는 경매투자자가 알아두어야 할 대부분의 내용이 소상히 담겨 있다. 그리고 법원에서 경매절차 시 기본 지침서가 되는 실무제요(일반인들에겐 잘 알려지지 않은)에 나오는 내용이 이해하기 쉽게 정리되어 있다(그래서 경매절차 부분에서는 법원의 실무제요 내용이 다소 많이 인용되었다). 뿐만 아니라 문제가 수록되어 있어 당신이 공부한 것을 제대로 점검받을 수 있는 데 크나큰 도움이 될 것이다. 문제마다 투자 시 유용하게 쓰일 내용들도 많이 담겨 있으므로 본문의 내용만 볼 것이 아니라 문제도 꼼꼼히 풀어보는 것이 좋다. 투자에 대한 공부를 이렇게 강조하고 있는 필자 자신도 아직은 투자에 있어서 부족함도 많고 대단한 경매고수도 아니다. 하지만 당신이 가고자 하는 길을 한발 먼저 걸어본 사람으로서 그동안의 경험과 필요한 지식을 감히 말해보고자 하는 것이다.

　이 책은 사실 단기간에 마스터하기엔 좀 버거울 수 있다. 그리고 실제투자시 알아두면 좋을 내용들이 《독학 경매 2》에 다소 많이 배정되어 있는 것에 대한 송구함도 있다. 그래도 《독학 경매 1》의 내용을 제대로 숙지한다면 경매투자 시 접하게 되는 많은 문제점을 보다 현명하게 대처할 수 있을 것이다. 그리고 당신이 경매투자를 하면서 궁금해하는 것들의 답을 상당히 많이 찾을 수 있을 것이다. 또한 당신이 힘들게 공부한 만큼 두고두고 편안한 삶을 살 수 있다면 그것으로 충분한 것이 아니겠는가. 여기에 나오는 내용들이 굳이 투자로 이어지지 않는다 할지라도 삶을 살아가는 데 유용한 지식들이 될 것이다. 공부를 하다가 막히는 부분이 있거나 투자 시 어려운 점이 있으면 '부자파로스(http://cafe.naver.com/bujapharos)'로 질문을 올려주기 바란다. 많은 경험을 가진 분들의 명쾌한 답변을 들을 수 있을 것이다.

　이 책이 나오기까지 많은 분들이 도움을 주고 수고해 주셨습니다. 이 책이 나오기까지 2년의 시간을 함께 작업해주고 문제 출제 부분을 맡아준 심은영 님, 늘 아낌없는 응원을 주고 계신 우리 파로스 회원님과 원고를 전체적으로 검토하는 데 도움을 주신 아웃라이어님과 이순 법무사님, 파로스의 파워 권리분석팀 멤버인 김순석 님, 박은실 님, 조아영 님, 저에게 이런 기회를 주시고 원고에 심혈을 기울여주신 다산북스의 김선식 대표님과 임영묵 팀장님, 변지영 분사장님, 신현숙 과장님 그리고 직원 여러분들, 그 외에도 저를 응원해주신 많은 분들께 진심으로 감사의 말씀 올립니다.

　감사합니다.

# 차례

바보라도 따라 할 수 있는 독학 경매

## 제1장 | 경매의 기본기 다지기

### 1. 권리분석과 물건분석하기

**1** 권리분석의 방법 ······ 30
권리분석이란? / 물건분석이란? / 권리분석 시 필요한 자료들

**2** 권리분석과 물건분석의 순서 ······ 32
물건정보 검색 / 해당 물건의 등기부등본 열람 / 현황조사서, 감정평가서 그리고 매각물건명세서 검토 / 해당 물건 현장조사 시 필요한 서류 검토 / 목적부동산에 방문 시 검토해야 할 사항 / 매각물건명세서 확인과 농지취득자격증명원 등의 서면 제출 여부에 대한 확인 / 입찰 전 등기부등본 열람과 금융권 대출 여부의 확인

**3** 권리분석의 시작 — 말소기준권리 찾는 법 ······ 39
말소기준권리란? / 말소기준권리가 되는 대표적 등기들 / 말소기준권리 찾기 / 말소기준권리와 임차인의 관계 / 토지와 건물의 말소기준권리가 상이한 경우는 어떻게 하는가? / 인수되는 등기와 소멸되는 등기

### 2. 해당 부동산의 임차인에 대한 권리 파악하기

**1** 주택임대차보호법을 알아야 임차인에 대해 분석할 수 있다(주택임대차보호법의 주요 사항들) ······ 42
주택임대차보호법이란? / 주택임차인이란? / 주택의 임대인이란? / 임차인이 법인인

경우 / 임차인 가족의 주민등록도 포함이 되는가?(세대합가) / 임차인이 외국인인 경우 / 임차인의 적법한 주민등록의 요건은? / 등기부상 소유자로 되어 있던 사람이 임차인이 된 경우(점유개정) / 임차인은 주민등록 할 주소를 어떻게 신고해야 하는가? / 공부상 주소표시와 주민등록이 불일치하는 경우는 어떻게 처리되는가? / 주택의 일부가 주거 외의 목적으로 사용되는 경우 보호받을 수 있을까? / 주거용 건물인지 판단하는 시점은 언제인가? / 사용승인 받지 않은 건물에 살고 있는 임차인도 주택임대차보호법의 대상이 되는가? / 주거용 건물에 전세권 설정등기가 된 경우 / 보증금을 반환받지 못한 임차인이 임차권등기명령 신청을 하는 이유? / 전세권자가 주택임대차보호법으로도 보호받을 수 있는가?

### 2 임차인의 대항력 파악하기 ················································· 51

임차인의 대항력이란? / 대항력이 지속되려면 어떤 조건을 갖추어야 하는가?(대항력의 존속요건) / 임차인의 대항력 효력은 언제 발생하는가? / 임차인이 대항력을 주장하기 위해서 대항요건을 갖추어야 하는 시기는? / 대항요건은 언제까지 유지하고 있어야 하는가? / 여러 가지 상황에 따른 임차인의 대항력 여부 / 임차인이 간접점유 하고 있는 경우 / 임대차관계가 없다고 증언한 임차인의 대항력 여부(무상임대차각서를 써준 경우) / 세대합가시 임차인의 대항력

### 3 임차인이 확정일자를 갖추면 환가대금으로부터 우선변제 받을 수 있다 (우선변제권) ···································································· 58

우선변제권이란? / 임차인이 우선변제권을 행사하기 위한 요건은? / 확정일자란? / 확정일자로 인정받는 것들에는 어떤 것들이 있는가? / 확정일자를 받은 임대차계약서를 분실한 경우 입증할 수 있는 방법이 있는가? / 확정일자와 우선변제적 효력에 대해 자세히 알아보자 / 임차인의 우선변제권 발생시점은? / 확정일자를 갖춘 임차인과 다른 채권자와의 관계는 어떻게 되는가? / 임차인이 임차보증금액에 대해 우선변제 받을 수 있는 대상은?

### 4 임차인의 명도시 반드시 알아두어야 할 우선변제권과 대항력 ·········· 66

대항력 있는 임차인이 확정일자도 갖춘 경우 / 대항력이 없는 임차인의 경우 / 대항력과 우선변제권 두 가지 권리를 가지고 있는 임차인이 배당요구 철회를 한다면? / 제2차 경매절차에서도 임차인은 우선변제권의 행사를 할 수 있는가? / 전차인도 우선변제권을 행사할 수 있을까?

**5** 소액임차인은 최우선적으로 변제받을 수 있다(최우선변제권) ················ 70

소액임차인이란? / 소액임차인이 최우선변제권을 행사하기 위한 요건은? / 최우선변제권의 특징 / 소액임차인의 범위와 배당액표 / 소액임차인의 판단 기준일은? / 전차인이 소액임차인인 경우 / 공동임대인으로부터 임차한 주택의 공유지분이 경매되는 경우

**6** 주택임대차보호법에서 알아두면 좋을 기타 사항들 ·················· 74

주택임대차의 기간 / 묵시의 갱신(주택임대차보호법 제6조) / 임차권등기명령과 당사자의 신청에 의한 임차권설정등기의 비교 / 임차한 주택에 경매가 진행될 경우 임차인의 임대차계약은 어떻게 되나?

## 3. 상가건물임차인에 대한 분석

**1** 상가건물임차인 ························································ 77

상가건물임차인이란? / 대통령령이 정하는 보증금액의 한도 / 상가건물임차인의 보증금과 월차임의 합산

**2** 상가건물임대차 대항력과 우선변제권 요건 ····················· 79

대항요건과 대항력 효력의 발생시점 / 상가임차인의 대항력 특징 / 사업자등록의 효력 / 상가건물임대차 우선변제권 요건

**3** 상가임차인의 최우선변제권 ········································· 81

상가임대차의 최우선변제권의 요건 / 상가임차인의 소액보증금액 및 최우선변제금액의 범위(2010.7.26.부터 적용되는 범위)

**4** 상가건물임대차보호법에서 알아두면 좋을 기타 주요 사항들 ······ 82

상가건물임대차의 기간 / 계약갱신과 묵시의 갱신(상가건물 임대차보호법 제10조) / 매수신청인의 사업자등록신청일의 확인 방법

**제1장 문제** ····························································· 85

# 제2장  부동산 위의 권리들 파악하기

## 1. 권리분석 시 선순위와 후순위 그리고 최선순위을 알아야 한다

### 1 선순위와 후순위에 대해 알아보자 — 123
선순위, 후순위란? / 채권(債權)이란? / 물권(物權)이란? / 물권과 채권의 순위는 어떻게 정해지는가?(물권우선주의)

### 2 최선순위란? — 125
최선순위 / 최선순위의 순위 / 일반적 배당순위를 알아보자

## 2. 등기부상의 권리들(말소기준권리가 되는 등기들)

### 1 근저당권과 저당권 — 128
저당권이란? / 저당권에 의해 경매신청 된 경우(저당권의 담보물권의 실행) / 저당권과 근저당권과의 차이는? / 선순위(근)저당권에서 대한 유의사항(흔적만 남아 있는 (근)저당권) / 유저당계약이란 무엇인가? / 저당권과 근저당권의 경매신청(실행)의 비교 / 근저당권 실행으로 인한(경매신청시) 근저당권피담보채권의 확정시기 / 불법말소 된 (근)저당권일 경우 / 전세권을 목적으로 한 저당권

### 2 압류 — 133
압류란? / 압류와 가압류의 차이점은? / 압류도 말소기준권리가 될 수 있다

### 3 가압류 — 135
가압류란? / 가압류의 배당 / 참가압류란? / 가압류의 소멸

### 4 담보가등기 — 138
담보가등기란? / 담보가등기의 두 가지 성질 / 가등기의 두 종류 / 가등기를 담보가등기로 간주하는 경우 / 담보가등기라도 소멸되지 않는 경우 / 말소촉탁 대상의 가등기 / 채권신고가 없는 가등기 / 채권신고가 있는 가등기 / 가등기의 내용이 밝혀지지 않은 경우

**5** (강제)경매개시결정기입등기 ······················································ 142

말소기준권리가 되는 (강제)경매개시결정기입등기 / 임차인의 대항력 여부 판단시점

## 3. 말소기준등기 이외의 부동산 위의 등기들

**6** 예고등기가 있는 경우 ······························································ 143

예고등기란? / 경매절차에서 예고등기 / 예고등기의 효력 / 예고등기의 종류 / 예고등기의 매각물건명세서 기재 여부 / 예고등기제의 폐지

**7** 환매특약의 등기 ····································································· 145

환매특약의 등기란? / 환매특약의 기간

**8** 가처분 ················································································· 146

가처분이란? / 가처분은 확정되어야 한다 / 말소기준권리보다 선순위가처분등기가 있는 경우 집행법원의 조치 / 처분금지가처분 / 후순위가처분의 본안 승소판결이 이루어진 경우 / 점유이전금지가처분 / 선순위가처분 중 근저당권설정등기청구권을 보전하기 위한 처분금지가처분일 경우 말소 가능한 경우 / 건물철거 및 토지인도 청구권보전을 위한 가처분

**9** 소유권이전등기청구권 보전을 위한 가등기 ································ 152

가등기란? / 소유권이전등기청구권 보전을 위한 가등기의 소멸 여부 / 소유권이전등기청구권보전가등기와 담보가등기의 구분 방법 / 매수자가 소유권을 상실할 수 있는 선순위의 소유권이전등기청구권보전가등기가 있는 경우 법원의 조치 / 선순위 소유권이전등기청구권 보전을 위한 가등기의 소멸시효 / 최선순위의 소유권이전등기청구권 보전을 위한 가등기가 본등기가 된 경우 경매법원의 조치

**10** 전세권(설정)등기 ·································································· 156

전세권(설정)등기란? / 전세권의 소멸 여부 / 전세권 효력의 범위 / 전세권의 존속기간 / 전세권의 법정갱신 / 전세권과 전세금이 분리양도 된 경우 / 전세권자의 필요비와 유익비 / 전세권과 대항요건(전입·점유)도 갖추고 있다면? / 건물 일부에 대한 전세권자라도 경매신청이 가능한가?

**11** 임차권등기 ········································································· 162

임차권등기란? / 임차권등기신청은 어떻게 할 수 있는가? / 임차권등기권자에게도 우

선변제권이 있는가? / 임차권등기권자는 배당요구를 하지 않아도 되는가? / 임차권등기권자가 선순위 대항력 있는 임차인일 겨우 주의사항 / 임차권등기명령과 임차권설정등기의 비교

### 12 지상권 ································································· 165
지상권이란? / 지상권은 주로 언제 설정하는가? / 지상권의 존속기간은? / 지상권의 지료 / 구분지상권 / 지상권과 토지임차권의 구분 / 지상권의 취득시효

### 13 지역권 ································································· 169
지역권이란? / 요역지와 승역지 / 요역지가 수인의 공유인 경우 / 토지가 분할되거나 일부 양도되는 경우 / 지역권 취득기간 / 용수지역권 / 특수지역권

**제2장 문제** ································································· 173

## 제3장 법원경매진행절차의 기본사항들 익히기(공매 포함)

### 1. 경매신청의 대상

**1** 경매신청의 대상에는 어떤 것들이 있는가? ·················· 216

경매신청의 대상이 건물인 경우 / 경매신청의 대상이 토지인 경우 / 토지의 공유지분도 경매신청의 대상이 되는가? / 그 밖에 부동산과 동일시 되어 경매신청의 대상이 되는 경우 / 경매신청의 대상이 되지 않는 경우

### 2. 경매의 종류

**1** 분할(개별)경매와 일괄경매 ····································· 224

분할(개별)경매란? / 일괄경매(매각)란? / 일괄경매(매각)의 요건 / 당연히 일괄경매(매각)해야 하는 경우는? / 일괄매각결정에 대해 알아두어야 할 사항

### 2 강제경매와 임의경매 ... 231
강제경매란? / 임의경매란? / 임의경매와 강제경매의 차이

### 3 공동경매와 이중경매 ... 233
공동경매란? / 이중경매란? / 이중경매개시결정의 요건

### 4 새매각과 재매각 ... 236
새매각 / 재매각

### 5 공매 ... 237
경매와 공매의 비교 / 공매로 매각되는 주요 대상 / 압류재산을 구입하는 경우 / 유입자산 및 수탁재산을 구입하는 경우 / 권리분석 / 명도의 책임 / 공매공고 기간 / 압류재산, 국유재산, 수탁재산, 유입자산의 공매절차상 비교 / 공매절차 / 온비드를 통한 공매참가절차 / 재산종류별 낙찰 후 절차

### 제3장 문제 ... 252

## 제4장 경매진행절차 세부 사항

### 1. 경매(매각)신청

#### 1 경매(매각)신청 ... 281

#### 2 강제경매신청 ... 282
강제경매신청의 방법 / 집행력 있는 정본 등의 제출 / 담보제공의 증명서와 그 등본의 송달증명서 / 반대급부의 제공과 집행불능조서 / 민사집행법 제81조의 첨부 서류 / 그 밖의 첨부 서류

#### 3 임의경매신청 ... 286
임의경매신청 / 임의경매신청 가능 여부 / 저당권 공유자가 경매신청을 하는 경우 / 대위변제한 근저당권자가 경매신청을 한 경우 / 저당권이 소멸한 경우는 어떻게 되는가?

/ 후순위저당권자가 경매신청 시 유의사항(형식적으로 남아있는 선순위 저당권일 경우) / 공유지분에 대해서도 임의경매신청을 할 수 있는가? / 토지와 건물에 대해 일괄경매를 신청한 경우 알아두어야 할 사항들 / (근)저당권자는 부동산의 일부에 대해 경매신청을 할 수 있는가? / 임의경매신청 시 채무자·소유자의 표시는 어떻게 하는가? / 경매개시 결정 전에 이미 채무자가 사망한 경우 경매는 어떻게 되는가?

## 2. 경매개시결정과 압류등기의 촉탁

### 1 경매개시결정 ······ 293
강제경매개시결정 / 임의경매개시결정

### 2 매각 부동산에 대한 조사 ······ 295
부동산소유권에 대한 조사 / 구분소유건물에 대하여 토지별도등기가 있는 경우 / 구분소유건물에 대하여 대지권등기가 없는 경우 / 압류 금지 부동산일 경우 법원의 조치 / 선행경매개시결정이 있는 부동산인 경우 / 가압류등기·환매특약의 등기가 있는 부동산에 대한 조사 / 체납처분(공매)에 의한 압류등기가 있는 부동산에 대한 조사 / 회생절차 및 개인회생절차의 개시결정, 파산선고가 있는 부동산 / 지적 불부합 토지에 대한 조사 / 토지거래허가구역 내의 조치 / 상속등기를 하지 않은 부동산

### 3 경매개시결정에 의한 압류의 효력과 촉탁 ······ 299
경매개시결정에 대한 압류의 효력은 언제 발생하는가? / 압류에는 어떤 효력이 있는가? / 압류의 효력은 언제 소멸되는가? / 경매개시결정등기의 촉탁과 시기

### 4 강제경매개시결정의 이의신청 ······ 300
강제경매개시결정에 대한 이의 / 이의사유가 될 수 있는 것 / 이의신청

### 5 임의경매개시결정에 대한 이의 ······ 302
임의경매개시결정에 대한 이의 / 이의사유가 될 수 있는 것 / 피담보채권의 변제로 인한 이의의 경우 그 변제범위는? / 이의신청과 함께 매각절차의 집행정지를 구하는 방법

### 6 즉시항고 ······ 305
신청권자 / 즉시항고 기간 / 즉시항고의 효력

### 7 무잉여 또는 부동산 멸실 등에 의한 경매절차의 취소 ······ 306
무잉여경매 취소 / 부동산의 멸실 / 채무자의 소유권 상실 / 가등기에 기한 본등기가

이루어진 경우 / 1, 2순위의 근저당권 사이에 소유권이전청구권 보전의 가등기가 경료된 부동산 / 가처분권자의 본안소송판결에 기한 등기가 이루어진 경우

## 3. 경매개시결정문의 송달

### 1 경매개시결정문의 송달 — 310
경매개시결정문은 채무자에게 반드시 송달되어야 한다 / 송달시기 / 송달방법 / 채무자에 대한 송달은 매각절차진행의 유효요건 / 법인에 대한 송달 / 채권자에 대한 송달

### 2 보충송달 — 313
보충송달이란? / 발송송달(우편송달)

### 3 공유자에 대한 통지 — 317
통지 / 공유자에게 통지하지 않는 경우는?

## 4. 배당요구의 종기 결정 및 공고

### 1 배당요구의 종기 결정 및 공고 — 319
배당요구 종기 결정 및 공고 / 배당요구의 종기를 정하는 취지 / 배당요구의 종기를 연기할 수 있는가? / 배당요구의 종기 이후 배당요구를 철회할 수 있는가?

### 2 배당요구의 종기에 대한 공고 및 고지 — 321
공고 / 고지

## 5. 채권신고의 최고

### 1 채권신고의 최고 — 322
채권신고를 최고하는 이유는? / 최고의 방법과 시기는?

### 2 최고의 상대방 — 323
민사집행법 제148조 제3호, 제4호의 채권자 / 공과금을 주관하는 공공기관

### 3 가등기담보 등에 관한 법률 제16조 제1항에 의한 최고 — 324
담보가등기가 경료된 부동산에 대하여 경매가 개시된 경우 / 가등기가 되어 있는 부동산에 대하여 경매개시결정이 있는 경우

### 4 이해관계인들에게 최고 ··································· 325
이해관계인들에게 최고하는 이유 / 이해관계인들 / 이해관계인에 해당하지 않는 자 / 이해관계인의 요건 / 이해관계인의 권리

## 6. 집행관의 현황조사

### 1 집행관의 현황조사 ··································· 328
현황조사를 하는 이유는? / 집행관의 현황조사방법 / 현황조사 사항들은? / 집행관의 현황조사시 유의사항들 / 집행관은 현황조사시 어떤 권한이 있는가? / 법원이 현황조사의 추가명령, 재조사명령을 하는 경우는? / 집행법원에 의한 심문 / 현황조사는 이의의 대상이 아니다 / 현황조사보고서 사본의 비치

### 2 농지에 대한 집행법원의 사실조회 ··································· 332
농지취득자격증명의 발급 여부 / 어떤 토지가 농지법 소정의 농지인지의 여부는? / 최고가매수신고인이 농지취득자격증명을 제출하지 않는 경우

## 7. 부동산의 평가 및 최저매각가격의 결정

### 1 부동산 평가 및 최저매각가격 결정 ··································· 334
감정인의 매각부동산의 평가 / 최저매각가격 / 최저매각가격을 정하는 이유는?

### 2 매각부동산의 평가절차 ··································· 336
감정인의 선임은 어떻게 하는가? / 감정인의 평가서 제출기간은? / 감정가격 / 평가명령의 시기 / 평가는 어떤 방법으로 하는가? / 평가를 하게 되는 감정인은 어떤 권한이 있는가? / 법원이 재평가를 하는 경우는?

### 3 감정평가의 대상 ··································· 339
부동산 자체에 대한 평가 / 과수의 열매, 곡물 등 천연과실도 평가에 포함이 되는가? / 법정과실은 무엇이며 법정과실도 평가대상이 되는가? / 공유지분은 어떻게 평가되는가? / 구분소유적 공유지분에 대한 평가 / 온천공 / 지상권이나 법정지상권 등의 존재로 부동산상의 부담이 생길 수도 있는 부동산에 대한 평가는 어떻게 하는가? / 공법상의 제한 또는 환지예정지 지정이 있는 경우 / 과수원이 있는 경우 / 부동산이 멸실, 훼손된 경우의 평가 / 여러 개의 부동산이 일괄매각 될 때 부동산의 평가방법은? / 그 외의 평가 대상들

### 4 평가서의 기재사항과 첨부 서류 ......................................... 343
평가서에는 어떤 것들이 기재되는가? / 평가서의 첨부 서류에는 어떤 내용이 포함되는가? / 평가서를 통해 주의 깊게 검토해야 하는 사항들

### 5 감정평가의 기타 사항들 ..................................................... 344
감정평가업자의 부실감정으로 인하여 손해를 입게 된 경우 / 감정평가업자가 자의적으로 감정평가 한 경우 / 감정평가를 현지에 나가지 않고 형식적 감정만을 한 경우 / 폐문부재라는 이유로 부동산의 현황을 육안으로 확인하지 않은 경우

## 8. 매각물건명세서의 작성과 비치

### 1 매각물건명세서 .................................................................. 346
매각물건명세서의 작성과 비치 / 매각물건명세서의 기재사항 / 매각물건명세서는 비치 후에도 정정될 수 있는가? / 매각물건명세서에 중대한 하자가 있는 경우 / 매각물건명세서는 어떤 기능을 하는가?

### 제4장 문제 .................................................................. 352

### 배당연습문제 .................................................................. 373
참고 문헌 .................................................................. 399
참고 사이트 .................................................................. 400

# 제1장
# 경매의 기본기 다지기

경매의 기본은 권리분석 능력과 물건분석 능력이라 할 수 있겠다. 하지만 어디서부터 시작하고 무엇부터 공부해야 하는지 막막한 분들이 많을 것이다. 제1장에서는 이런 분들을 위해서, 또한 탄탄한 기본실력을 갖추고자 하는 사람들을 위해서 마련된 장이다. 그리고 이미 경매투자를 해본 사람들에게는 별 것 아닌 것 같은데도 늘 궁금해하던 것들(문제는 간단한데 어디에서도 쉽게 답변을 얻을 수 없는 것들)에 대한 답을 찾을 수 있는 장이기도 할 것이다. 권리분석 시 알아두어야 할 각종 권리들에 대한 구체적인 설명은 제2장에서 자세히 다루었다. 만약 당신이 입찰을 준비하고 있는 사람이라면 《독학 경매 2》의 제5장과 제6장을 이번 장과 함께 본다면 답답하고 궁금해하던 것들에 대한 상세한 설명을 얻을 수 있을 것이다. 모든 분들에게 건투를 빈다.

## 요약정리

### 1. 권리분석이란?
경매 또는 공매로 매입할 부동산에 인수해야 하는 권리나 임차인의 보증금액 등이 있는지 분석하는 것

### 2. 물건분석이란?
부동산의 상태와 수익성 여부, 주변 환경, 그리고 개발 가능성 등을 분석하는 것

### 3. 권리분석 및 물건분석의 순서
물건정보 검색 ➡ 해당 물건의 등기부등본 열람 ➡ 현황조사서와 감정평가서에 대한 검토 및 매각물건명세서 검토 ➡ 해당 물건에 대한 현장조사 시 필요한 서류들 검토 ➡ 목적부동산에 방문 시 검토해야 할 사항들에 대한 검토 ➡ 마지막으로 입찰 전 반드시 등기부등본 열람과 금융권 대출 여부 확인

### 4. 말소기준권리찾기
경매대상 부동산의 등기부상 권리가 소멸되거나 인수되는 여부는 말소기준권리에 달려 있다. 대표적으로 말소기준이 되는 등기에는
① (근)저당권등기 ② 압류등기 ③ 가압류등기 ④ 담보가등기 ⑤ (강제)경매개시결정기입등기이며 이 가운데 설정일이 가장 빠른 등기 하나가 말소기준권리가 된다.

### 5. 해당 부동산의 주택 및 상가건물임차인을 파악하기 위해 숙지해야 할 내용들
주택 및 상가건물임차인의 대항력과 우선변제권 및 최우선변제권 그리고 주택 및 상가건물임대차보호법 등

### 6. 대항력이란?
임차인이 말소기준권리보다 먼저 대항요건을 갖추면 자신의 보증금을 모두 변제받을 때까지 매수인이나 제3자에게 대항할 수 있는 권능

### 7. 임차인의 대항요건
- 주택임차인의 대항요건: 점유(인도)+전입
- 상가건물임차인의 대항요건: 점유(인도)+사업자등록 신청

### 8. 임차인의 우선변제권
임차인이 후순위권리자들보다 먼저 자신의 임차보증금에 대하여 우선하여 변제받을 수 있는 권리이며 대항요건 이외에 확정일자도 갖추어야 한다.

### 9. 최우선변제권
임차보증금액이 법에서 정한 소액임차인에 해당되는 금액이면 그 임차인은 자신의 보증금액 중 일정액을 다른 담보물권보다 먼저 배당받을 수 있는 권리를 말한다. 확정일자는 필수요건이 아니다.

# 1 권리분석과 물건분석하기

## 1 | 권리분석의 방법

### 1 권리분석이란?

부동산이 경매 또는 공매로 매각될 경우 매수인이 인수해야 할 권리나 임차인의 보증금액이 있는지 등을 분석하는 것이다.

즉 권리분석의 기본은 말소기준권리를 찾고, 그것을 기준으로 임차인의 대항력 여부 및 인수하게 될 임차인의 보증금액에 대한 파악과 매수인이 인수하게 될 말소되지 않는 권리들이 있는지를 파악하는 것이다.

### 2 물건분석이란?

권리분석이 매각(경매)목적물의 등기부상 또는 등기부에 나타나지 않는 권리에 대한 분석과 임차인이 있을 경우 임차인의 보증금 인수 여부에 대한 분석이라면 물건분석은 경매목적물(부동산)의 상태와 주변 환경, 그리고 개발가능성 등을 분석하는 것을 말한다.

## 3 권리분석과 물건분석 시 필요한 자료들

❶ 부동산의 소유권, 등기부상의 권리, 부동산의 면적·위치 등을 파악할 수 있는 자료: 부동산등기부, 구등기부, 폐쇄등기부, 전산등기부, 건축물(관리)대장 등

간혹 등기부와 건축물(관리)대장과의 내용이 다를 경우가 있다. 이러한 경우 소유권은 등기부를 따르고 실제 면적과 지번 등은 건축물관리대장을 따른다.

❷ 토지의 소유권, 토지의 용도, 건축제한, 개발계획, 토지의 위치와 실제면적, 토지의 공시지가 등을 파악할 수 있는 자료: 토지등기부, 토지대장, 임야대장, 토지이용계획확인원, 도시관리계획확인도면, 지적도, 공유지연명부, 임야도, 개별공시지가 확인서, 지형도, 지번도 등

토지등기부는 토지대장의 내용을 그대로 옮겨놓은 것인데 토지의 정확한 지목이나 면적 등의 확인은 토지대장으로 확인하는 것이 좋다. 토지이용계획확인원은 토지의 용도와 이용에 대한 어떤 제한이 있는지 확인할 수 있으므로 토지를 매입하게 되는 경우 반드시 토지이용계획확인원을 열람하는 것이 좋다.

❸ 집행법원에서 조사한 내용과 부동산 현황을 비교·분석하는 데 필요한 자료: 매각물건명세서, 현황조사서, 감정평가서, 멸실대장, 무허가건축물대장, 가옥대장 등

❹ 임차인 및 점유자의 전입일과 점유자의 현황 등을 파악할 수 있는 자료: 주민등록전입세대열람확인서, 현황조사서, 매각물건명세서 등

## 2 | 권리분석과 물건분석의 순서

### 1 물건정보 검색

대법원 경매 사이트(http://www.courtauction.go.kr), 인터넷 유료 사이트, 정보지 등에서 검색할 수 있다.

대부분의 사람들은 인터넷 유료 사이트를 통해 물건정보 검색을 하는 편이다. 그 이유는 대법원 경매 사이트보다 유료 사이트에서 정리해놓은 내용이 다소 보기가 좋고, 나름의 권리관계에 대해 분석을 해놓았기 때문이다. 하지만 간혹 오류가 있을 수 있으며 그 내용에 대한 법적 책임도 없으므로 대법원 사이트의 내용과 등기부를 참조하여 유료 사이트에 기재된 내용에 대해 다시 한 번 확인해보는 것이 좋다.

### 2 해당 물건의 등기부등본 열람

❶ 등기부등본에서 확인해야 할 사항들
- 부동산의 소유자확인(소유권변동관계 등)
- 등기부에 설정된 권리들
- 말소기준권리가 되는 등기의 접수일자
- 건물면적, 토지면적
- 지목과 건물의 용도 등

물건검색을 통해 관심이 있는 물건을 선택하였다면 현재 시점의 권리상의 변동사항이 없는지 등을 확인하기 위해서는 인터넷등기소 등에서 다시 한 번 열람을 해보는 것이 좋다. 유료사이트를 이용하면 등기부를 무료로 열람해 볼 수 있지만 시간이 다소 지난 것이기 때문에 권리변동사항 등에 대해 확인해보는 것이 중요하다.

❷ 발급장소: 대법원 인터넷 등기소 http://www.iros.go.kr, 관할청(등기소), 등기부등본 무인발급기 등

❸ 토지등기부, 건물등기부, 집합건물등기부 열람 시 검토사항들: 표제부, 갑구, 을구를 검토하여 권리순위 파악 및 건물등기사항과 건축물대장상과의 상이점 등을 파악한다. 집합건물등기부를 검토할 때는 집합건물의 대지권표시가 있는지, 토지별도등기의 표시가 표제부에 있는지 확인하여야 한다.

### 3 현황조사서, 감정평가서, 그리고 매각물건명세서 검토

등기부를 통해 권리관계를 알았다면 현황조사서와 감정평가서 그리고 매각물건명세서를 통해 현장조사 전에 미리 검토할 사항들을 확인해보아야 한다. 이 서류를 검토하게 되면 의외로 많은 정보를 미리 알아볼 수 있다. 그리고 매수인이 되었을 때 중요하게 적용될 내용이 기재되어 있을 수도 있으므로 반드시 확인해보는 것이 좋다. 다음은 이 서류들을 통해 알아보아야 할 내용들이다.

❶ 부동산의 표시
- 등기부상의 부동산 표시와 현황이 다른 경우에 그 현황에 대한 검토
- '미등기 건물이 있음'이 표시된 경우는 미등기 건물이 매각에 포함된 것으로 간주되지만 미등기 건물이 매각에서 제외될 경우의 취지가 있는지에 대한 검토

❷ 현황조사보고서와 감정평가보고서 등으로 부동산의 점유관계와 관계인의 진술 기재에 대한 검토
- 현황조사시의 기제사항들: 해당 부동산의 점유자와 그 점유권원(임차권, 전세권 설정 등), 임차인의 임대차 보증금, 임대차기간 그리고

배당요구 여부와 그 일자, 임차인의 전입신고일자 및 확정일자의 유무와 그 일자, 해당물건의 현황 등

주민등록등본을 보면 전입일과 변동일이 기재되어 있는데 그 사람의 대항력을 판단할 때 전입일의 기준은 1994. 7. 1. 이전은 변동일이 전입신고일이 되고, 그 이후는 전입일이 전입신고일이 된다.

**감정평가서의 기재사항들**: 목적물의 감정평가액, 가격평가시기, 제시 외 건물 존재 여부와 평가금액, 토지와 건물 평가의 표시에 대한 검토

❸ 소멸되지 않는 등기부상의 권리에 대한 검토
인수하게 될 지상권, 지역권, 전세권 및 등기된 임차권, 가처분이 있는지 검토하여야 한다. 집행법원은 건물철거 및 토지인도청구권에 관한 가처분은 매각물건명세서에 반드시 기재해야 한다. 단 배당요구 한 전세권은 기재사항이 아니다.

❹ 유치권 표시 유무에 대한 검토
유치권은 등기된 부동산에 관한 권리가 아니므로 점유자로 기재되는 것이 원칙이지만 실무에선 보통 '유치권신고자' 또는 '유치권신고서 제출', '유치권신고 있음'이라고 기재된다.

❺ 최선순위(근)저당권설정일자 또는 가압류등기일자에 대한 검토
최선순위(근)저당권설정일자 또는 가압류등기일자를 매각물건명세서에 기재하는 이유는 그 일자(말소기준권리일자)를 기준으로 임차인의 매수인에 대한 대항력 유무가 결정되기 때문이다. 만약 그 일자보다 전입일이 빠른 임차인이 있을 경우 매수인이 그 임차인의 보증금액 전부 혹은 일부를 인수할 경우가 있으니 주의해야 한다는 내용이 기

재된다.

### ❻ 지상권에 대한 기재 여부 검토
토지 또는 건물만 경매로 매각될 경우 지상권을 부담하게 되는 경우나 지상권을 취득하게 되는 경우 모두 기재된다. 법정지상권의 성립 유무가 불확실한 경우는 '법정지상권이 성립할 여지가 있음' 등으로 기재된다.

매각물건명세서에 기재되어진 법정지상권에 대해서는 매수신청인이 직접 그 성립 여부를 조사하여 판단하여야 한다(《독학 경매 2》, '제9장 법정지상권' 편에서 자세히 다루었다).

## 4 해당 물건 현장조사 시 필요한 서류 검토

관심 물건에 대한 자료검토 후 현장조사를 하여야 한다. 하지만 현장조사 전에 미리 아래의 서류들도 준비하고 검토해보는 것이 좋다. 서류는 각 부동산의 상황에 맞추어 구비하는 것이 좋다.

### ❶ 현장조사 시 필요한 서류
- 지번도: 해당지 방문, 주변 개발현황 파악, 도로여건, 교통이용환경을 파악하는 데 도움이 되는 자료
- 토지대장과 임야대장: 지번, 지목과 면적 파악 시 도움이 되며, 등기부와의 일치 여부를 검토하는 데 도움이 되는 자료
- 건축물대장: 건물구조와 건축물의 허가용도 일치 파악, 등기부와 상이점 파악, 무허가 혹은 미등기건축물 여부를 파악하는 데 도움이 되는 자료
- 대지권등록원부: 여러 필지 위에 한 동의 건물이 있는 경우 그 건물

의 대지권 파악시 필요한 자료
- 지적도와 임야도: 위치, 인접 도로와 거리, 경계, 현황 파악
- 토지이용계획확인원: 토지에 대한 도시계획의 결정사항 및 도시계획구역 내의 행위의 허가제한 등을 확인할 수 있는 자료

❷ 임차인의 대항력 유무 판단 시 참조해야 할 서류
등기부를 통해 먼저 말소기준권리를 확인한다. 그리고 임차인이 이 말소기준권리보다 먼저 전입과 점유를 하였는지 전입세대열람과 매각물건명세서를 통해 확인하며 임차인이 신고한 주소가 등기부상의 주소와 일치하는지 확인해보아야 한다. 만약 주소가 일치하지 않는다면 건축물대장을 확인해 보는 것이 좋다(자세한 내용은 제2장에서).

- 등기부등본: 등기부등본은 '표제부', '갑구', '을구' 세 부분으로 나누어져 있다. 표제부는 주택 등에 대한 기본적인 정보(소재 지번, 건물 내역 및 기타 사항), 갑구는 부동산의 소유관계(소유권을 확인할 수 있음), 을구는 부동산의 저당권 등 소유권 이외의 권리관계가 기재된다.
- 건축물(관리)대장: 해당 부동산의 용도 및 면적 및 건축승인의 날짜 등을 확인할 수 있다.

건축물(관리)대장에 등록된 부동산에 관한 사항은 등기부에 기재되는 부동산의 표시 및 등기명의인의 표시의 기초가 된다. 따라서, 건물의 상황에 변동이 생긴 때에는 먼저 건축물(관리)대장을 변경한 후에 등기변경 신청을 해야 한다.

## 5 목적부동산 방문 시 검토해야 할 사항

현장조사 시 조사할 사항들에 대해 미리준비를 해두면 시간낭비를 줄일 수 있을 것이다. 그리고 반드시 조사해야 할 사항들을 놓치지 않고 조사하게 될 것이다. 기본적으로 조사해야 할 목록과 반드시 조사해야 할 목록(부동산에 따른 특이사항들)을 만든 후 하나씩 체크하며 현장조사를 한다.

### 현장조사시 점검해야 할 사항들

| 목록 | 특이사항 및 주의사항 | 점검여부 및 현장조사시 파악된 내용들 |
|---|---|---|
| ① 해당 주민센터에서 전입세대열람(전입세대 유무와 점유자의 전입일 파악) | | ( ) |
| ② 관리비 연체 유무 | | ( ) |
| ③ 공과금 연체 유무 | | ( ) |
| ④ 점유자 현황조사 | | ( ) |
| ⑤ 부동산중개소 등을 방문하여 시세조사 | | ( ) |
| ⑥ 상권조사 | | ( ) |
| ⑦ 개발 여부(재개발, 재건축, 뉴타운개발 등) | | ( ) |
| ⑧ 건물노후도와 상태(수리 여부) | | ( ) |
| ⑨ 교통 여건, 대중교통 및 도로이용 상황 | | ( ) |
| ⑩ 주변 환경(주차공간, 혐오시설 존재 여부 등) | | ( ) |
| ⑪ 학군 등 | | ( ) |
| ⑫ 유치권 유무와 법정지상권 성립 여부에 대한 검토 | | ( ) |
| ⑬ 해당 부동산 관련 이해관계인들 | | ( ) |

### ■6 매각물건명세서 확인과 농지취득자격증명원 등의 서면 제출 여부에 대한 확인

매각기일 1주일 전 법원에 비치되어 있는 매각물건명세서를 열람하여 대법원경매 홈페이지나 정보지 등을 통해 검토한 매각물건명세서의 내용을 다시 한 번 비교 확인하고 임차인의 배당 철회나 새로운 유치권 신고 혹은 철회의 여부, 금융권의 유치권신고인에 대한 유치권 배제신청 혹은 임차인에 대한 배당배제신청 등이 있는지를 알아보는 것이 좋다.

관할청에 허가를 받아야 하는 경우 그 여부와 경락받은 후 농지취득자격증명원을 제출해야 하는 농지인 경우 농지취득자격증명원을 받을 수 있는지 미리 관할청에 문의해 보는 것이 좋다.

### ■7 입찰 전 등기부열람과 금융권 대출 여부의 확인

매각기일 전까지 권리상의 변동이 있을 수 있으므로 입찰 전 반드시 등기부를 열람하여 권리관계의 변동이 없는지 확인해 보아야 한다. 변동이 있었음에도 이를 간과하고 경락을 받았다면 매수인이 책임을 져야 하거나 매각불허가신청이나 결정취소신청 등을 하여야 하는 번거로운 절차를 거쳐야 하므로 매각기일 전에 한 번 더 열람 해보는 것이 좋다.

무엇보다 중요한 것은 입찰하기 전 매각대금에 대한 지불계획이다. 막연히 대출을 받을 수 있을 것이라고 생각하고 경락을 받았는데 대출이 안 된다면 잔금을 치르는 데 어려움을 겪어야 하므로 입찰 전에 입찰 대상 물건에 대한 금융권의 대출가능 여부와 대출금비율 그리고 이자율에 대해 알아두는 것이 좋다.

# 3 | 권리분석의 시작 — 말소기준권리 찾는 법

## 1 말소기준권리란?

등기부상의 여러 권리들 중 말소기준이 되는 등기를 말소기준등기 또는 말소기준권리라고 하는데 법률적 용어는 아니다. 이 말소기준권리 이전에 설정된 권리들은 인수되고 이후에 설정된 권리들은 말소기준권리와 함께 매각으로 소멸(단 몇 개의 예외적 권리가 있음)된다.

## 2 말소기준권리가 되는 대표적 등기들

일반적으로 다섯 가지로 보고 있는데, (근)저당권등기, 압류등기, 가압류등기, 담보가등기, (강제)경매개시결정기입등기가 있다. (근저당권과 저당권을 분리하여 여섯 가지라고 하는 경우도 있는데 큰 의미는 없다.)

이 가운데 (근)저당권이 말소기준등기가 되는 경우가 가장 흔하다. 하지만 위의 다섯 가지 이외에도 상황에 따라 다른 등기도 말소의 기준으로 보는데 대표적으로 가처분등기, 구분건물에 설정된 전세권등기(부정하는 견해도 있다)가 있다.

가처분등기가 말소기준권리가 되는 경우는 〈제2장 가처분등기〉 편에서 자세히 공부하게 될 것이다.

## 3 말소기준권리 찾기

(근)저당권등기, 압류등기, 가압류등기, 담보가등기, (강제)경매개시결정등기 중 접수일자가 가장 빠른 등기 하나를 말소기준권리로 본다. 말소기준권리를 기준으로 먼저 오는 권리는 인수하고 후에 오는 권리는 소멸하는 것으로 보면 된다. 단 말소기준권리보다 후순위이더라도

인수되는 권리도 있으니 유의해야 한다(인수되는 등기와 소멸되는 등기표 참조).

### 4 말소기준권리와 임차인의 관계

❶ 말소기준권리보다 먼저 전입과 점유를 갖춘 임차인은 대항력이 있다.
❷ 대항력이 있는 임차인이 환가대금(부동산을 현금으로 바꾼 금액 혹은 매각대금)에서 배당받지 못하는 금액이 있을 경우 매수인이 인수해야 한다.
❸ 말소기준권리보다 후에 전입과 점유를 갖춘 임차인은 대항력이 없으므로 임차인이 배당받지 못하는 금액이 생기더라도 매수인이 인수할 필요가 없다.

### 5 토지와 건물의 말소기준권리가 상이한 경우는 어떻게 하는가?

토지와 건물에 (근)저당권이 설정되어 있다가 기존 건물이 멸실되면 건물의 (근)저당권은 소멸된다. 그리하여 토지의 (근)저당권만 남아 있는 상황에서 건물을 신축하였는데 그 신축된 건물이 토지와 함께 일괄경매가 진행된다면, 토지와 건물의 말소기준권리가 달라지게 된다. 이때 임차인의 대항력은 건물의 말소기준권리를 기준으로 하여 판단하면 된다.

## 6 인수되는 등기와 소멸되는 등기

가처분, 소유권이전청구권보전가등기, 지상권, 지역권, 환매특약등기, 예고등기(말소기준권리보다 후순위라도 인수), 전세권, 대항력 있는 임차인

⬆ (인수될 수 있는 등기 또는 권리)

(근)저당권, 압류, 가압류, 담보가등기, 강제경매개시결정기입등기 중 설정일자가 가장 빠른 등기 하나가 말소기준권리

⬇ (매각으로 소멸되는 권리)

(근)저당권, 가압류, 압류, 담보가등기, 소유권이전청구권보전가등기, 지상권, 지역권, 환매특약등기, 전세권, 임차인, 임차권등기, 경매개시결정기입등기, 가처분(토지인도 및 건물철거 가처분은 인수), 을구의 예고등기

# 2. 해당 부동산의 임차인에 대한 권리 파악하기

## 1. 주택임대차보호법을 알아야 임차인에 대해 분석을 할 수 있다
(주택임대차보호법의 주요 사항들)

경매투자를 하다 보면 우선적으로 검토해야 되는 사항이 임차인인 경우가 많다. 왜냐하면 매수인이 인수해야 할 대항력 있는 임차인이 있는 경우 수익성여부가 달라지고, 후순위임차인이더라도 법원에서 변제받는 금액이 얼마인지 등에 따라 부동산을 인도받기가 어려워 질 수도 있기 때문이다. 경매로 부동산이 매각되어도 임차인들은 임차인 나름대로의 권리를 가지고 있기 때문에 임차인이 주택을 비워주기 전까지 매수인은 임의대로 부동산을 사용할 수가 없다. 그러므로 경매투자자들이 반드시 공부해야 하는 것이 바로 이 주택임대차보호법과 상가건물임대차보호법이다. 경매투자를 하지 않더라도 대한민국 국민이면 누구나 알아두어야 하는 법이기도 하다.

부동산 매매나 임대 혹은 임차를 위해서도 주택임대차보호법의 전반적인 내용을 알아두는 것이 좋다.

### 1 주택임대차보호법이란?

주택임대차보호법은 주거용 건물의 임대차에 관하여 민법에 대한 특례를 규정함으로써 국민의 주거생활의 안정을 보장하기 위한 취지로 만들어졌다.

### 2 주택임차인이란?

주택을 실제 주거용으로 사용·수익하기 위하여 임차한 자를 뜻한다.

임대차계약의 주된 목적이 주택을 사용·수익하려는 데 있는 것이 아니고 소액임차인으로 보호받아 기존 채권을 회수하려는 데에 있는 경우에는 주택임차보호법상의 소액임차인으로 보호받을 수 없다. 전입신고하고 형식적으로 대항력 취득한 외관을 갖추었어도 주택임대차 보호법이 정하고 있는 대항력을 부여할 수 없다(대판 2007.12.13. 2007다55088 참조). 다만 채권자가 기존의 금전채권을 임차보증금으로 전환해 채무자와 임대차계약을 체결하고 거주한 경우라도 임차인의 주된 목적이 주택을 사용·수익하려는 데 있는 경우에는 임차인으로서 보호를 받을 수 있다(대판 2002.1.8. 2001다47535 참조).

### 3 주택의 임대인이란?

보통 주택의 소유자가 임차인에게 주택을 임대한 경우 그 사람을 임대인이라고 하는데 임대인이 반드시 소유자일 필요는 없다. 하지만 반드시 임차주택에 대한 적법한 처분권한이나 임대권한을 가지고 있어야 한다.

**명의신탁자 사이에 임대차계약을 체결한 경우**

명의신탁자는 실제 소유자 즉 타인의 명의를 빌려 주택을 소유하고 있는 자이며 명의수탁자는 등기부상에 소유자로 기재되어 있지만 실제 소유자가 아닌 명의를 빌려준 사람이 된다. 주택의 소유자가 아니어도 적법하게 임대차계약을 체결할 수 있는 권한을 가진 명의신탁자와 임대차계약을 체결한 경우 임차인은 주택임대차보호법의 보호를 받을 수 있으며 명의신탁자뿐만 아니라 주택의 소유자인 명의수탁자에게도 적법한 임대임을 주장할 수 있다.

## 4 임차인이 법인인 경우

법인은 주택임대차보호법상의 대항요건인 주민등록을 할 수 없으므로 그 적용대상이 아니다.

따라서 법인이 주택을 임차하면서 그 소속 직원 명의로 주민등록을 하고 확정일자를 갖춘 경우에도 주택임대차보호법상 우선변제권은 인정되지 않는다(대판 1997.7.11. 96다7236 참조).

하지만 2007. 11. 4. 시행된 주택임대차보호법의 일부 개정으로 인하여 일정한 조건을 갖춘 법인(대통령령이 정하는 법인)에 대하여는 대항력과 우선변제권이 인정되고, 임차권등기명령에 따른 등기도 가능하게 되었다.

국민주택기금을 재원으로 하여 저소득층 무주택자에게 주거생활 안정을 목적으로 전세임대주택을 지원하는 법인이 주택을 임차한 후 지방자치단체의 장 또는 그 법인이 선정한 입주자가 그 주택을 인도받고 주민등록을 마쳤을 때에는 대항력을 인정받을 수 있다.

**대통령령이 정하는 법인:** "대통령령이 정하는 법인"이라 함은 임대사업을 목적으로 임대주택법 시행령 제14조 제4항 제4호의 규정에 따른 요건을 갖추어 설립된 법인을 말한다(제3조 2항 법인의 대항력 2008.6.20 개정).

### 5 임차인 가족의 주민등록도 포함이 되는가?(세대합가)

주민등록은 임차인 본인의 주민등록만이 아니라 그 배우자나 자녀 등 가족의 주민등록을 포함한다(대판 1998.6.12. 98다5968 참조). 그래서 법원에 신고된 임차인보다 전입일이 빠른 임차인의 가족이 있는 경우 그 가족의 전입일이 임차인의 전입일로 인정받을 수 있으므로 유의해야 한다. 따라서 전입세대열람 시 반드시 동거인을 포함하여 열람신청 하는 것이 좋다.

**세대합가**: 다른 세대주가 한 세대로 합한 것 혹은 한 세대가 어떤 이유로 분리되어 있다가 합쳐진 것

### 6 임차인이 외국인인 경우

외국인인 경우 외국인등록 및 체류지 변경신고를 주민등록 및 전입신고로 간주한다(출입국관리법 제88조의2 참조).

### 7 임차인의 적법한 주민등록의 요건은?

❶ 원칙적으로 주민등록과 등기부상의 주택현황이 일치하여야 임차인의 주민등록은 유효한 공시방법이 될 수 있다.
❷ 임차인 본인뿐만 아니라 점유보조자인 그 배우자나 자녀 등 동거 가족의 주민등록도 포함된다.
❸ 주민등록일(전입신고일)의 판단기준: 주택의 경우, 전산처리 되는 주민등록표 등본의 변동사유 칸에는 전입일 칸과 변동일 칸이 있는데, 예전의 주민등록법(법률 4608호로 개정되어 1994. 7. 1. 시행되기 전의 법) 하에서는 변동일 칸에 적힌 일자가 전입신고일(전입일자에 적힌 일자는 전출신고일의 다음날)이고, 현행 주민등록법에서는 전입일 칸에 적힌

일자가 전입신고일(변동일 칸에 적힌 일자는 주민등록카드 정리일)이다.

### 8 등기부상 소유자로 되어 있던 사람이 임차인이 된 경우(점유개정)

등기부상 소유자로 되어 있던 자가 소유권을 양도한 후 임차권을 취득한 경우에는 소유자로 되어 있던 당시의 주민등록은 대항력의 요건이 될 수 없으며 새로운 소유권을 취득한 임대인 명의로 소유권이전등기가 된 날 비로소 유효한 대항력 요건을 갖춘 것으로 보며 그 효력은 소유권이전등기일 익일 0시부터 발생한다(대판 2000.2.11. 99다59306 참조).

### 9 임차인은 주민등록 할 주소를 어떻게 신고해야 하는가?

❶ 공동주택일 경우: 전입신고 시 지번 다음에 건축물관리대장에 의한 공동주택의 명칭과 동·호수를 적어야 한다.
❷ 단독주택일 경우: 전입신고 시 지번까지만 적어도 인정을 받을 수 있다.

다세대주택은 공동주택으로, 다가구주택은 단독주택으로 취급된다.

### 10 공부상 주소표시와 주민등록이 불일치하는 경우는 어떻게 처리되는가?

❶ 단독주택의 경우

• 단독주택인 경우(다가구용 단독주택의 경우도 포함) 건축물(관리)대장 혹은 등기부상의 지번과 주민등록 상의 지번이 일치하지 않는 경우는 특별한 사정이 없는 한 대항력을 인정받지 못한다. 단 담당공무

원의 착오로 지번이 틀리게 기재된 경우에는 대항력을 인정받을 수 있다.
- 여러 필지 위에 주택건물이 있는 경우 건물의 부지 이외의 필지의 지번으로 주민등록을 하였다면 대항력을 인정받지 못한다.
- 등기부상 지번과 건축물(관리)대장상 지번이 상이한 경우 임차인이 토지대장 및 건축물대장과 일치하게 주민등록의 주택 지번과 동·호수를 표시하였다면 대항력을 인정받을 수 있다.
- 임차인이 주택을 인도받은 후 등기부나 건축물(관리)대장상의 주택의 현황과 일치하게 주민등록을 하고, 그 후 건물의 구분·합병 등으로 인하여 지번이 변경 혹은 동·호수가 새로이 부여된 경우, 임차주택의 지번이 등록전환이나 분필과 합필 등으로 변경된 경우에도 임차인은 이미 취득한 대항력을 인정받을 수 있다.
- 다가구용 단독주택에 임차인이 전입신고를 한 후 다세대주택으로 변경된 경우 임차인의 대항력은 그대로 유지된다.
- 다가구용 단독주택에 관하여 구분건물로의 구분등기는 경료되었으나 집합건물(관리)대장이 작성되지 않은 경우 지번 표시만으로도 대항력을 취득할 수 있다.

❷ **공동주택인 경우**(다세대주택, 아파트 등)
- 주택이 공동주택이라면 주민등록의 경우 지번만 표시하고 동·호수를 누락하여 기재하거나 다르게 기재하였다면 대항력을 취득할 수 없다.
- 주민등록의 경우 동과 호수를 반드시 기재하여야 하며 등기부상의 동과 호수를 정확히 기재하여야 한다.

실무에서는 임차주택에 임차인이 주소 또는 거소를 가진 자로 등록되어 있는지를 인식할 수 있을 정도면 경우에 따라 대항력을 인정받을 수도 있다(대판 2001.5.29.선고 2001다1119 참조).

- 주택의 경우에는 비록 임대차계약서상 동·호수 표시가 누락된 경우일지라도 주민등록과 실제 거주하는 주택이 일치한다면 대항력을 인정받을 수도 있지만 상가건물인 경우 건축물(관리)대장 또는 등기부상의 목적물의 표시와 임대차계약서상의 표시가 정확히 일치하여야만 대항력을 취득할 수 있다.
- 주민등록이 올바르게 정정된 경우라면 정정한 그 다음 날 0시부터 대항력을 취득한 것으로 본다(특수주소 변경).

## 11 주택의 일부가 주거 외의 목적으로 사용되는 경우 보호받을 수 있을까?

❶ 비주거용 건물의 일부를 주거의 목적으로 사용하는 경우는 주거용 건물로 보지 않아 보호를 받을 수 없는 것이 원칙이지만 공부상의 표시만을 기준으로 주거용 건물인지를 파악하는 것이 아니라 실제 용도에 따라서 정하게 된다.

❷ 건물이 주거용과 비주거용으로 겸용되는 경우
임대차 목적, 전체 건물과 임대차목적물의 구조와 형태 및 임차인의 임대차목적물의 이용관계, 임차인이 그곳에서 일상생활을 영위하는지 여부 등을 고려하여 합목적적으로 결정하여야 한다(대판 1987.8.25. 87다카793, 대판 1987.4.28. 86다카2407 참조).

> **주택임대차보호법 제2조(적용 범위)**
> 이 법은 주거용 건물의 전부 또는 일부의 임대차에 관하여 적용한다. 그 임차주택의 일부가 주거 외의 목적으로 사용되는 경우에도 또한 같다.

### 12 주거용 건물인지 판단하는 시점은 언제인가?

주거용 건물인지 판단하는 기준시점은 임대차 계약체결시점이다.

### 13 사용승인 받지 않은 건물에 살고 있는 임차인도 주택임대차보호법의 대상이 되는가?

미등기 건물이라도 임차인이 주거용으로 사용하고 있다면 주택임대차보호법의 대상이 되며 사용승인 받지 않은 건물이나 옥탑과 같은 불법건축물에 살고 있는 임차인도 그 대상이 될 수 있다.

### 14 주거용건물에 전세권설정등기가 된 경우

주택임대차보호법에서 주거용 건물이라고 하는 것은 대지 부분을 포함된 것을 말한다. 다만 전세권에 있어서 단독주택의 건물에만 전세권설정등기가 경료되었다면 대지 부분에는 전세권의 효력이 미치치 않으므로 대지의 매각대금에 대해서 전세권자는 자신의 보증금에 대해 변제를 받을 수 없다. 하지만 집합건물인 경우 비록 전세권자가 건물 부분에만 전세권설정등기가 되었더라도 전세권의 효력도 대지사용권에 미치므로 대지사용권의 매각대금에 대해서 변제받을 수 있다.

집합건물의 전유부분에 대한 전세권자는 대지사용권의 목적이 되는 토지에 대하여 전세권설정등기를 할 수 없다. 그래서 등기부를 보면 전세권이 '건물만에 관한 것'이라는 부기등기가 되어 있는 경우를 간혹 보게 될 것이다. 하지만 '건물만에 관한 것'이라고 기재되어 있어도 집합건물의 전세권은 대지사용권에도 미친다는 것을 알아두자.

### ■ 15 보증금을 반환받지 못한 임차인이 임차권등기명령 신청을 하는 이유?

임대차 기간이 끝났음에도 보증금을 반환받지 못한 임차인은 임차주택의 소재지를 관할하는 지방법원·지방법원지원 또는 시·군 법원에 임차권등기명령을 신청할 수 있다(주택임대차보호법 제3조의3 1항).

임차인이 임차권등기 이전에 이미 대항력이나 우선변제권을 취득한 경우에는 그 대항력이나 우선변제권은 그대로 유지되며, 임차권등기 이후에는 대항요건을 상실하더라도 이미 취득한 대항력이나 우선변제권을 상실하지 아니한다(주택임대차보호법 제3조의3 5항).(자세한 설명은 '제2장 임차권등기' 편에서 다루었다).

### ■ 16 전세권자가 주택임대차보호법으로도 보호받을 수 있는가?

원래 전세권(설정)등기는 매각으로 소멸하는 등기이다. 하지만 전세권(설정)등기만으로 주택임대차보호법상의 대항요건의 효력을 가지는 것은 아니다. 따라서 임차권등기와 달리 비록 전세권(설정)등기를 하였더라도 대항요건인 전입과 점유를 상실하면 대항력도 상실하게 된다. 만약 임차인이 전세권(설정)등기뿐만 아니라 대항력을 행사할 수 있는 요건(말소기준권리보다 먼저 전입과 점유를 갖춘 경우)을 갖추었다면 전세권(설정)등기가 매각으로 소멸한다 하여도 매수인에게 대항할 수 있게 된다.

대항력도 갖추고 전세권등기도 한 임차인은 자신이 유리한 쪽으로 선택하여 권리행사를 할 수 있으므로 이런 임차인이 있는 경우 인수금액여부를 잘 확인한 후 입찰을 해야 한다.

## 2 | 임차인의 대항력 파악하기

임차인이 말소기준권리보다 먼저 대항요건을 갖춘 경우라면 매각대금으로부터 변제받지 못한 금액 또는 보증금 전액에 대해 매수인에게 대항할 수 있으므로 자신의 보증금액을 모두 변제받을 때까지 주택을 비워주지 않아도 된다.

### 1 임차인의 대항력이란?

❶ 임차인 자신의 보증금액을 전부 반환받을 때까지 해당 부동산을 비워주지 않아도 되는 권리

**대항력**: 제3자에게 대항할 수 있는 권원을 가지는 것, 즉 임차주택의 양수인, 임대할 권리를 승계한 자, 기타 해당 주택에 관하여 이해관계를 가진 자에 대하여 임대차의 내용을 주장할 수 있는 법률상의 권능을 말한다.

❷ 대항력을 주장하기 위해서는 대항요건을 갖추어야 한다.

**대항요건**: 주택의 인도(점유)+주민등록(전입)

### 2 대항력이 지속되려면 어떤 조건을 갖추어야 하는가?

❶ 대항력의 존속요건은 주택의 점유와 주민등록(전입)의 지속이다. 임차인이 주택의 점유와 주민등록 둘 중에 어느 하나의 요건이라도 상실

하면 대항력은 소멸하는 것으로 본다.

❷ **여기서 말하는 점유란?**
점유(인도)는 사실상 주택에 대한 지배력을 이전하는 것을 말한다. 점유(인도)의 방법에는 직접 거주하는 것 이외에 간접점유, 간이인도, 반환청구권인도 및 점유개정이 있다(《민사집행의 실무》윤경, 1,385쪽 참조).
- 간접점유: 직접 점유하는 것이 아니라 타인을 매개로 점유하는 것
- 간이인도: 동산에 관한 물권의 양도는 그 동산을 인도하여야 효력이 생긴다. 하지만 양수인이 이미 그 동산을 점유한 때에는 당사자의 의사표시만으로 그 효력이 생기는 것을 말한다.
- 목적물반환청구권인도: 제3자가 점유하고 있는 동산에 관한 물권을 양도하는 경우에는 양도인이 그 제3자에 대한 반환청구권을 양수인에게 양도함으로써 동산을 인도한 것으로 본다.
- 점유개정: 동산에 관한 물권을 양도하는 경우에 당사자의 계약으로 양도인이 그 동산의 점유를 계속하는 때에는 양수인이 인도받은 것으로 본다.

### 3 임차인의 대항력 효력은 언제 발생하는가?

임차인이 점유를 하고 주민등록 전입신고를 하면 주민등록 전입한 익일 0시부터 효력이 발생한다.

### 4 임차인이 대항력을 주장하기 위해서 대항요건을 갖추어야 하는 시기는?

❶ 경매 혹은 공매인 경우 저당권, 가압류, 압류, 담보가등기 중 가장

빠른 등기가 경료된 시점을 기준으로 그 이전에 대항요건을 갖추어야 한다.

❷ 경매 혹은 공매인 경우 경매개시결정기입등기 전에 위와 같은 등기가 경료되지 않은 경우는 경매개시결정기입등기 또는 체납처분에 의한 압류의 효력이 발생하기 전까지 대항요건을 갖추어야 한다.

❸ ❶, ❷와 같은 경우 이외의 원인으로 부동산의 소유권이 변동된 경우는 소유권이전등기 경료일 이전에 대항요건을 갖추어야 한다.

❹ 순위보전을 위한 가등기 또는 처분금지가처분등기에 기하여 소유권이전등기가 경료된 경우: 가등기 또는 가처분등기가 경료되기 전에 대항요건을 갖추어야 한다.

### 5 대항요건은 언제까지 유지하고 있어야 하는가?

❶ 주택의 점유와 주민등록은 대항력 취득 시에만 갖추고 있어야 하는 것이 아니라 새로운 소유자의 소유권취득 시까지 계속 존속되어야 인정받을 수 있다.

❷ 일시적으로 주민등록을 이전한 경우 주민등록이 이전된 시점에서 대항력은 소멸하게 된다. 그리고 해당 주택으로 주민등록을 다시 이전하였다면 대항력은 이전 주민등록일로 소급되는 것이 아니라 재전입한 시점(재전입한 익일 0시부터)부터 대항력의 효력이 발생하게 된다.

❸ 임차인이 임차권등기를 경료하고 주민등록을 이전한 경우라면 대항력은 지속되는 것으로 본다.

### 6 여러 상황에 따른 임차인의 대항력 여부

❶ 가족의 주민등록은 그대로 둔 채 임차인만 주민등록을 잠시 이전한

경우: 대항력은 임차인 본인뿐만 아니라 그 배우자나 자녀 등 가족의 주민등록을 포함하는 것이므로 임차인이 대항력을 상실하는 것으로 보지 않는다. 하지만 세대원 전부가 주민등록을 다른 곳으로 잠시 옮겼다가 다시 전입을 하였다면 재전입한 시점부터(익일 0시) 대항력을 가지게 된다.

❷ 직권말소 된 주민등록이 회복된 경우: 주민등록이 직권말소 되면 대항력도 상실한다. 하지만 직권말소 된 주민등록이 회복되거나 주택 임차인에게 주민등록을 유지할 의사가 있었다는 것이 명백한 경우라면 처음 주민등록 한 시점으로 소급하여 그 대항력이 유지되는 것으로 본다.

❸ 소유자가 주택을 매도함과 동시에 해당 주택을 임차한 경우(점유개정): 매수인이 소유권이전등기를 경료한 다음날부터 대항력을 갖는다.

❹ 매각절차가 진행된 부동산의 임차인이 매수인과 새로 임대차계약을 체결한 경우: 주민등록이 되어 있는 임차인이 매수인과 새로 임대차계약을 체결한다면 매수인이 매각대금을 납부하여 소유권을 취득하는 즉시 대항력을 취득하게 된다.

❺ 주택을 사용·수익의 목적으로 임대차계약을 한 것이 아닌 경우: 주택을 사용·수익 할 목적으로 임대차계약을 한 것이 아니라 기존의 채권을 회수하려는 목적으로 임대차계약을 하였고 또한 실제로도 사용·수익을 하고 있지 않다면 대항력을 주장할 수 없다.

## 7 임차인이 간접점유 하고 있는 경우

❶ 임차인이 직접점유 하는 경우뿐만 아니라 타인의 점유를 매개로 하여 간접점유 하는 경우에도 대항력이 인정된다.

❷ 임차인이 간접점유 하는 경우 전차인 등 직접점유자의 주민등록(단 전입신고기간인 임차인의 주민등록 퇴거일로부터 14일 이내에 해야 함)이 포함되지만 대항력을 가지는 것은 임차인이다(전차인은 임차인의 권리를 원용할 수 있다). 따라서 우선변제권을 행사할 수 있는 것은 간접점유자인 임차인이 되며 전차인은 우선변제권을 행사할 수 없다. 다만 임차인이 소액임차인이고 전차인도 소액임차인일 경우 전차인은 임차인의 최우선변제권을 대위할 수 있다(우선변제권과 최우선변제권에 대한 자세한 설명은 '제1장 3. 우선변제권'에서 다루었다).

❸ 간접점유자의 주민등록은 대항요건이 되지 못한다. 전대한 임차인(간접점유자)의 주민등록은 되어있으나 직접점유자인 전차인이 주민등록을 하지않은 경우 임차인의 대항력은 상실한 것으로 본다.

❹ 임차인이 소유권을 취득한 경우: 전대인인 임차인이 소유권을 양도받은 경우 전차인(직접점유자)은 임차인의 소유권이전등기가 경료되는 즉시 대항력을 취득하게 된다.

**전대인**: 임차인이 다시 다른 임차인에게 임대해준 사람
**전차인**: 임차인으로부터 다시 임차한 사람

## 8 임대차관계가 없다고 증언한 임차인의 대항력 여부(무상임대차 각서를 써준 경우)

간혹 (근)저당권자인 금융권이 임차인에 대해서 무상임대차각서를 썼다는 이유로 배당이의제기를 하는 경우가 있다. 또는 선순위임차인이면서 무상임대차각서를 써줬다거나 또는 금융권에서 임대차 조사를 하러 왔을 때 직원에게 자신은 임차인이 아니라고 증언을 한 경우가 있다. 이런 경우 투자자의 입장에서 여러 가지 상황을 고려해 보아야 한다.

❶ 채무자가 동생 소유의 아파트에 관하여 근저당권을 설정하고 대출을 받으면서 채권자에게 자신은 임차인이 아니고 위 아파트에 관하여 일체의 권리를 주장하지 않겠다는 내용의 확인서를 작성하여 준 경우, 그 후 대항력을 갖춘 임차인임을 내세워 이를 낙찰받은 채권자의 인도명령을 다투는 것은 금반언 및 신의칙에 위배되어 허용되지 않는다고 보고 있다(대결 2000.1.5.자 99마4307 참조).

❷ 임차인이 임대인의 부탁을 받고 은행 직원에게 보증금 없이 입주하고 있다고 말하고 확약서까지 써주어 은행이 건물에 대한 담보가치를 높게 평가하게 한 후 은행의 건물명도청구에 있어서는 임차보증금 반환을 내세우며 명도를 거부하는 것은 금반언 및 신의칙에 위반되는 것으로 본다(대판 1987.5.12. 86다카 2788 참조).

❸ 대항력을 부분 인정받은 경우(서울지법동부지원 2000.11.30. 선고 2000가단 8695 판결 참조)

임차인이 임대차 사실을 부인하거나 무상임대차 확인서를 써준 경우 임차인은 대항력과 우선변제권을 행사하는 것이 허용되지 않는다. 하지만 금전대출을 실시하는 금융기관 또는 금융기관으로부터 건물의 담보가치를 조사받도록 의뢰받은 감정평가기관이 직접 임차인을 만난 것이 아니라 건물소유자에게 그 조사를 의뢰하고 임차인이 임대차 금액란을 전혀 기재하지 않고 임대차조사서를 임대인에게 교부함으로써 임대인이 임의로 허위기재하였다면, 임차인에게도 과실이 있음을 인정하지만 금융기관으로서 별도의 확인절차를 거치지 않은 점도 고려하여 임차인의 손해배상책임을 40%로 제한한 사례도 있다. 그러므로 무상임대차 각서가 있다고 해서 임차인이 절대적으로 대항력을 인정받지 못한다고 보아서는 안 될 것이다.

## 9 세대합가 시 임차인의 대항력

임대차계약을 한 임차인이 처음에는 전입신고를 하지 않고 동거가족 중 한명을 세대주로 전입신고를 하고 난 후 나중에 임차인이 전입신고를 한 경우, 주민등록의 전입세대 구성일자를 합가한 기준일자로 기재되어 먼저 전입된 동거가족의 전입일이 주민등록등본상에 나타나지 않는 경우가 있다(보통 세대합가인 경우 주민등록상에 세대합가라고 기재되기도 함). 비록 동거가족의 전입일이 나타나지 않지만 임차인의 대항력은 동거가족 중 가장 **빠른** 전입일을 대항력 발생일로 간주하므로 주의해야 한다.

주민등록법시행규칙 14조 1항 1호에 속하는 경매참가자가 주민등록 전입세대 열람을 주민자치센터에서 신청할 때, 동일세대원의 전입일자가 세대주보다 빠른 경우 그 세대원의 성명과 전입일자를 열람하게 해준다.

## 3 | 임차인이 확정일자를 갖추면 환가대금으로부터 우선변제 받을 수 있다
### (우선변제권)

### 1 우선변제권이란?

임차인의 우선변제권은 일반적인 임대차관계에서는 발생하지 않고 경매 또는 공매 때만 언급되어지는 권리다. 우선변제권이란 해당 부동산에 설정된 권리순서에 따라 환가대금에 대해 배당받아 갈 수 있는 권리를 말하며, 임차인의 우선변제권이란 임차인이 후순위권리자들보다 먼저 자신의 보증금에 대해 순위대로 변제받을 수 있는 권리를 말한다.

경매로 거주하던 주택이 매각되면 임대차관계는 소멸한다(단 보증금액을 전액 배당받지 못하는 대항력 있는 임차인일 경우 예외). 그리고 상가건물임대차보호법과 달리 주택임대차보호법에서는 임차인의 보증금에 대한 상한제한이 없다. 상가건물임차보증금이 상가건물임대차보호법상의 상한을 넘는 경우에는 이 법의 적용대상이 아니다.

### 2 임차인이 우선변제권을 행사하기 위한 요건은?

❶ '주택의 점유'와 '전입(주민등록)'+'확정일자'
❷ 배당요구의 종기까지 배당요구를 하였을 것
❸ 위의 우선변제권의 요건을 배당요구의 종기까지 계속 존속하고 있을 것

배당요구의 종기가 연기된 경우에는 연기된 배당요구의 종기까지 대항요건을 계속 구비하여야 한다(대판 2002.8.13. 2000다 81466 참조).

❹ 경매개시결정기입등기일 이후에 대항요건과 확정일자를 갖추어도 우선변제권을 가진다.
❺ 소액임차인의 경우 그 보증금 중 일정액에 대하여는 확정일자가 없어도 우선변제권을 갖는다(최우선변제권).

**최우선변제권과 확정일자**
소액임차인의 '최우선변제권'에서는 확정일자 여부를 따지지 않는다. 다만 소액임차인이 최우선변제금을 받으려면 우선변제권과 달리 '경매개시결정기입등기일' 이전에 전입과 점유를 갖추어야 한다.

### 3 확정일자란?

❶ 당사자가 어떤 증서의 일자를 나중에 변경하는 것을 방지하기 위해 마련된 것이다.
❷ 어떤 증서를 작성한 일자에 대해 완전한 증거가 될 수 있도록 법률적으로 인정되는 일자를 말한다.
❸ 확정일자를 갖출 것을 요구하는 이유는 나중에 임대인과 임차인이 담합하여 임대차계약서의 작성일자 혹은 보증금액을 변경하는 것을 막기 위함이다.

### 4 확정일자로 인정받는 것들에는 어떤 것들이 있는가?

❶ 주민센터, 법원, 등기소의 공무원으로부터 받은 확정일자
❷ 임대차계약서에 대한 사서증서의 인증
❸ 공증인가합동법률사무소에서 작성한 임대차계약서의 공정증서
❹ 전세권설정등기 시 등기필증에 찍힌 등기관의 접수인

상가건물 임대차보호법상의 확정일자는 관할 세무서장으로부터 받은 것만 인정된다.

### 5 확정일자를 받은 임대차계약서를 분실한 경우 이를 입증할 수 있는 방법이 있는가?

일반적으로 임차인들은 해당지역 주민센터에서 확정일자를 부여받는다. 임차인은 주민센터 등 확정일자를 부여받은 곳으로부터 확정일자부 또는 확정일자발급대장 사본을 교부받고 임대차계약서를 작성해준 부동산중개업소로부터는 임대차계약서 부본을 교부받아 지불방법, 내역이 소명된 자료를 제출하는 것으로 대체할 수 있다.

해당 지역 주민센터에서 확정일자발급대장 사본 등을 교부받으려면 우선 구청에 정보공개신청서를 제출하여야 하며, 이를 바탕으로 주민센터에서 사본 등에 대한 교부 여부를 결정하게 된다.

### 6 확정일자와 우선변제적 효력에 대해 자세히 알아보자

❶ 1989. 12. 30.부터 시행된 주택임대차보호법의 개정에 따라 채권계약을 하여 불리한 위치에 있는 임차인에게 순위에 따른 우선변제적 효력을 가질 수 있도록 물권적 효력을 인정하는 제도로 임차인의 확정일자 제도가 마련되었다.

❷ 확정일자를 갖춘 임차인은 담보물권자와 유사한 지위를 갖게 되어 배당절차에 참여하여 순위에 따라 변제받을 수 있다.

단 소액임차인은 확정일자가 없어도 최우선 변제권을 행사할 수 있다.

❸ 말소기준권리보다 먼저 전입과 점유를 갖춘 대항력 있는 임차인이 확정일자를 갖추었을 경우 배당에 참여하여 보증금액에 대하여 변제받을 수 있으며 미처 배당받지 못한 보증금액이 있을 경우 매수인이 인수하여야 한다.

❹ 확정일자가 있어도 배당요구를 하지 않으면 배당에 참여할 수 없다.

대항력 있는 임차인이 확정일자를 갖추고 있다 하더라도 배당요구의 종기 이내에 배당요구를 했는지 반드시 확인하여야 한다. 배당요구를 하지 않은 대항력 있는 임차인이 있다면 매수인은 그 임차인의 임차보증금액을 모두 인수해야 한다.

**배당요구를 하지 않아도 배당에 참여할 수 있는 임차인**
- 임차권등기를 한 임차인(경매개시결정등기 이후의 임차권등기권자는 배당요구를 해야 함)
- 후순위전세권자
- 강제경매를 신청한 임차인
- 경매를 신청한 선순위 전세권자

**배당요구의 종기:** 배당받을 자격이 있는 이해관계자가 배당요구를 할 수 있는 기한을 정한 날짜를 배당요구의 종기라고 한다. 배당요구의 종기는 민사소송법(2002 .7. 1. 이전 사건)으로 진행할 때는 매각기일이 배당요구의 종기가 되고 민사집행법사건(2002. 7. 1. 이후 사건)으로 진행할 때는 매각기일 이전에 지정된 날짜가 배당요구의 종기가 된다.

## 7 임차인의 우선변제권 발생시점은?

임차인의 우선변제권 발생시점, 즉 우선변제 받는 순위를 결정하는 시점은 대항요건과 확정일자를 갖춘 최종시점을 기준으로 한다. 즉 점유와 주민등록을 마친 다음날과 확정일자가 부여된 일자를 비교하여 그 중 가장 늦은 날짜를 우선변제권의 발생일로 본다.

그렇다면 우선변제권의 발생시점을 판단하는 구체적인 방법에 대해 알아보기로 하자.

❶ 임차인의 우선변제권 발생시점의 세 가지 유형들

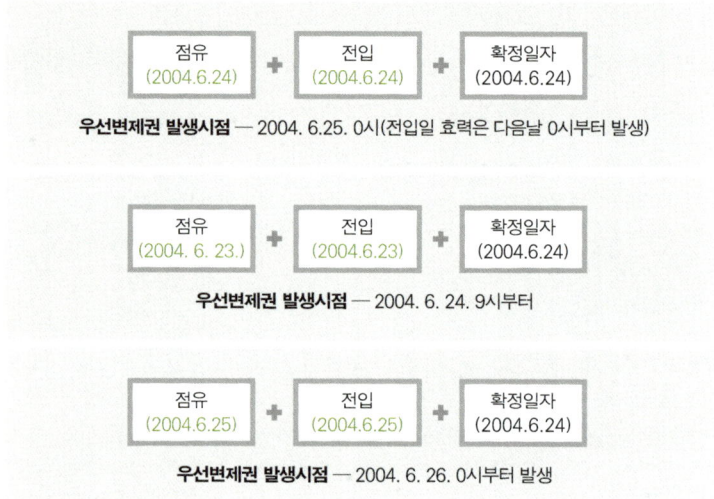

❷ 임차인이 재전입한 경우 우선변제권 발생시점

임차인이 주민등록을 이전하면 대항력도 상실된다. 다시 전입하였다면 재전입한 날짜로 대항력과 우선변제권의 발생시점을 따지게 된다.

2002. 7. 12.: 전입 + 점유 + 확정일자
2004. 7. 13.: 점유와 전입을 옮김
2005. 7. 24.: 재점유 + 전입 (확정일자 안 받음)

전입일 효력은 2005. 7. 25. 0시부터 발생한다. 우선변제권의 효력도 2005. 7. 25. 0시부터로 본다. 비록 임차인이 확정일자를 다시 갖추지 않았더라도 확정일자를 미리 받아둔 임대차계약서를 보관하고 있으면 확정일자로 인정받을 수 있다.

❸ 보증금액을 증액하였을 경우

> 2005. 4. 26.: 전입 + 점유 + 확정일자 (임차보증금 5,500만 원)
> 2005. 4. 28.: 근저당권 설정 (1억 5,000만 원)
> 2006. 5. 3.: 임차보증금 2,000만 원 증액

임차인은 자신의 보증금액 7,500만 원 전체에 대하여 대항력을 주장할 수 없다. 하지만 증액분 2,000만 원에 대해서 확정일자를 받았을 경우 (근)저당채권금액 1억 5,000만 원을 변제하고 남은 금액이 있다면 증액분 2,000만 원에 대해서도 증액한 날짜의 순위에 따라 변제받을 수 있지만 확정일자를 받아두지 않았다면 증액분 2,000만 원에 대해선 배당에 참여를 할 수도 없고 매수인에게 대항할 수도 없다.

임차인은 임대차계약서를 작성할 당시와 임차보증금을 증액할 때 반드시 등기부를 열람하여 변동사항이 없는지 확인한 후 확정일자를 받아두는 것이 좋다.

❹ 임차인이 확정일자를 갖추고 있고 소액임차인에도 해당되는 경우
먼저 소액임차인으로서 일정액을 먼저 배당받고 난 후 대항요건과 확정일자 별로 순위를 따져 배당받게 된다.
단 소액임차인으로 일정한 금액에 대해 최우선변제 받으려면 반드시 경매개시결정기입등기일 전에 대항요건을 갖추고 배당요구의 종기까지 배당요구를 하여야 한다.

## 8 확정일자를 갖춘 임차인과 다른 채권자와의 관계는 어떻게 되는가?

해당 물건에 임차인이 있고 그 부동산에 여러 가지 권리가 설정되어 있는 경우가 있다. 다음은 임차인과 그 권리에 해당하는 각 채권자들과의 기본적 배당방법이다.

❶ 임차인이 점유, 전입, 확정일자를 갖춘 그 다음 날 (근)저당권설정등기가 된 경우: 임차인의 우선변제권은 익일 0시부터 발생하므로 임차인이 (근)저당권보다 우선하여 배당받게 된다. 그 이유는 전입의 효력은 다음날 0시부터 발생하고 (근)저당권은 설정 당일 9시부터 효력이 발생하기 때문이다.

❷ 임차인이 미리 점유와 전입을 갖추고, 후일 확정일자를 받음과 동시에 (근)저당권이 설정된 경우: 임차인과 (근)저당권자가 동순위이므로 안분배당하게 된다.

❸ 동일한 날에 여러 개의 (근)저당권이 설정된 경우: (근)저당권자 모두에 대하여 임차인에 대한 순위를 결정할 수 없으므로 먼저 각 채권액에 비례하여 안분배당을 하게 된다. 그리고 난 후, 접수번호 순서로 선순위(근)저당권자가 후순위(근)저당권자의 배당액을 흡수하게 된다.

❹ (근)저당권보다 먼저 확정일자를 갖춘 임차인이 여러 명인 경우: 임차인의 최종 대항력 및 확정일자 순서대로 배당받게 된다.

❺ 확정일자를 갖춘 임차인보다 앞선 선순위가압류권자가 있는 경우: 가압류권자와 안분배당 받게 된다.

❻ 조세(당해세 제외)와 확정일자를 갖춘 임차인의 순위: 조세인 경우 법정기일과 임차인의 최종 우선변제권 발생일을 기준으로 순위를 정하게 된다.

### 9 임차인이 임차보증금액에 대해 우선변제 받을 수 있는 대상은?

❶ 건물과 대지가 모두 일괄경매로 진행될 경우: 임차인은 건물과 대지의 환가대금에서 우선변제 받을 수 있다.
❷ 건물과 대지가 따로 경매가 진행되는 경우: 우선변제권을 가진 임차인은 건물이 매각이 될 경우에도 배당에 참여할 수 있고 대지가 매각이 될 때도 배당에 참여할 수 있다.
❸ 대지만 경매로 매각이 될 경우: 건물이 존재함에도 불구하고 (근)저당권이 대지 부분에만 설정되고 (근)저당권자가 대지만을 경매신청 한 경우가 있다. 이와 같은 경우 임차인은 대지의 환가대금에서 우선변제를 받을 수 있다.
❹ 대지에 (근)저당권이 설정된 후 신축된 미등기 건물의 임차인인 경우: 대지와 건물이 함께 매각되어도 대지의 (근)저당권자는 대지의 환가대금에 대해서만 변제받을 수 있다. 이런 경우 건물의 임차인은 소액임차인이어도 대지의 환가대금으로부터 최우선변제를 받지 못하고 다만 (근)저당권자의 채권에 대해 모두 변제하고 남는 금액이 있을 경우 변제받을 수 있다. 만약 대지만 매각될 경우 임차인은 건물에 대해서만 대항력을 행사할 수 있을 뿐 대지에 대해서는 대항력을 행사할

수 없다.

❺ 전세권자인 임차인: 대항요건을 갖춘 임차인이면서 전세권자라면 자신이 거주하고 있는 주택뿐만 아니라 그 대지의 환가대금에 대해서도 배당받을 수 있다. 하지만 건물에만 설정된 대항요건을 갖추지 않은 전세권일 경우 건물의 환가대금에 한해서만 배당받을 수 있다. 단 구분건물(집합건물)에 설정된 전세권이라면 대지의 환가대금에서도 배당받을 수 있다(자세한 사항은 〈제2장 전세권〉 편에서).

전세권자는 확정일자를 따로 받지 않아도 전세권설정등기필증의 접수인을 확정일자로 인정받을 수 있다.

# 4 | 임차인의 명도시 반드시 알아두어야 할 우선변제권과 대항력

임차인의 우선변제권과 대항력과의 관계를 잘 파악하고 있으면 매각대금을 납부하고 소유권을 취득하였음에도 계속 점유하고 있는 임차인에게 매수인은 언제까지 주택을 비워달라고 요구할 수 있는지 혹은 임차인에 대하여 부당이득반환요구 등을 할 수 있는지 등을 가늠할 수가 있다.

## 1 대항력 있는 임차인이 확정일자도 갖춘 경우

❶ 대항력과 우선변제요건을 갖춘 임차인은 보증금에 대하여 주택가액으로부터 우선변제를 받을 수 있는 권리와 임차주택의 양수인에게 대

항하여 임차보증금을 반환 받을 때까지 임대차관계의 존속을 주장할 수 있는 권리를 가지게 된다. 또한 임차인은 원한다면 이 두 가지 권리 중 하나를 선택하여 행사할 수도 있으며 보증금 전액이 변제될 때까지 두 가지 권리를 순차적으로 행사할 수도 있다.

> **주택임대차보호법 제3조의2(보증금의 회수)**
> 1. 임차인(제3조제2항의 법인포함)이 임차주택에 대하여 보증금반환청구소송의 확정판결이나 그 밖에 이에 준하는 집행권원에 따라서 경매를 신청하는 경우에는 집행개시요건에 관한 민사집행법 제41조에도 불구하고 반대의무의 이행이나 이행의 제공을 집행개시의 요건으로 하지 아니한다.
> 2. 제3조 제1항 또는 제2항의 대항요건과 임대차계약증서(제3조 제2항의 경우에는 법인과 임대인 사이의 임대차계약증서)상의 확정일자를 갖춘 임차인은 민사집행법에 따른 경매 또는 국세징수법에 따른 공매를 할 때에 임차주택(대지를 포함)의 환가대금에서 후순위권리자나 그 밖의 채권자보다 우선하여 보증금을 변제받을 권리가 있다.
> 3. 임차인은 임차주택을 양수인에게 인도하지 아니하면 제2항에 따른 보증금을 받을 수 없다.

❷ 임차인이 배당요구를 하여 매각대금으로부터 배당을 받게 된 경우는 특별한 사정이 없는 한 임차인이 그 배당금을 지급받을 수 있는 때, 즉 임차인에 대한 배당표가 확정될 때까지는 임차권이 소멸하지 않는다. 따라서 임차인은 배당금을 지급받을 수 있는 때까지 주택을 사용·수익 한 부분에 대해선 부당이득반환의무가 없으며 명도를 거절할 수 있다(대판 2004.8.30. 2003다23885 참조).

> **주택임대차보호법 제3조의5(경매에 의한 임차권의 소멸)**
> 임차권은 임차주택에 대하여 민사집행법에 따른 경매가 행하여진 경우에는 그 임차주택의 경락에 따라 소멸한다. 다만 보증금이 모두 변제되지 아니한, 대항력이 있는 임차권은 그러하지 아니하다.

❸ 임차인이 배당표가 확정된 이후에도 사용·수익을 지속한다면 그 부분에 대한 차임 상당의 부당이득반환의무를 가지게 된다.

❹ 일부만 배당받은 임차인의 경우 배당받지 못한 보증금에 대한 임대차는 지속되는 것이고 배당받은 금액 만큼의 사용·수익한 차임에 대하여는 매수인에게 부당이득반환의무를 가지게 된다(대판 1998.7.10. 선고 98다 15545 참조).

### 2 대항력이 없는 임차인의 경우

❶ 매수인이 매각대금을 납부한 이후부터 주택을 인도해줄 때까지 사용·수익에 대한 임료 상당의 부당이득반환의무가 있다.

❷ 월차임이 있는 임차인인 경우 종전의 임대차가 유지되므로 매수인에게 매각대금지급기일 이후부터 차임을 지급하여야 한다.

임차인이 이러한 법률을 잘 모르는 경우가 많으므로 매수인은 부동산을 인도해 줄 것을 요청하는 내용증명서를 보낼 때 이러한 법률 사항을 기재하면 도움이 될 것이다.

### 3 대항력과 우선변제권을 가지고 있는 임차인이 배당요구 철회를 한다면?

대항력과 우선변제권을 가지고 있는 임차인이 배당요구를 하였다가 철회하여도 대항력이 상실되는 것은 아니다. 매수인이 인수해야 하는 부담이 생기는 대항력 있는 임차인인 경우 배당요구의 종기 이후에는 이를 철회하지 못한다.

## 4 제2차 경매절차에서도 임차인은 우선변제권의 행사를 할 수 있는가?

대항력과 우선변제요건을 갖춘 임차인이 제1차 경매절차에서 배당요구를 하였지만 보증금 일부만 배당받은 경우 매수인에게 나머지 금액에 대해 반환받을 때까지 임대차관계를 유지할 수는 있지만 우선변제권은 제1차 경매절차에서 매각으로 소멸하게 된다. 따라서 제2차 경매절차에서는 우선변제권을 행사할 수 없다.

## 5 전차인도 우선변제권을 행사할 수 있을까?

임대인의 동의하에 임차인(전대인)으로부터 전대받은 제3자를 전차인이라고 한다. 이 전차인이 임차인(전대인)의 주민등록퇴거일로부터 주민등록법상의 전입신고기간내(14일이내)에 전입신고를 하면 임차인의 종전 대항력은 그대로 유지하게 된다. 즉 간접점유자가 되는 임차인의 주민등록이 아닌 직접점유자인 전차인의 주민등록이 되어 있어야 하는 것이다. 하지만 대항력과 우선변제권을 가지는 것은 간접점유자(전대인)인 임차인이며 전차인이 직접적으로 임대인에게 보증금반환청구를 할 권리도 없고 경매매각대금에서 우선변제를 받을 수 있는 권리도 없으며 임차인(전대인)만이 보증금반환 청구를 할 수 있다. 다만 임차인이 소액임차인에 속하고 전차인도 소액임차인일 경우 임차인이 최우선변제권을 행사 할 수 있을 뿐만 아니라 전차인도 임차인을 대위하여 최우선변제권을 행사할 수 있다.

**임차권의 양도(전입일 승계)와 전대의 비교**

임차권의 양도는 임대인의 동의하에 임차인의 전입일을 그대로 제 3자에게 이전하는 것을 말하며 양수인(전입일을 승계받은 자)은 종전 임차인과 동일한 임차권을 가지게 된다. 임차권의 양도는 준물권계약에 속하고 전대는 채권계약에 속하며 전대의 성격은 앞의 설명과 같다.

# 5 소액임차인은 최우선적으로 변제받을 수 있다(최우선변제권)

## 1 소액임차인이란?

임차보증금 중 일정액을 주택임대차보호법 제8조에 따라 보호받을 수 있는 임차인을 소액임차인이라고 한다. 이 소액임차인에 해당되는 임차인은 자신의 보증금액 중 일정액을 다른 담보물권보다 우선적으로 배당받을 수 있는 권리가 있다. 이것을 소액임차인의 우선변제권 또는 최우선변제권이라고 한다.

> **주택임대차보호법 제8조(보증금 중 일정액의 보호)**
> 1. 임차인은 보증금 중 일정액을 다른 담보물권자(擔保物權者)보다 우선하여 변제받을 권리가 있다. 이 경우 임차인은 주택에 대한 경매신청의 등기 전에 제3조 제1항의 요건(전입과 점유)을 갖추어야 한다.
> 2. 제1항에 따라 우선변제를 받을 임차인 및 보증금 중 일정액의 범위와 기준은 제8조의2에 따른 주택임대차위원회의 심의를 거쳐 대통령령으로 정한다. 다만 보증금 중 일정액의 범위와 기준은 주택가액(대지의 가액을 포함한다)의 2분의 1을 넘지 못한다.

## 2 소액임차인이 최우선변제권을 행사하기 위한 요건은?

❶ 반드시 전입과 점유라는 대항요건을 갖추어야 하지만 확정일자는 최우선변제권의 요건이 아니다.

❷ 소액임차인은 반드시 경매개시결정기입등기일 이전에 대항요건을 갖추어야 인정받을 수 있다. 경매개시결정기입등기 이후에 대항요건을 갖춘 소액임차인이라면 확정일자를 갖추고 배당요구의 종기 이내 배당요구를 한 경우 순위에 따라 우선변제받을 수는 있다.

❸ 보증금이 주택임대차보호법 시행령에 따른 금액에 속해야 한다.

보증금의 범위는 담보물권설정일과 지역에 따라 다르다(소액임차인의 범위와 배당액표 참조).

## 3 최우선변제권의 특징

❶ 말소기준권리보다 후순위일지라도 최우선적으로 변제받는다.

❷ 주택매각(환가)대금의 2분의 1 범위 내에서 다른 선순위권리자보다 우선하여 변제받을 수 있다. 임차인들의 소액보증금 합계가 대지를 포함한 매각가액의 2분의 1이 초과하지 않아야 한다. 초과할 경우 2분의 1 가액에서 배당금을 나누게 된다.

❸ 임차권등기가 설정된 주택에 전입한 임차인은 소액임차인에 해당하여도 최우선변제권을 행사할 수 없다. 단 확정일자를 갖추고 있다면 순위에 따라 배당받는 우선변제권만 가지게 된다(임차권등기에 관한 내용은 제2장 참조).

❹ 임차인이 2인 이상인 경우 공동생활을 하는 경우라면 1인의 임차보증금으로 간주한다.

❺ 신축된 건물의 소액임차인인 경우 대지에 관한 (근)저당권 실행으

로 인한 대지의 환가대금에 대해서도 우선변제 받을 수 있지만 대지에 (근)저당권이 설정될 당시 이미 건물이 존재하고 있었어야 한다. 만약 대지에 관한 (근)저당권 설정 후 지상에 건물이 신축된 경우라면 그 건물의 소액임차인은 (근)저당권 실행으로 인한 대지의 환가대금에 대하여 우선변제 받을 수 없다.

본서는 대지 환가대금에서 대지의 (근)저당권자 등 다른 권리자들에게 전액 배당하고 남은 금액에 대해선 소액임차인에게 우선변제한다는 견해를 따른다.

❻ 미등기주택의 소액임차인도 임차주택에 대한 대지의 환가대금에 대해 우선변제권을 행사할 수 있다. 이는 대지만 따로 경매될 경우에도 그 대지의 환가대금에 대해서 우선변제권을 행사할 수 있는 것으로 본다(대판 2007.6.21. 2004다26133 참조).

단 임대차계약 당시 대지소유자와 주택소유자가 동일한 경우여야 한다.

### 4 소액임차인의 범위와 배당액표

(단위: 만 원)

| 담보물권설정일 | 지역구분 | 계약금액 범위 | 최우선변제액 |
| --- | --- | --- | --- |
| 1984. 6. 14. ~<br>1987. 11. 30. | 특별시, 광역시<br>기타 지역 | 300 이하<br>200 이하 | 300 까지<br>200 까지 |
| 1987. 12. 1. ~<br>1990. 2. 18. | 특별시, 광역시<br>기타 지역 | 500 이하<br>400 이하 | 500 까지<br>400 까지 |
| 1990. 2. 19. ~<br>1995. 10. 18. | 특별시, 광역시<br>기타 지역 | 2,000 이하<br>1,500 이하 | 700 까지<br>500 까지 |
| 1995. 10. 19. ~<br>2001. 9. 14. | 특별시, 광역시<br>기타 지역 | 3,000 이하<br>2,000 이하 | 1,200 까지<br>800 까지 |
| 2001. 9. 15. ~ | 수도권과밀억제권역<br>광역시(인천광역시 제외)<br>기타 지역 | 4,000 이하<br>3,500 이하<br>3,000 이하 | 1,600 까지<br>1,400 까지<br>1,200 까지 |

| | | | |
|---|---|---|---|
| 2008. 8. 21. ~ | 수도권과밀억제권역<br>광역시(인천광역시 제외)<br>기타 지역 | 6,000 이하<br>5,000 이하<br>4,000 이하 | 2,000 까지<br>1,700 까지<br>1,400 까지 |
| 2010. 7. 26. ~ | 서울특별시<br>수도권정비계획법에 따른 과밀억제권역(서울시 제외)<br>광역시(과밀억제권역 포함지역, 군 지역 제외) 안산시, 용인시, 김포시, 광주시<br>그 밖의 지역 | 7,500 이하<br>6,500 이하<br>5,500 이하<br><br>4,000 이하 | 2,500 까지<br>2,200 까지<br>1,900 까지<br><br>1,400 까지 |

① 수도권: 서울특별시와 대통령령으로 정하는 그 주변 지역 즉 인천광역시와 경기도
② 수도권정비계획법에 따른 수도권과밀억제권역
서울특별시
인천광역시(강화군, 옹진군, 서구 대곡동/불로동/마전동/금곡동/오류동/왕길동/당하동/원당동, 인천경제자유구역 및 남동국가산업단지 제외), 의정부시, 구리시, 남양주시(호평동, 평내동, 금곡동, 일패동, 이패동, 삼패동, 가운동, 수석동, 지금동 및 도농동만 해당), 하남시, 고양시, 수원시, 성남시, 안양시, 부천시, 광명시, 과천시, 의왕시, 군포시, 시흥시(반월 특수지역 제외) -수도권정비계획법 시행령-

### 5 소액임차인의 판단기준일은?

❶ 소액임차인의 판단기준일은 등기부상의 선순위 담보물권설정일자를 기준으로 정해진다.
❷ 만약 (근)저당권등의 담보물권 설정이 없다면 가압류나 압류를 기준으로 한다는 의견, 임차인의 확정일자를 소액임차인의 기준일로 본다는 의견과 경매개시결정기입등기를 소액임차인의 판단기준일로 본다는 견해로 나뉜다.

여기서 담보물권이라고 하는 것은 (근)저당권, 담보가등기권을 말한다. 본서는 담보물권이 없다면 가압류는 판단기준일로 보지 않고 확정일자를 갖춘 임차인의 우선변제권 발생일을 판단기준일로 보며 이 외의 경우는 현행법의 기준일로 본다.

### 6 전차인이 소액임차인인 경우

❶ 임차인(전대인)으로부터 전차한 전차인의 보증금이 소액에 속할 경우 임차인(전대인)이 소액임차인일 경우에만 최우선변제권을 가진다. 우선변제권 행사에 있어서 전차인은 우선변제권을 행사할 수 없고 임차인(전대인)만 주장할 수 있지만 소액임차보증금에 대해서는 전차인이 임차인의 권리를 대위할 수 있다.

### 7 공동임대인으로부터 임차한 주택의 공유지분이 경매되는 경우

공동임대인 중 공유지분 일부만 경매되는 경우에 임차인은 자신의 임차보증금 전액을 기준으로 소액임차인인지의 여부를 판단하고 배당절차에서도 최우선변제액 전액에 대하여 우선변제권을 주장할 수 있다.

## 6 주택임대차보호법에서 알아두면 좋을 기타 사항들

### 1 주택임대차의 기간

❶ 주택임대차보호법 제4조 1항에 따르면 기간을 정하지 아니하거나 2년 미만으로 정한 임대차는 그 기간을 2년으로 본다. 다만 임차인은 2년 미만으로 정한 기간이 유효함을 주장할 수 있다. 만약 1년을 임대

차기간으로 정하였다면 임차인은 1년이 된 때에 계약만료를 주장할 수 있다.

❷ 해지통보는 1개월 전에 하여야 하며 주택임차인이 임대인에게 임대차계약의 해지의사를 통보한 후 1개월이 경과하면 계약은 해지된다.

❸ 임대차기간이 끝난 경우에도 임차인이 보증금을 반환받을 때까지는 임대차관계가 존속되는 것으로 본다(주임법 제4조 2항).

❹ 재개발, 재건축조합설립인가일 이후에 체결된 임대차계약일 경우 주택임차인은 2년의 임대차기간을 주장할 수 없다(도시 및 주거환경정비법 제44조 5항). 이것은 상가건물임대차의 경우에도 마찬가지이다(원칙적으로 상가임대차기간은 1년으로 본다).

### 2 묵시의 갱신(주택임대차보호법 제6조) (계약의 갱신)

❶ 임대인이 임대차기간이 끝나기 6개월 전부터 1개월 전까지의 기간에 임차인에게 갱신거절, 계약조건의 변경 등에 관해 아무런 통지를 하지 않고 그 기간이 지난 때에는 전 임대차와 동일한 조건으로 다시 임대차한 것으로 본다. 임차인이 임대차기간이 끝나기 1개월 전까지 아무런 통지를 하지 아니한 경우에도 같다.

❷ 묵시의 갱신의 경우 주택임대차의 존속기간은 2년으로 본다. 하지만 임차인은 언제든지 임대인에게 계약해지를 통지할 수 있으며, 임대인이 그 통지를 받은 날로부터 3개월이 경과하면 효력이 발생한다.

❸ 임차인이 2기의 차임액에 달하도록 연체하거나 그 밖에 임차인으로서의 의무를 현저히 위반한 때에는 묵시의 갱신이 적용되지 않는다.

### 3 임차권등기명령과 당사자의 신청에 의한 임차권 설정등기의 비교

❶ 임차권등기명령: 임차인이 임대차가 만료되었음에도 보증금을 반환받지 못한 경우에 임차권등기명령을 신청하면 대항요건을 유지할 수 있다. 임차권등기명령은 임대인의 동의 없이도 임차인 단독으로 신청할 수 있다.

❷ 임차권설정등기: 임차인이 대항력이나 우선변제권을 갖추고 민법 제621조에 의한 임차권설정등기의 규정에 따라 임대인의 협력을 얻어 하는 경우를 말한다(주택임대차보호법 제3조의4 2항 참조). 임차권설정등기 신청을 할 때 신청서에 주민등록을 마친 날, 임차주택을 점유한 날, 임대차계약증서상의 확정일자를 받은 날 등이 기재된다.

### 4 임차한 주택에 경매가 진행될 경우 임차인의 임대차계약은 어떻게 되나?

❶ 임차한 주택이 경매가 진행될 경우 임차인은 임차기간 만료전이라도 임대인에게 임대차계약해지를 통지할 수 있고 통지 즉시 해지된다.

❷ 대항력 있는 임차인이 배당요구를 하였다면 그 배당요구의 통지가 임대인에게 도달함으로써 임대차관계는 종료되는 것으로 본다(대판 1996.7.12. 94다37646 참조).

# 3 상가건물임차인에 대한 분석

## 1 | 상가건물임차인

### 1 상가건물임차인이란?

상가건물, 즉 사업자등록의 대상이 되는 건물에 대통령령이 정하는 보증금액을 초과하지 않는 임대차를 체결한 임차인을 말한다.
즉 주택임대차와 달리 상가건물임대차에는 법의 적용을 받는 데 있어 보증금액의 상한 제한이 있다.

### 2 대통령령이 정하는 보증금액의 한도

(2002. 11. 1. 이후부터 적용)

| 지역 | 지역별 환산보증금액의 한도 | 소액보증금 범위 | 최우선변제금액 |
|---|---|---|---|
| 서울특별시 | 2억 4천만 원 이하 | 4,500만 원 이하 | 1,350만 원 이하 |
| 수도권정비계획법에 의한 과밀억제권역(서울 제외) | 1억 9천만 원 이하 | 3,900만 원 이하 | 1,170만 원 이하 |

| | | | |
|---|---|---|---|
| 광역시(군 지역과 인천광역시를 제외) | 1억 5천만 원 이하 | 3,000만 원 이하 | 900만 원 이하 |
| 그 밖의 지역 | 1억 4천만 원 이하 | 2,500만 원 이하 | 750만 원 이하 |

상가임대차보호법은 2002. 11. 1. 이후부터 적용되며 그 이전에 설정된 담보물권에 대하여는 상가임차인은 대항력을 주장할 수 없다.

(2008. 8. 21.부터 적용)

| 지역 | 지역별 환산보증금액의 한도 | 소액보증금 범위 | 최우선변제금액 |
|---|---|---|---|
| 서울특별시 | 2억 6천만 원 이하 | 4,500만 원 이하 | 1,350만 원 이하 |
| 수도권정비계획법에 의한 과밀억제권역(서울 제외) | 2억 1천만 원 이하 | 3,900만 원 이하 | 1,170만 원 이하 |
| 광역시(군 지역과 인천광역시를 제외) | 1억 6천만 원 이하 | 3,000만 원 이하 | 900만 원 이하 |
| 그 밖의 지역 | 1억 5천만 원 이하 | 2,500만 원 이하 | 750만 원 이하 |

(2010. 7. 26.부터 적용)

| 지역 | 지역별 환산보증금액의 한도 | 소액보증금 범위 | 최우선변제금액 |
|---|---|---|---|
| 서울특별시 | 3억 원 이하 | 5,000만 원 이하 | 1,500만 원 이하 |
| 수도권정비계획법에 의한 과밀억제권역(서울 제외) | 2억 5천만 원 이하 | 4,500만 원 이하 | 1,350만 원 이하 |
| 광역시(과밀억제권역 포함지역, 군 지역 제외) 안산시, 용인시, 김포시, 광주시 | 1억 8천만 원 이하 | 3,000만 원 이하 | 900만 원 이하 |
| 그 밖의 지역 | 1억 5천만 원 이하 | 2,500만 원 이하 | 750만 원 이하 |

### 3 상가건물임차인의 보증금과 월차임의 합산

❶ 주택임대차에서는 월차임을 보증금액에 적용시키지 않지만 상가건물임대차에는 월차임도 환산해서 보증금액으로 포함시킨다.

보증금 합산금액 = (월차임×100) + 보증금

2010. 7. 26.부터는 서울특별시에서 합산금액이 3억 원이 초과하면 상가임대차보호법에 의해 보호받을 수 없다.

❷ 보증금을 월세로 전환할 때는 산정률 15% 이상으로 정할 수 없다.
❸ 보증금 합산금액이 제한금액에서 초과할 경우 상가임대차보호법에 의해 보호받는 것이 아니라 민법상의 임대차 규정에 따르게 된다.

## 2 | 상가건물임대차 대항력과 우선변제권 요건

### 1 대항요건과 대항력 효력의 발생시점

❶ 상가건물임차인은 대항요건을 갖추려면 임대차목적인 상가건물의 인도 및 부가가치세법 등에 의한 사업자등록신청을 해야 한다.
❷ 임차인이 상가건물의 인도와 사업자등록신청이라는 두 가지 요건을 갖춘 그 다음 날 0시부터 대항력의 효력이 발생한다.

### 2 상가임차인의 대항력 특징

❶ 2002. 11. 1. 이전에 설정된 담보권 실행으로 경매가 진행된다면 상가임차인의 대항력에는 효력이 없다.

❷ 상가건물임대차보호법 시행일인 2002. 11. 1. 이전에 이미 대항력 요건을 갖춘 상가임차인이라도 대항력 취득일을 2002. 11. 1.부터로 본다.
❸ 사업자등록상의 주소와 공부상의 주소가 불일치하는 경우는 대항력을 가질 수 없다.
❹ 사업자등록이 말소, 변경된 경우(사업종류의 변경은 해당되지 않으나, 사업자의 변경 또는 소재지의 변경의 경우)는 대항력이 존속되지 않으므로 유의해야 한다.
❺ 건축 중인 상가건물에 사업자등록을 마친 경우: 건축 중인 상가건물이라도 임차인은 대항력을 주장할 수 있다. 하지만 완공 후 건축에 대한 표시가 달라진다면 대항력을 인정받지 못할 수도 있으므로 유의해야 한다. 만약 건물소재지가 등기부(혹은 건축물관리대장), 사업자등록신청서, 임대차계약서상과 일치하지 않는 경우 대항력을 인정받지 못하므로 사업자등록 정정신고를 하여야 한다. 사업자등록정정신고를 하면 대항력은 정정신고를 한 다음날부터 인정 받게 된다.

### 3 사업자등록의 효력

❶ 사업자등록의 효력은 일반적으로 사업자등록신청일 그 다음 날부터 발생한다.
❷ 사업개시 이후에 등록신청한 경우: 사업자등록신청일 그 다음 날부터 발생한다.
❸ 사업개시일 이전에 등록신청한 경우: 사업개시일 이전이라도 사업자등록신청일 다음날부터 발생한다.
❹ 사업을 폐지한 경우: 이미 사업자의 지위를 상실한 것으로 간주되어

사업자등록이 형식적으로 존속한다 하더라도 대항력을 가지지 못한다(대판 2006.1.13. 2005다64002 참조).

사업을 폐지하였더라도 기존의 대항력이 그대로 존속된다는 견해도 있다.

❺ 사업자등록을 재신청한 경우: 폐업신고 후 사업자등록을 재신청한 경우 폐업신고 시 대항력은 상실되며 사업자등록을 재신청한 경우 비록 같은 상호 및 등록번호로 사업자등록을 하였다 하더라도 이전의 대항력을 인정받지 못하며 재신청한 날의 다음날 0시부터 대항력이 발생한다.

### 4 상가건물임대차 우선변제권 요건

❶ 대항요건(사업자등록 신청+인도(점유))과 임대차계약서에 관할 세무서장으로부터 받은 확정일자를 갖추어야 한다.
❷ 대항요건을 배당요구의 종기까지 유지하고 있어야 한다.
❸ 배당요구의 종기까지 배당요구를 해야 한다.

## 3 | 상가임차인의 최우선변제권

### 1 상가임대차의 최우선변제권의 요건

❶ 사업자등록 신청과 점유의 요건을 첫 경매개시결정기입등기 이전에 갖출 것
❷ 환산금액 기준으로 보증금액이 소액보증금액 한도 이내일 것
❸ 배당요구의 종기까지 배당요구를 할 것

❹ 배당요구의 종기까지 대항력을 유지할 것

상가건물 소액임차인들의 보증금액은 매각대금의 3분의 1에 한해서 최우선변제 된다.

### 2 상가임차인의 소액보증금액 및 최우선변제금액의 범위

(2010.7.26.부터 적용되는 범위)

| | | 보증금 | 최우선변제금 |
|---|---|---|---|
| 1 | 서울특별시 지역 | 5,000만 원 이하 | 1,500만 원 이하 |
| 2 | 수도권 과밀억제권역 지역 | 4,500만 원 이하 | 1,350만 원 이하 |
| 3 | 광역시(인천시, 광역시 내 군 지역 제외), 안산시, 용인시, 김포시, 광주시 | 3,000만 원 이하 | 900만 원 이하 |
| 4 | 기타 지역 | 2,500만 원 이하 | 750만 원 이하 |

## 4 상가건물임대차보호법에서 알아두면 좋을 기타 주요 사항들

### 1 상가건물임대차의 기간

상가건물임대차보호법에 따르면 기간을 정하지 아니하거나 기간을 1년 미만으로 정한 임대차는 그 기간을 1년으로 본다. 다만 임차인은 1년 미만으로 정한 기간이 유효함을 주장할 수 있다. 하지만 임대차가 종료된 경우에도 임차인이 보증금을 돌려받을 때까지는 임대차관계는 존속하는 것으로 본다(상가건물임대차보호법 제9조).

상가건물임대차에 있어서도 주택임대차에서와 같이 재개발, 재건축조합설립인가일 이후에 체결된 주택 및 상가임대차에 관하여는 1년의 임대차기간밖에 보장받지 못한다(도시 및 주거환경정비법 제44조 5항 참조).

### 2 계약갱신과 묵시의 갱신(상가건물임대차보호법 제10조)

❶ 임대인은 임차인이 임대차기간이 만료되기 6개월 전부터 1개월 전 사이에 계약갱신을 요구할 경우 정당한 사유 없이 거절하지 못한다(상가건물임대차보호법 제10조 1항).

> **상가건물임대차보호법 제10조 1항 (정당한 사유)**
> 1. 임차인이 3기의 차임액에 해당하는 금액에 이르도록 차임을 연체한 사실이 있는 경우
> 2. 임차인이 거짓이나 그 밖의 부정한 방법으로 임차한 경우
> 3. 서로 합의하여 임대인이 임차인에게 상당한 보상을 제공한 경우
> 4. 임차인이 임대인의 동의 없이 목적건물의 전부 또는 일부를 전대한 경우
> 5. 임차인이 임차한 건물의 전부 또는 일부를 고의나 중대한 과실로 파손한 경우
> 6. 임차한 건물의 전부 또는 일부가 멸실되어 임대차의 목적을 달성하지 못할 경우
> 7. 임대인이 목적건물의 전부 또는 대부분을 철거하거나 재건축하기 위하여 목적건물의 점유를 회복할 필요가 있는 경우
> 8. 그 밖에 임차인이 임차인으로서의 의무를 현저히 위반하거나 임대차를 계속하기 어려운 중대한 사유가 있는 경우

❷ 임차인의 계약갱신요구권은 최초의 임대차기간을 포함한 전체 임대차기간이 5년을 초과하지 않는 범위에서만 행사할 수 있다. 따라서 상가건물임차인은 최초의 임대차계약일로부터 5년간 임대차를 존속할 수 있는 것으로 본다.

❸ 갱신되는 임대차는 전 임대차와 동일한 조건으로 다시 계약된 것으

로 본다. 다만 차임과 보증금은 상가건물임대차보호법 제11조에 따른 범위에서 증감할 수 있다.

❹ 임대인이 임차인에게 갱신거절의 통지 또는 조건변경의 통지를 하지 않은 경우에는 그 기간이 만료된 때에 전 임대차와 동일한 조건으로 다시 임대차한 것으로 본다. 이 경우에 임대차의 존속기간은 1년으로 본다(묵시의 갱신).

❺ ❹번의 경우 임차인은 언제든지 임대인에게 계약해지의 통고를 할 수 있고, 임대인이 통고를 받은 날부터 3개월이 지나면 효력이 발생한다.

### 3 매수신청인의 사업자등록신청일의 확인 방법

상가건물임대차보호법 제4조 1항에 따르면 건물의 임대차에 이해관계가 있는 자는 건물의 소재지 관할 세무서장에게 사업자등록신청일 등을 열람 또는 제공을 요청할 수 있다. 이때 관할 세무서장은 정당한 사유 없이 이를 거부할 수 없다라고 되어 있지만 경매참가자인 일반인이 열람할 수 있는 것은 아니다.

다만 집행관은 현황조사보고서에 '임차인 등록사항 등의 현황서'를 첨부 서류로 제출하여야 하므로 현황서를 통해 확인해 볼 수 있다.

사업자등록신청일을 열람 가능한 이해관계인은 임대인, 임차인, 그리고 (근)저당권자 등 직접적인 이해관계가 있는 경우에서만 할 수 있으며 해당 상가건물을 소유 또는 매수하려는 자는 이해관계인에 포함되지 않는다.

# 제1장 — 알쏭달쏭 OX문제

01  임대차는 등기가 없더라도 임차인이 주택의 인도와 주민등록을 마친 때에는 그 익일부터 제3자에 대하여 효력이 생긴다. (   )

02  주택임대차보호법에 따르면 주거용 건물에 해당하는지의 여부는 임대차목적물의 공부상의 표시를 기준으로 한다. (   )

03  일반적으로 거주하던 주택이 경매로 매각되면 임대차관계는 소멸한다. (   )

04  주택임대차보호법의 주택임차보증금과 상가건물임대차보호법의 상가임차인의 임차보증금에 대한 상한의 제한이 없다. (   )

05  소액임차인은 반드시 경매개시결정기입등기일 이전에 대항요건과 확정일자를 갖추어야 최우선변제를 받을 수 있다. (   )

---

**정답 및 해설**

01  O
02  X 실제 사용용도에 따라 정한다.
03  O
04  X 주택임대차보호법의 적용을 받는 데 있어서 주택임차인의 임차보증금에 대한 상한의 제한이 없지만, 상가건물의 경우에는 상가임차인의 임차보증금에 대한 상한에 제한이 있다. 임차보증금이 상가건물임대차보호법상의 상한을 넘는 경우에는 처음부터 상가건물임대차보호법의 적용대상이 될 수 없다.
05  X 확정일자는 최우선변제권의 요건이 아니다.

## 제1장 — 주관식 문제

01 배당받을 자격이 있는 이해관계인들이 배당요구할 수 있는 기한을 지정한 날짜를 무엇이라고 하는가?

02 임차주택의 양수인, 임대할 권리를 승계한 자, 기타 해당 주택에 관하여 이해관계를 가진 자에 대하여 임대차의 내용을 주장할 수 있는 법률상의 권능을 대항력이라고 한다. 이 대항력을 주장하기 위하여 갖추어야 할 가장 기본적인 요건 두 가지는 무엇인가?

03 미등기된 건물의 건축주를 확인하기 위해서는 어떤 서류를 확인해보는 것이 도움이 될까?

04 확정일자를 갖춘 임차인이 임차보증금에 대하여 우선변제권을 가지기 위한 세 가지 조건은?

05 임대인의 동의를 받은 주택임차인이 주택을 전대하고 그 전차인이 인도받은 주택에 대하여 주민등록을 마친 경우, 임차인(전대인)은 대항력을 취득할 수 있는가?

06 갑과 을이 각각 1/2의 지분을 가진 부동산을 갑이 을의 동의 없이 병에게 임대하였다. 이 경우, 임대차계약은 유효한가?

### 정답 및 해설

01 배당요구의 종기
02 주택의 인도(점유)와 주민등록(전입)
03 건축물(관리)대장이 있는 경우 이것을 통해 확인해 볼 수 있다.
04 ① 주택임대차보호법 제3조 1항의 대항요건(주택인도와 주민등록)을 갖출 것
② 배당요구의 종기까지 배당요구를 할 것 ③ 배당요구의 종기까지 대항력을 존속시킬 것
05 이 경우 점유와 주민등록이 변경되었더라도 원래의 임차인이 갖는 임차권의 대항력은 소멸되지 않고 유지된다. 단 전차인은 임차인의 주민등록퇴거일로부터 14일 이내 전입신고를 해야 한다.
06 공유자 지분의 과반수(1/2 초과)로 정해야 한다. 따라서 갑과 병과의 임대차계약은 무효이다.

## 제1장 — 정석 I 객관식 문제

01  다음 중 임차인 혹은 점유자를 파악하기 위해 확인해야 할 서류로 가장 적당한 것은?

① 등기부  ② 토지대장
③ 주민등록전입세대열람확인서  ④ 건축물관리대장

정답 ▶ ③ 임차인 및 점유자 파악에 관련된 자료로는 주민등록전입세대열람확인서, 현황조사서, 매각물건명세서 등이 있다.

02  다음 중 말소기준권리가 될 수 없는 것은?

① 저당권등기  ② (강제)경매개시결정등기
③ 가압류등기  ④ 소유권이전등기청구권보전가등기

정답 ▶ ④ 말소기준등기기 되는 것은 (근)저당권, (가)압류, (강제)경매개시결정등기, 담보가등기, 경우에 따라 전세권등기 등이 있다.

(3~5) 다음의 물음에 답하시오.

| 가. 지번도 | 나. 토지대장 |
| 다. 건축물대장 | 라. 대지권등록부 |
| 마. 토지이용계획확인원 | |

03  토지에 대한 도시계획의 결정사항 및 도시계획구역 내의 행위제한 및 허가제한 등을 확인할 수 있는 것은?

① 가  ② 나  ③ 다  ④ 라  ⑤ 마

정답 ▶ ⑤

04 주택의 위치를 찾거나 주변의 개발현황, 도로, 교통이용환경을 파악하는데 가장 유용한 것은?

① 가 ② 나 ③ 다 ④ 라 ⑤ 마

정답 ▶ ①

05 여러 필지 위에 한 동의 집합건물이 있는 경우, 특별히 참조하면 도움이 될 서류는?

① 가 ② 나 ③ 다 ④ 라 ⑤ 마

정답 ▶ ④ 대지권등록부란? 구분소유자가 전유부분을 소유하기 위하여 건물의 대지에 갖는 권리인 대지권을 지적공부 정리의 효율화를 위하여 작성한 장부.

06 다음은 무엇에 대한 설명인가?

> · 표제부, 갑구, 을구, 세 부분으로 나누어져 있다.
> · 표제부는 부동산에 대한 기본적인 정보로 접수, 소재지번, 건물내역 및 그 집의 현황에 관한 기타 사항을 알 수 있다.
> · 갑구는 부동산의 소유관계를 알 수 있다.
> · 을구는 부동산의 저당 여부를 알 수 있다.

① 건축물대장 ② 토지대장 ③ 등기부등본 ④ 호적등본

정답 ▶ ③

07 임차주택의 양수인, 임대할 권리를 승계한 자, 기타 해당 주택에 관하여 이해관계를 가진 자에 대하여 임대차의 내용을 주장할 수 있는 법률상의 권능으로, 주택의 점유와 주민등록의 전입을 그 요건으로 하는 것을 무엇이라고 하는가?

① 대항력 ② 우선변제권 ③ 확정일자 ④ 최우선변제권

정답 ▶ ①

08 토지와 건물에 근저당권이 설정되어 있다가 기존건물이 멸실되어 건물의 근저당권은 소멸되고 토지의 근저당권만 남아 있을 경우 신축된 건물과 함께 토지가 일괄경매가 진행된다면, 임차인의 대항력 여부의 기준이 되는 말소기준권리는?

① 건물의 근저당권
② 토지의 근저당권
③ 경매개시결정기입등기

정답 ▶ ③ 토지와 건물의 말소기준권리가 상이한 경우, 임차인의 대항력은 건물의 말소기준등기를 기준으로 한다. 따라서 토지에만 근저당권이 남아 있고 임차인은 건물에 대해서만 대항력을 행사할 수 있으므로 신축건물에 경료된 경매개시결정기입등기가 말소기준권리가 된다. (건물이 철거되면 건물에 설정되어 있던 근저당권도 소멸된다.)

09 우선변제권과 최우선변제권에 대한 설명으로 바르지 않은 것은?

① 우선변제권의 요건으로 주택의 점유, 주민등록전입, 확정일자 이 세 가지를 갖추어야 한다.
② 소액임차인은 경매개시결정기입등기 후에 전입과 점유의 요건을 갖추어도 최우선변제권을 인정받는다.
③ 배당요구의 종기까지 대항력의 요건을 유지하지 않으면, 대항력이 상실되어 우선변제권을 행사할 수 없게 된다.
④ 소액임차인의 경우 확정일자가 없어도 최우선변제권을 인정받을 수 있다.
⑤ 확정일자 임차인은 경매개시결정기입등기 후에 점유와 전입의 요건을 갖추어도 우선변제권이 있다.

정답 ▶ ② 소액임차인은 경매개시결정등기 전까지 점유와 전입의 요건을 갖추어야 최우선변제권을 인정받는다.

10  확정일자로 인정받을 수 없는 것을 고르세요.

① 전세권설정등기를 한 경우 등기필증에 찍힌 등기관의 접수인
② 임대차계약서에 대한 사서증서의 인증
③ 부동산중개업소에서 작성한 임대차계약서
④ 주민센터, 법원, 등기소의 공무원으로부터 받은 확정일자
⑤ 공증인 사무소에서 작성한 임대차계약서의 공정증서

정답 ▶ ③
대개의 경우, 확정일자는 부동산중개업소에서 임대인, 임차인, 중개인과 함께 작성한 임대차계약서를 가지고 주민센터에서 전입신고를 하면서 동시에 확정일자를 받는다. 따라서 임대차 계약서만으로는 확정일자를 갖추었다고 할 수 없다.


11  다음 중 주택임대차보호법이 적용되는 건물이 아닌 것은?

① 등기부상 주거용 건물    ② 미등기 건물
③ 옥탑방                  ④ 업무용 건물
⑤ 가건물

정답 ▶ ④ 주택임대차보호법은 원칙적으로 주거용 건물에만 적용된다.


12  다음의 경우 우선변제권 발생시점은?

· 점유, 전입: 2008. 8. 11.
· 확정일자: 2008. 8. 12.

① 2008. 8. 13.            ② 2008. 8. 12.
③ 2008. 8. 11.            ④ 2008. 8. 10.

정답 ▶ ② 우선변제권의 발생시점은 대항력의 요건과 확정일자 중 늦은 날을 기준으로 한다. 여기서 대항력 발생일은 2008.8.12. 0시부터이고 확정일자의 효력은 2008.8.12.(9시)부터이므로 2008.8.12.(9시)부터 우선변제권이 발생한다(확정일자와 근저당권일자가 동일한 경우 순위를 알 수 없으므로 동순위로 보며 9시는 전입의 익일 0시와 비교하여 설명하기 위해 설정된 시간이다).

13  다음의 경우 우선변제권 발생시점은?

> · 점유 전입: 2009. 7. 31.
> · 확정일자: 2009. 7. 30.

① 2009. 7. 30.  ② 2009. 7. 31.
③ 2009. 8 1.  ④ 2009. 8. 2.

정답 ▶ ③ 2009.8.1. 0시부터

14  전입신고가 확정일자보다 늦다면 우선변제권의 발생시점은?
① 전입신고 한 당일 그 시각  ② 전입신고 한 당일 12시
③ 확정일자 당일  ④ 확정일자 다음날 0시
⑤ 전입신고 한 다음날 0시

정답 ▶ ⑤ 우선변제권의 효력은 대항력이 갖추어진 날과 확정일자 중 늦은 날로 전입신고 다음날 0시부터 발생한다.

〈15~16〉 다음 상황을 보고 물음에 답하시오.

> · 전입: 2009. 4. 22.
> · 확정일자: 2009. 4. 22.
> · 주민등록 이전: 2009. 6. 22.
> · 재전입: 2009. 9. 22. (확정일자 받지 않음)

15  위 상황에서 최종 우선변제권 발생시점은?
① 2009. 4. 22.  ② 2009. 4. 23.
③ 2009. 6. 23.  ④ 2009. 9. 22.
⑤ 2009. 9. 23.

정답 ▶ ⑤ 우선변제권은 재전입한 날짜로 따지므로 재전입한 다음날 0시부터이다.

### 16 위 상황에 대한 설명으로 옳지 않은 것은?

① 2009. 6. 22. 주민등록 이전과 동시에 대항력은 상실한다.
② 재전입을 함으로써 대항력은 2009. 9. 23. 0시부터 다시 발생한다.
③ 재전입 시 확정일자를 받지 않았으나, 2009. 4. 22.에 받은 확정일자로 인정받을 수 있다.
④ 재전입 시 확정일자를 받지 않았으므로, 대항력을 다시 취득하여도 우선변제권은 인정되지 않는다.

정답 ▶ ④ 확정일자는 다시 받지 않아도 인정되므로 우선변제권은 재전입을 한 다음날 0시부터 다시 발생한다.

---

**대판 1998.12.11. 98다34584**

**【판시사항】**
주택의 임차인이 임차권의 대항력을 취득하고 임대차계약서상에 확정일자를 갖춘 후 다른 곳으로 주민등록을 이전하였다가 재전입을 한 경우, 임차인이 재전입 이후에 그 주택에 관하여 담보물권을 취득한 자보다 우선하여 보증금을 변제받을 수 있는지 여부(적극)

**【판결요지】**
주택의 임차인이 그 주택의 소재지로 전입신고를 마치고 입주함으로써 임차권의 대항력을 취득한 후 일시적이나마 다른 곳으로 주민등록을 이전하였다면 그 전출 당시 대항요건을 상실함으로써 대항력은 소멸하고, 그 후 임차인이 다시 그 주택의 소재지로 주민등록을 이전하였다면 대항력은 당초에 소급하여 회복되는 것이 아니라 재전입을 한 때로부터 새로운 대항력이 다시 발생하며, 이 경우 전출 이전에 이미 임대차계약서상에 확정일자를 갖추었고 임대차계약도 재전입 전후를 통하여 그 동일성을 유지한다면, 임차인은 재전입 시 임대차계약서상에 다시 확정일자를 받을 필요 없이 재전입 이후에 그 주택에 관하여 담보물권을 취득한 자보다 우선하여 보증금을 변제받을 수 있다.

**17** 다음 (   ) 안에 들어갈 말이 순서대로 옳은 것은?

> 최우선변제권이란 임차한 주택의 경매나 공매시, 임차인의 보증금액이 일정한 소액에 속하면, 주택 매각대금의 (   )범위 내에서 다른 (   )권리자보다 우선하여 변제받을 수 있는 권리를 말한다. 소액임차인의 범위와 배당액은 등기부상의 (   )를(을) 기준으로 정해진다.

① 1/2, 후순위, 선순위담보물권
② 100%, 선순위, 말소기준권리
③ 1/2, 선순위, 선순위담보물권
④ 100%, 후순위, 말소기준권리

정답 ▶ ③

**18** 소액보증금에 대한 최우선변제권을 행사할 수 있는 요건으로 바르지 않은 것은?

① 임차보증금이 주택임대차보호법 시행령에 따른 소액보증금액의 범위에 속해야 한다.
② 배당요구의 종기까지 배당요구를 해야 한다.
③ 확정일자가 있어야 한다.
④ 첫 경매개시결정기입등기 전에 대항요건을 갖추어야 한다.
⑤ 배당요구의 종기까지 대항력을 유지해야 한다.

정답 ▶ ③ 확정일자는 최우선변제권의 요건이 아니다.

19 대항력, 우선변제권, 최우선변제권에 대한 설명으로 바른 것은?

① 임차보증금 전액을 돌려받을 때까지 계속 점유할 수 있는 권리를 우선변제권이라고 한다.
② 경매개시결정기입등기 후에 확정일자와 대항력의 요건을 갖추어도 우선변제권이 있다.
③ 최우선변제권은 보증금 전액에 대하여 순위에 의해 우선변제 받을 수 있다.
④ 확정일자는 최우선변제의 요건이다.
⑤ 소액임차인은 확정일자가 있어야 배당에 참여할 수 있다.

정답 ▶ ②
①은 대항력에 대한 설명이다. ③은 우선변제권에 대한 설명이다. ④는 우선변제의 요건이다. ⑤의 경우 소액임차인은 확정일자 없이도 배당에 참여할 수 있다.

20 다음 중 따로 배당요구를 하지 않아도 배당에 참여할 수 있는 임차인으로만 묶인 것은?

> 가. 소액임차인
> 나. 후순위전세권자
> 다. 경매개시결정기입등기 전에 임차권등기를 한 임차인
> 라. 확정일자를 갖춘 임차인
> 마. 임차인이 강제경매신청을 한 경우
> 바. 말소기준등기 전에 전입과 점유를 한 임차인

① 가, 다, 바　　② 나, 라, 마
③ 나, 다, 마　　④ 가, 다, 마

정답 ▶ ③ 가와 라는 모두 배당요구종기까지 배당요구를 해야 배당에 참여할 수 있고, 바는 배당요구없이 배당에 참여할 수 없지만, 대항력이 있으므로 매수인이 보증금을 인수해야 한다.

21  아래와 같은 상황에서 임차인들에 대한 소액임차인(최우선변제를 받을 수 있는) 판단의 첫 기준일이 되는 것은?

> 1. 2005. 3. 4.: 임차인 A 전입과 점유 (확정일자 없음)
> 2. 2006. 7. 8.: 임차인 B 전입과 점유 (확정일자: 2006. 7. 10.)
> 3. 2006. 8. 22.: 가압류
> 4. 2007. 7. 2.: 임차인 C 전입과 점유 (확정일자 없음)

① 2005. 3. 5.　　② 2006. 7. 9.　　③ 2006. 7. 10.
④ 2006. 8. 22.　　⑤ 2007. 7. 2.

정답 ▶ ③ 임차인의 소액판단기준일에 대해 여러 가지 견해가 있지만 만약 담보물권인 (근)저당권이나 가등기 담보물권 등이 없는 경우 본서에서는 그 담보물권에 가압류는 포함시키지 않으며 확정일자를 갖춘 임차인이 있는 경우 이를 부동산 담보권자와 유사한 지위로 본다는 실무제요(Ⅱ 469쪽 참조)의 내용에 따라 판단기준일을 삼았다.

22  경매실무에서 종종 보게 되는 가장임차인에 대하여 매수인을 포함한 이해관계인들이 취할 수 있는 대책으로 볼 수 없는 것은?

① 배당기일에 참석하여 배당표에 대한 이의를 신청한 후 배당이의의 소를 제기한다.
② 형법 제315조의 '위계의 방법에 의한 경매방해죄'로 형사고발이 가능하다.
③ 이의신청을 할 경우, 실제 거주를 했는지, 계약서의 유무, 소유자와의 관계 등 입증자료를 충분히 준비한다.
④ 소유자와 친인척관계라 할지라도 임대차계약서 등 임대차관계가 명확하다면 진정한 임차인이 될 수 있으므로 섣부른 판단은 삼간다.
⑤ 임차인이 신고한 보증금액이 현재 전·월세 시세와 큰 차이가 있을 경우 가장임차인으로 간주한다.

정답 ▶ ⑤ 계약 당시의 시세와 비교하는 것이 좋으며 금액의 차이가 있을지라도 확실한 증거가 없다면 속단할 수 없으므로 입찰에 주의하는 것이 좋다.

23 주택임차인의 최우선변제권에 대한 설명 중 옳지 않은 것은?

① 현행법령상(2010.7.26일을 기준), 서울시: 7,500만 원 이하인 소액임차인은 최우선변제권을 행사할 수 있다.
② 공동임대인 중 1인의 공유지분이 경매로 나온 경우에도 임차보증금 전액을 기준으로 소액임차인 여부를 판단한다.
③ 소액보증금이 매각대금에서 경매비용을 제외한 나머지 금액의 1/2을 초과하는 경우에는 1/2에 해당하는 금액에 한해서 최우선변제 된다.
④ 소액임차인은 다른 담보물권자보다 우선하여 배당받을 수 있다.
⑤ 계약체결 당시 보증금이 최우선변제의 기준범위를 초과하였다면 경매개시결정기입등기 이전에 보증금을 감액하였다 하더라도 최우선변제권이 인정되지 않는다.

정답 ▶ ⑤ 경매개시결정기입등기 이전에 적법하게 감액하였다면 최우선변제권이 인정된다.

24 대항력과 우선변제권을 겸유한 임차인이 보증금 이외에 월차임의 약정이 있는 경우 임차인의 주택 사용·수익에 대하여 올바른 설명이 아닌 것은?

① 임차인이 배당표가 확정될 때까지 주택을 사용·수익 한 부분에 대하여는 부당이득반환의무가 없다.
② 월차임이 있는 임대차인 경우라도 임차인은 매각대금을 완납한 매수인에게 차임을 지급할 필요는 없다.
③ 임차인이 배당표가 확정된 이후에도 사용·수익을 지속한다면 그 부분에 대한 차임 상당의 부당이득반환의무를 가지게 된다.
④ 임차인이 보증금의 일부만 배당받는 경우 배당받지 못한 보증금에 대한 임대차가 지속되는 것이므로 배당받은 금액에 대한 사용·수익 하는 만큼의 차임에 대하여 부당이득반환의무를 가지게 된다.
⑤ 임차인이 배당금을 지급받을 때까지는 명도를 거절할 수 있다.

정답 ▶ ② 월차임이 있는 임대차인 경우 종전의 임대차가 유지되므로 매수인에게 매각대금 지급기일 이후부터 차임을 지급하여야 한다.

**25** 소액임차인의 최우선변제권에 대한 설명이 바르지 않은 것은?

① 소액임차인의 판단기준일은 특별한 경우가 아니면 등기부상의 선순위(혹은 최초)담보물권설정일자를 기준으로 정해진다.
② 임차권등기명령의 집행에 의한 임차권등기가 경료된 주택에 임차한 소액임차인도 최우선변제권을 행사 할 수 있다.
③ 임차인(전대인)으로부터 전차한 전차인의 보증금액이 소액보증금에 속하더라도 임차인이 소액임차인일 경우에만 최우선변제권을 가진다.
④ 소액임차인이 대지와 건물에서 모두 배당을 받는 경우 대지와 건물의 매각대금에 비례하여 분담된다.
⑤ 공동임대인 중 공유지분 일부만 경매되는 경우에 임차인은 자신의 임차보증금 전액을 기준으로 소액보증금액 여부를 판단하고 배당절차에서도 소액 보증금 전액에 대하여 우선변제권을 주장할 수 있다.

정답 ▶ ② 임차권등기가 마쳐진 주택을 임차한 소액임차인은 최우선변제권을 행사할 수 없다.

**26** 임차인이 타인의 점유를 매개로 하여 간접점유 하는 경우 대항력에 대한 설명이 바른 것은?

① 임차인의 직접점유 뿐만 아니라 간접점유도 대항력은 인정된다.
② 대항력은 전차인(직접점유자)에게 있다.
③ 전대인인 임차인이 소유권을 양도받고 근저당권을 설정한 경우, 전차인(직접점유자)은 소유권이전등기와 관계없이 대항력이 없다.
④ 임차인이 간접점유 하는 경우 전차인(직접점유자)의 주민등록은 포함되지 않는다.
⑤ 간접점유자의 주민등록은 대항력의 요건이 된다.

정답 ▶ ①
(단 전차인은 임차인의 주민등록퇴거일 14일 이내 주민등록(전입신고)을 해야 한다.)
② 임차인이 간접점유 하는 경우 전차인 등 직접점유자의 주민등록이 포함되지만 대항력을 가지는 것은 임차인이다. 전차인은 임차인의 권리를 원용하게 된다.
③ 전대인인 임차인이 소유권을 양도받고 근저당권을 설정한 경우, 전차인(직접점유자)은

전대인이 소유권이전등기를 경료하면 즉시 대항력을 취득한다.
④ 임차인이 간접점유 하는 경우 전차인(직접점유자)의 주민등록이 포함된다.
⑤ 간접점유자의 주민등록은 대항력의 요건이 되지 못한다.

## 27. 단독주택의 경우 공부상 주소표시와 주민등록이 불일치하는 경우, 보기 중 대항력을 인정받을 수 없는 경우는?

㉠ 다가구용 단독주택에 임차인이 전입신고를 한 후 다세대주택으로 변경된 경우
㉡ 여러 필지 상에 주택건물이 있는 경우 건물의 부지 이외의 필지의 지번으로 주민등록을 한 경우
㉢ 등기부상 지번과 건축물관리대장상 지번이 상이한 경우 임차인이 토지대장 및 건축물대장과 일치하게 주민등록의 주택의 지번과 동 호수를 표시한 경우
㉣ 임차인이 주택을 인도받은 후 등기부나 건축물관리대장상의 주택의 현황과 일치하게 주민등록을 한 이후, 건물의 구분·합병 등으로 지번이 변경되어 동·호수가 새로이 부여된 경우 임차주택의 지번이 등록전환이나 분필과 합필 등으로 변경된 경우
㉤ 담당 공무원의 착오로 지번이 틀리게 기재된 경우를 증명할 수 있는 경우
㉥ 임차인이 주민등록을 바르게 한 이후, 임차주택의 지번이 등록전환이나 분필과 합필 등으로 변경된 경우

① ㉠  ② ㉡
③ ㉢, ㉣, ㉤  ④ ㉥

정답 ▶ ②
㉡ 여러 필지 상에 주택건물이 있는 경우 건물의 부지 이외의 필지의 지번으로 주민등록을 하였다면 대항력을 인정받지 못한다.

28 다음 중 임차인의 주소표시에서 주택·상가건물임대차보호법상 대항력을 인정받지 못할 가능성이 가장 높은 경우는?

① 다가구용 단독주택에 관하여 구분건물로의 구분등기가 경료되었으나 집합건물관리대장이 작성되지 않아 지번만 표시 된 경우
② 주택임대차계약서 상 동·호수 표시가 누락되었지만 주민등록과 실제 거주하는 주택이 일치하는 경우
③ 상가임대차계약서 상의 지번이 등기부상의 지번과 불일치하는 경우
④ 특수주소 변경으로 주민등록이 올바르게 정정된 경우
⑤ 다가구주택의 경우, 전입신고 시 지번까지만 적은 경우

정답 ▶ ③ 임대차계약서상 동·호수 표시가 누락된 경우일지라도 주민등록과 실제 거주하는 주택이 일치한다면 대항력을 취득하는 것으로 보지만 상가건물인 경우 건축물관리대장 또는 등기부상의 목적물의 표시와 정확히 일치하여야만 대항력을 취득할 수 있다.

29 사업자등록과 대항력의 효력으로 가장 바르지 않은 것은?

① 사업자등록의 효력은 일반적으로 사업자등록을 신청한 그 다음 날부터 대항력을 가진다.
② 사업개시 이후에 등록신청 한 경우 사업자등록 신청일 그 다음 날부터 대항력을 가진다.
③ 사업개시일 이전에 등록신청 한 경우라도 사업자등록신청일 다음날부터 대항력을 인정받는다.
④ 사업을 폐지한 경우는 사업자등록이 형식적으로 남아있다 하더라도 대항력을 가지지 못한다.
⑤ 폐업신고 후 기존의 같은 상호 및 등록번호로 사업자등록을 재신청하였다면 기존의 대항력은 유지된다.

정답 ▶ ⑤ 사업자등록을 재신청한 경우: 폐업신고 후 사업자등록을 재신청한 경우 폐업신고 시 대항력은 상실되며 사업자등록을 재신청한 경우 비록 같은 상호 및 등록번호로 사업자등록을 하였다 하더라도 대항력은 재신청을 한 그 다음날부터 발생한다.

30 우선변제권에 대한 설명으로 바르지 않은 것은?

① 우선변제권의 요건은 점유와 전입 뿐만 아니라 확정일자를 갖추어야 한다.
② 배당요구를 하였다면 임차인이 배당요구의 종기 이전에 전출하여도 배당을 받을 수 있다.
③ 우선변제권이란 권리순위에 따라 환가대금에 대해 법원에서 배당을 받아 갈 수 있는 권리를 말한다.
④ 임차인의 우선변제권은 일반적인 임대차관계에서는 발생하지 않고 경매 또는 공매의 경우에만 언급되어지는 권리이다.
⑤ 경매개시결정기입등기일 이후에 대항력 요건과 확정일자를 갖추어도 우선변제권을 가진다.

정답 ▶ ② 배당요구의 종기까지 대항력요건을 유지하여야 배당을 받을 수 있다.

〈31~32〉 아래의 대항요건 및 확정일자의 날짜를 보고 다음 물음에 답하세요.

> A: 점유 + 전입(2005. 5. 22.) + 확정일자(2005. 5. 22.)
> B: 점유 + 전입(2005. 5. 25.) + 확정일자(2005. 5. 23.)
> C: 점유 + 전입(2005. 5. 23.) + 확정일자(2005. 5. 22.)
> D: 점유 + 전입(2005. 5. 24.) + 확정일자(2005. 5. 24.)
> E: 점유 + 전입(2005. 6. 23.) + 확정일자(2005. 5. 21.)

31 우선변제권의 발생시점이 가장 빠른 순서대로 나열된 것은?

① A-C-D-B-E  ② A-B-C-D-E
③ A-C-D-E-B  ④ C-A-B-D-E

정답 ▶ ① 우선변제권 발생시점은 대항요건이 갖추어진 날짜와 확정일자를 받은 날짜 중 늦은 날로 보며 전입날짜가 확정일자보다 늦거나 같다면 전입한 다음날 0시부터 우선변제권이 발생한다.

## 32. 'E'의 우선변제권의 발생시점은?

① 2005. 5. 21.
② 2005. 5. 22.
③ 2005. 5. 23.
④ 2005. 6. 23.
⑤ 2005. 6. 24.

정답 ▶ ⑤ 확정일자는 5. 21.로 되어 있으나 6. 23.에 전입을 하였으므로 우선변제권 발생시점은 2005. 6. 24. 0시부터가 된다.

## 33. 대항력을 갖춘 임차인과 다른 채권자와의 순위 관계가 옳지 않은 것은?

① 대항요건을 갖추고 확정일자를 받은 그 다음날 저당권이 설정된 경우는 임차인이 저당권보다 우선한다.
② 점유와 전입을 이미 갖춘 후, 훗날 확정일자를 받은 날짜와 저당권이 설정된 날짜가 동일한 경우는 임차인과 저당권자가 동순위이므로 안분배당 하게 된다.
③ 저당권보다 먼저 확정일자를 갖춘 임차인이 여러 명인 경우, 임차인들은 대항요건 및 확정일자를 갖춘 순서대로 배당받게 된다.
④ 확정일자를 갖춘 임차인에 앞선 선순위가압류권자가 있는 경우 가압류권자가 임차인보다 우선하여 배당받는다.
⑤ 당해세를 제외한 조세와 확정일자를 갖춘 임차인의 순위는 조세의 법정기일과 임차인의 우선변제권 발생시점을 따져 배당하게 된다.

정답 ▶ ④ 확정일자를 갖춘 임차인에 앞선 선순위가압류권자가 있는 경우 가압류권자와 안분배당을 하게 된다.

**34** 아래의 보기 중 임차인이 자신의 보증금에 대해 대지의 환가대금에서도 최우선변제 받을 수 있는 경우를 모두 고르시오. (임차인이 경매개시결정기입등기 이전에 대항요건을 갖추었다는 전제)

> 가. 대지 위에 건물이 존재함에도 불구하고 저당권이 대지부분에만 설정되어 저당권자가 대지만을 경매신청한 경우의 임차인
> 나. 건물에만 저당권이 설정되어 건물만이 경매가 진행되고 그 후 대지도 매각되는 경우의 임차인
> 다. 대지에 저당권이 설정되고 난 후 건물이 신축되었고 그 후 대지와 건물이 일괄매각된 경우
> 라. 단독주택에 전세권만 설정한 전세권자

① 가  
② 가, 나  
③ 가, 나, 다  
④ 가, 나, 다, 라

정답 ▶ ② 저당권설정당시 이미 건물이 존재한 경우라면 건물과 대지 모두, 혹은 건물과 대지가 따로 경매가 진행되어도 건물의 임차인은 대지의 환가대금에서 최우선변제 받을 수 있다.

**35** 임차인 홍길동은 아래와 같이 보증금 증액을 하였다. 옳지 않은 설명은?

> 2006. 5. 18.: 임차인 홍길동 전입 + 확정일자, 임차보증금 6,500만 원
> 2006. 5. 20.: ○○은행 근저당권설정 1억 원
> 2007. 6. 18.: 홍길동 임차보증금 500만 원 증액

① 홍길동은 초기 6,500만 원에 대한 대항력 주장이 가능하다.
② 재계약의 경우 전입신고는 다시 하지 않아도 된다.
③ 홍길동은 보증금 7,000만 원에 대하여 ○○은행보다 우선하여 배당받을 수 있다.
④ 보증금 증액의 경우 임차인은 종전 계약서도 보관하고 재계약서에 다시 확정일자를 받아두는 것이 좋다.

⑤ 홍길동이 증액 부분에 대하여 확정일자를 받아두었다면 ○○은행 다음으로 보증금 500만 원에 대하여도 우선변제를 받을 수 있다.

정답 ▶ ③ 홍길동은 근저당권보다 먼저 들어온 선순위임차인으로 6,500만 원에 대하여 먼저 우선배당 받고 나머지 500만 원의 증액부분에 대해선 ○○은행이 배당받은 후 잔액이 있고 확정일자까지 받아 두었다면 배당 받을 수 있다.

## 36 다음 임차인에 따른 배당여부가 옳지 않은 것은?

① 확정일자를 갖춘 임차인도 배당요구를 해야 배당에 참여할 수 있다.
② 소액임차인은 확정일자가 없어도 배당에 참여할 수 있다.
③ 소액임차인은 배당요구를 하지 않아도 자동 배당된다.
④ 경매개시결정기입등기 이전에 임차권등기를 한 임차인은 배당요구를 하지 않아도 자동 배당된다.
⑤ 강제경매를 신청한 임차인은 자동 배당된다.

정답 ▶ ③ 소액임차인은 확정일자가 없어도 배당에 참여할 수 있다. 단 반드시 배당요구를 해야 배당을 받아갈 수 있다.

## 37 우선변제권과 대항력과의 관계를 설명한 것 중 바르지 않은 것은?

① 대항력과 우선변제요건을 갖춘 임차인은 보증금에 관하여 매각대금에서 우선변제를 받을 수 있는 권리와 매수인에게 대항하여 임차보증금의 반환을 받을 때까지 임대차관계의 존속을 주장할 수 있는 권리가 모두 있다.
② 우선변제권과 대항력을 모두 갖춘 임차인은 원한다면 두 가지 권리 중 하나를 선택하여 행사할 수 있으며 경우에 따라 두 가지 권리를 순차적으로 행사할 수도 있다.
③ 임차인이 배당요구로 배당을 받게 되는 경우 임차인은 특별한 사정이 없는 한 임차인에 대한 배당표가 확정될 때까지는 임차권이 소멸하지 않는다.
④ 매수인이 매각대금을 납부하여 소유권을 취득한 이후에 임차인이 주

택을 계속 점유하여 사용·수익 하였다고 하더라도 임차인에 대한 배당표가 확정될 때까지는 주택에 대한 사용·수익에 대한 부당이득이 성립되지 않는다.
⑤ 배당받지 않는 대항력이 없는 임차인이라도 매수인이 매각대금을 납부한 이후부터 주택을 인도해줄 때까지 사용·수익에 대한 임료 상당의 부당이득반환의무는 없다.

정답 ▶ ⑤ 배당받지 않는 대항력이 없는 임차인인 경우는 매수인이 매각대금을 납부한 이후부터 주택을 인도해줄 때까지 사용·수익에 대한 임료 상당의 부당이득반환의무가 있다.

## 38 다음 중 주택임대차보호법의 적용범위로 볼 수 없는 것은?

① 준공검사를 받지 못한 건물
② 주택의 일부를 점포로 사용하는 경우
③ 공부상 용도는 공장이나 현재 주거로 사용하고 전입신고를 마친 경우
④ 비주거용 건물의 일부를 임대인의 동의 없이 주거용으로 사용하는 경우
⑤ 임대인의 승낙을 얻어 주거용으로 개조한 후 주거로 사용하는 경우

정답 ▶ ④ 비주거용 건물의 일부를 임대인의 동의 없이 주거용으로 사용하는 경우에는 적용되지 않는다.

## 39 주민등록전입신고를 하면서 착오로 인해 주민등록부에 다른 지번이 기재되어 있다. 다음 중 옳지 않은 것은?

① 현재 상태로는 주택임대차보호법의 보호를 받지 못한다.
② 임대인이 잘못 불러주어 임차인이 잘못 기재한 경우도 보호를 받을 수 없다.
③ 공무원의 실수로 잘못 기재된 것을 증명할 수 있으면 기존의 전입일은 유효하며, 보호받을 수 있다.
④ 임차인의 실수로 잘못 기재한 경우에도 정정신고를 하면, 기존의 전입한 날짜로 대항력과 우선변제권을 인정해준다.

⑤ 주민등록 전입신고는 등기부상의 주소표시와 동일하게 표시하는 것이 좋다.

정답 ▶ ④ 정정일을 전입일로 보고 효력은 정정일 다음날 0시부터 발생한다.

40 **다음 중 주택임대차보호법의 보호를 받을 수 없는 경우는?**
① 외국인의 경우 출입국관리법에 의한 외국인등록을 한 경우
② 주택을 주거용으로 사용·수익할 목적이 아닌 기존채권을 우선변제받을 목적으로 임대차계약을 한 경우
③ 임차인 본인의 전입신고가 되어 있지 않고 그의 가족만 전입신고가 된 경우
④ 미등기 전세계약인 경우
⑤ 임차인이 점유보조자를 통해 점유하는 경우

정답 ▶ ② 주택을 주거용으로 사용·수익할 목적으로 임차하여 실제 사용한다면 기존채권을 임대차보증금으로 전환한 경우라도 보호를 받을 수 있지만 채권을 회수하기 위한 목적의 임대차계약인 경우 보호받지 못한다.

41 **다음은 임대차계약의 '묵시적 갱신'에 대한 설명이다. 괄호 안의 숫자가 순서대로 바른 것을 고르세요.**

> 임대인은 임대차계약만료 (　)개월에서 (　)개월 전까지 임차인에게 통지를 해야 하고 임차인은 (　)개월 전에 구두나 서면으로 통지를 해야 한다. 만약 어떤 사실 통지가 서로 간에 이루어지지 않았다면, 기간의 정함이 없이 종전의 계약과 같은 조건으로 임대차계약이 된 것으로 본다.

① 6, 2, 1　　② 12, 1, 1　　③ 5, 1, 2　　④ 6, 1, 1　　⑤ 6, 1, 2

정답 ▶ ④ 임대인은 6개월에서 1개월 전까지, 임차인은 1개월 전에 통지해야 한다.

42  배당표가 확정된 후, 주택의 임차인이 배당금을 수령하기 위해 필요한 서류가 아닌 것은?

① 임대차계약서 원본
② 주민등록등본
③ 매수인의 인감이 날인된 명도확인서
④ 임차인의 인감증명서

정답 ▶ ④ 매수인의 인감증명서가 필요하다.

43  '묵시적 갱신'으로 이루어진 일반상가 등 주택임대차보호법이 적용되지 않는 부동산일 경우, 임대인이 해지를 통고할 경우 6개월 이후부터 효력이 발생한다. 그럼 이 경우 임차인이 계약해지를 원할 경우, 언제부터 효력이 발생하는가?

① 임차인의 계약해지통고 후 즉시
② 임차인의 계약해지통고 후 보름 경과 후
③ 임차인의 계약해지통고 후 1개월 경과 후
④ 임차인의 계약해지통고 후 3개월 경과 후
⑤ 임차인의 계약해지통고 후 6개월 경과 후

정답 ▶ ④

44  주택임대차계약을 체결하고 먼저 입주와 전입신고를 마치고 다음날 확정일자를 받았다. 그런데 우연히 확정일자 받은 날에 저당권설정등기가 경료되었다. 이 경우 임차인과 저당권자 중 우선순위는 어떻게 되는가?

① 임차인이 우선하여 임차인 먼저 배당을 받는다.
② 저당권자가 우선하여 저당권자가 먼저 배당을 받는다.
③ 임차보증금과 채권액 중 큰 쪽이 먼저 배당을 받는다.
④ 같은 순위이므로 채권액에 비례하여 안분배당을 받는다.
⑤ 임차보증금과 채권액 중 작은 쪽이 먼저 배당을 받는다.

정답 ▶ ④

### 45 물건분석을 하다보면 간혹 임차인과 소유자, 채무자의 관계가 부부인 경우가 종종 있다. 다음 중 옳지 않은 것은?

① 부부 사이에 실제로 임대차계약을 하고 실거래 내역이 있더라도 임대차를 인정받지 못한다.
② 부부가 이혼한 경우라면 각각의 독립된 재산관계를 인정해 임대차를 인정한다.
③ 채무자의 배우자가 임차인이라면 이는 임대차보호대상이 될 수도 있다.
④ 소유자가 채무자에게 빚보증을 하고 경매가 진행되는 경우, 등기상의 선순위저당권설정일보다 먼저 채무자의 남편이 임차인으로 전입과 점유가 되어 있는 경우 대항력을 인정받을 수 있으므로 유의해야 한다.

정답 ▶ ① 부부가 실제로 임대차계약을 작성하고 실거래 내역이 있다면 임대차로 인정받을 수도 있다.

### 46 다음 중 대항력의 발생시점이 옳지 않은 것은?

① 자신이 매도한 주택에 그대로 임차하여 거주하는 경우, 소유권이전등기일 다음날
② 수분양권자인 임대인으로부터 임차할 경우, 소유권이전등기 다음날
③ 2008년 5월 7일에 주택의 인도와 주민등록을 하였다면 2008년 5월 8일 0시부터
④ 주민등록은 되어 있으나 대항력이 없는 임차인이 있는 주택을 매수하고 매수인이 기존의 임차인과 다시 임대차계약을 체결한 경우, 매각대금을 완납하여 소유권을 취득한 즉시
⑤ 임차인이 주민등록을 일시 이전하였다가 재전입하여 신고한 경우, 재전입을 신고한 다음날

정답 ▶ ② 수분양권자인 임대인으로부터 임차한 경우는 소유권이전등기 즉시 대항력을 갖는다.

47 다음 중 대항력을 상실하거나 없는 경우는?

① 전입과 주민등록을 갖춘 임차인이 가족의 주민등록은 그대로 두고 임차인만 일시적으로 다른 곳으로 주민등록을 옮긴 경우
② 대항력을 갖춘 임차인이 가족들과 함께 거주하다가 그의 가족들만 다른 곳으로 주민등록을 옮긴 경우
③ 임차인이 외국인이고, 그 주소가 외국인등록표 혹은 거주지변경신고상에 나타나는 경우
④ 대항력이 있는 임차인이 가족과 함께 모두 일시적으로 주민등록을 이전한 경우
⑤ 주민등록이 일단 직권말소 된 후, 소정의 이의절차에 따라 주민등록이 다시 회복된 경우

정답 ▶ ④ 가족 중 한 명이라도 주민등록이 남아 있어야 한다.

48 임차보증금의 증액과 감액에 관한 설명 중 바르지 않은 것을 고르시오.

① 경매개시결정기입등기 전에 임대인의 동의를 얻어 임차보증금을 감액한 경우, 그 금액이 소액보증금에 해당한다면 최우선변제를 인정받을 수 있다.
② 임차보증금을 증액할 때 재계약서를 작성하지 않고 임대인이 작성한 증액부분의 금액에 대한 영수증에만 확정일자를 받은 경우는 우선변제를 받을 수 없다.
③ 임차보증금을 증액한 경우, 증액 부분은 종전의 근저당권자에게 우선하여 배당받을 수 없다.
④ 임차인이 경매개시결정기입등기 후 소액보증금액으로 감액한 경우 소액임차인으로 배당받을 수 없다.
⑤ 대항력을 갖춘 임차인이 보증금을 증액하기로 임대인과 미리 합의가 있었다면 저당권 설정 이후에 증액된 보증금에 대해 임차인은 저당권자에 대항할 수 있다.

정답 ▶ ⑤ 저당권자에게 증액한 부분에 대해서는 대항할 수 없다.

49 동일 주택에 대하여 경매가 2차에 걸쳐서 진행되는 경우 대항력과 우선변제권을 모두 가진 임차인의 권리행사에 대하여 가장 바르게 설명한 것을 고르시오.

① 임차인이 1차에서 배당요구를 하고 보증금 전액을 배당받지 못했을 경우, 2차 경매에서 다시 우선변제권을 행사하여 나머지 금액에 대하여 배당요구를 할 수 있다.
② 1차 경매에서 우선변제권을 행사하여 보증금의 일부를 배당받은 경우, 임차인은 2차 경매에서 대항력이 없다.
③ 1차 경매에서 보증금 일부를 배당받았다면, 매수인에게 대항하여 이를 반환받을 때까지 임대차관계의 존속을 주장할 수 없다.
④ 임차인이 1차에서 배당요구를 하고 보증금 전액을 배당받지 못한 경우라도, 우선변제권은 매각으로 소멸한다.
⑤ 매각으로 우선변제권이 소멸하면 동시에 임차인의 대항력도 소멸한다.

정답 ▶ ④


50 다음 중 임대차가 종료되었다고 볼 수 없는 경우는?

① 임대차계약기간이 만료된 경우
② 임차인이 파산한 경우
③ 임대차의 묵시적 갱신 후에 임차인의 해지통고가 이루어진 날부터 1개월이 경과한 경우
④ 존속기간이 정해져 있지 않은 상황에서 임차인의 계약해지통고가 이루어진 날로부터 1개월이 경과한 경우
⑤ 임대차기간의 약정이 있으나 존속기간 내에 당사자 간에 계약해지의 권리를 보류한 상황에서 임차인의 계약해지통고가 된 날로부터 1개월이 경과한 경우

정답 ▶ ③ 묵시적 갱신이 이루어진 경우는 임차인의 해지통고가 이루어진 날로부터 3개월이 경과해야 한다.

## 51 다음 중 상가건물의 임대인이 임차인의 계약갱신요구를 거절할 수 있는 정당한 사유로 보기 어려운 것은?

① 임차인이 2회에 걸쳐 임대료를 연체하였을 경우
② 임대인 동의 없이 제3자에게 세를 주었을 경우
③ 건물의 철거나 재건축을 해야 할 경우
④ 임차인이 건물을 파손했을 경우
⑤ 임차인이 계약과 다른 허위나 부정으로 건물을 사용하는 경우

정답 ▶ ① 3회에 걸쳐 임대료를 연체하였을 경우 거절할 수 있다.

## 52 주택임대차보호법과 관련된 설명 중 옳지 않은 것은?

① 종전의 임차인이 이사를 가면서 이후에 전입하는 임차인에게 자신의 전입일자를 승계하게 할 수 있다.
② 대항력을 갖춘 주택임차인이 임대인의 동의를 얻어 적법하게 임차권을 양도하거나 전대한 경우에는 주택임대차보호법의 보호를 받을 수 있다.
③ 만약 종전 임차인의 보증금액이 소액에 해당되지 않더라도 전입신고를 승계받은 임차인의 보증금액이 소액에 해당한다면 최우선변제권이 인정된다.
④ 종전의 임차인의 전입일자를 승계받은 임차인은 종전 전입일자로 대항력을 인정받게 된다.
⑤ 양수인이나 전차인이 임차인의 주민등록퇴거일로부터 주민등록법상의 전입신고기간 내(14일 이내)에 전입신고를 마치면 임차인은 대항력을 유지한다고 본다.

정답 ▶ ③ 소액임차인으로서의 최우선변제권에 주의해야 한다. 만약 종전 임차인의 보증금액이 소액에 해당되지 않는다면 전입신고를 승계받은 임차인의 보증금액이 소액이라 하더라도 최우선변제권이 인정되지 않는다.

**53** 다음 중 상가임대차보호법에 해당하는 것을 모두 고르시오.

> 가. 우선변제권의 요건은 주민등록전입신고+점유+계약서상 확정일자이다.
> 나. 임대차의 최단기간은 1년이다.
> 다. 보증금의 차임전환 시 산정률은 연 10%를 초과하지 못한다.
> 라. 일정한 보증금액을 초과하는 임대차는 적용을 받지 못한다.
> 마. 소액임차인의 우선변제 범위는 임대건물가액(임대인 소유의 대지가액을 포함한다.) 또는 매각대금의 3분의 1 한도이다.
> 바. 보호대상금액은 월세를 제외한 보증금이 해당된다.

① 다
② 나, 라
③ 나, 라, 마
④ 나, 라, 마, 바

정답 ▶ ③
가. 사업자등록 + 점유 + 확정일자이다.
다. 보증금의 차임전환 시 산정률은 연 15%를 초과하지 못한다.
바. 월세를 포함한 환산보증금으로 따진다.

**54** 상가임대차보호법의 적용대상에 대한 설명 중 옳지 않은 것은?

① 사업자등록의 대상이 되는 영업용 건물이 해당된다.
② 점유와 사업자등록신청을 한 임차인이 보호대상이다.
③ 보증금이 일정액 이하인 임차인만 보호대상이 된다.
④ 종교 및 자선단체 등의 사무실도 해당된다.
⑤ 보호대상이 되는 보증금액은 지역에 따라 차이가 있다.

정답 ▶ ④ 사업자등록 대상인 영업용 건물만 해당된다.

**55** 상가임대차보호법의 최우선변제요건이 아닌 것은?

① 확정일자를 받은 임차인일 것
② 환산보증금이 소액보증금에 해당할 것
③ 정당한 임차인일 것
④ 배당요구의 종기까지 배당요구를 할 것
⑤ 경매개시결정등기 전에 대항요건을 갖출 것

정답 ▶ ① 최우선변제는 확정일자와 관계없이 인정되는 권리이다.

**56** 상가건물임대차보호법의 주요사항 중 틀린 것은?

① 상가임대차의 최단 존속기간은 1년이고, 최대 5회의 계약갱신요구권이 보장된다.
② 임대인은 임대계약기간을 1년 미만을 주장할 수 없다.
③ 상가임차인은 계약기간을 1년 미만을 주장할 수 있다.
④ 계약갱신요구는 계약만료 전 6개월에서 1개월 사이에 해야 하고, 임대인은 임차인의 요구를 정당한 사유 없이 거절할 수 없다.
⑤ 묵시의 갱신이 인정된다.

정답 ▶ ① 4회를 갱신할 수 있으며, 총 5년이 보장된다.

## 57 주택임대차보호법이 적용되는 범위에 대한 설명 중 옳지 않은 것은?

① 오피스텔의 경우 주거용으로 임차하여 거주할 경우 주택임대차보호법이 적용된다.
② 연립주택과 같은 집합건물의 경우 지하실 등 공용부분을 임차할 경우, 정확히 그 공용부분으로 전입신고를 해야 주택임대차보호법의 대항력이 인정된다.
③ 비주거용 건물을 계약체결 후 임차인이 임대인의 승낙 없이 임의로 주거용으로 개조한 경우에는 주택임대차보호법의 적용대상이 될 수 없다.
④ 주택임대차보호법의 보호를 받을 수 있는 건물은 그것이 주택으로 인정될 수 있는 경우에는 미등기된 건물, 무허가 건물, 가건물, 준공필증을 받지 못한 건물도 포함된다.
⑤ 다가구주택의 옥탑도 임대차보호법의 적용을 받는다.

정답 ▶ ② 다세대주택의 공용부분을 주거목적으로 임차한 경우 임차한 공용부분이 아닌 전유부분에 전입신고를 해야 주택임대차보호법의 대항력을 갖춘 것으로 본다(2001나 12248, 2000나 59219 참조).


## 58 임차권의 양도와 전대에 관한 설명 중 옳지 않은 것은?

① 임차권의 양도는 계약당사자가 변경되는 것이므로 임차권의 양도인 대신 양수인이 기존의 양도인과 동일한 지위를 갖는다.
② 임차권 양도란 임차권을 그 동일성을 유지하면서 양수인에게 이전하는 계약이다.
③ 임차권의 전대란 임차인이 그 임차목적물을 다시 제3자에게 사용·수익 하게 하는 계약이다.
④ 임차권 전대의 경우는 임대인의 동의 없이 가능하다.
⑤ 임차권의 전대에서 전대차계약의 기간은 임대차계약기간을 초과할 수 없다.

정답 ▶ ④ 임대인 동의 없이 임차권을 양도·전매한 경우 임대인은 계약을 해지할 수 있다(민법 629조).

59 다음 설명 중 옳지 않은 것은?

① 소유자의 배우자가 임차인으로 신고가 되어 있다면 실질적 임차관계가 아닌 이상 임대차보호대상이 될 수 없다.
② 2인 이상이 건물을 공동으로 소유하고 공동으로 임대한 경우 집주인들은 각자가 전세금반환의무를 진다.
③ 2007. 11. 4. 시행된 주택임대차보호법의 일부 개정안에 따르면 일정한 조건을 갖춘 법인에 대하여는 대항력과 우선변제권이 인정되고, 임차권등기명령에 따른 등기도 가능하게 되었다.
④ 미성년자의 경우, 다른 곳에 살고 있는 부모님이 계약을 하였어도 임대차보호법에 의해 보호를 받을 수 있다.
⑤ 기존 채권을 회수하기 위한 목적으로 소액임차인으로 임대차계약을 한 경우도 주택임차보호법상의 소액임차인으로 보호받을 수 있다.

정답 ▶ ⑤ 임대차계약의 주된 목적이 주택을 사용·수익 하려는 데 있는 것이 아니고 소액임차인으로 보호받아 기존 채권을 회수하려는 데에 있는 경우에는 주택임대차보호법상의 소액임차인으로 보호받을 수 없다(대판 2001.5.8. 2001다14733). 다만 임대차의 주된 목적이 주택을 사용·수익 하려는 데 있는 경우에는 채권자가 기존의 금전채권을 임차보증금으로 전환해 채무자와 임대차계약을 체결, 거주한 경우라고 하더라도 임차인으로서 보호를 받을 수 있다(대판 2002.1.8. 2001다47535).

60 상가임대차보호법에 관한 설명 중 옳지 않은 것은?

① 상가임대차의 우선변제요건은 사업자등록, 점유, 확정일자를 갖추어야 한다.
② 상가임대차의 최우선변제요건은 경매개시결정기입등기 전에 사업자등록과 점유를 갖추어야 하며 보증금액이 소액보증금액 한도에 속해야 하며 배당요구의 종기까지 배당요구를 해야 한다.
③ 상가임대차의 계약기간은 1년이며 최대 5년간의 계약갱신요구권이 보장된다.
④ 임차권등기명령신청은 임대인과의 협의하에 신청할 수 있다.

⑤ 임차권등기가 경료된 건물을 그 이후에 임차한 임차인은 상가임대차보호법 제14조에 의한 우선변제권을 가지지 못한다.

정답 ▶ ④ 임차권등기명령신청은 임차인이 단독으로 신청할 수 있다.

## 61  2010. 7. 26. 이후, 상가임대차보호법상 지역별 환산보증금액 한도이다. 빈칸에 알맞은 금액은?

| 서울특별시 | 3억 원 이하 |
|---|---|
| 수도권과밀억제권역 | (　　　　　) 이하 |
| 광역시(인천시,군 지역 제외) | 1억 8,000만 원 이하 |
| 그 밖의 지역 | 1억 5,000만 원 이하 |

① 1억 9,000만 원　　② 2억 1,000만 원
③ 2억 5,000만 원　　④ 2억 7,000만 원

정답 ▶ ③

2010. 7. 26.부터 적용되는 보증금과 최우선변제금액

| 지역 | 지역별 환산보증금액의 한도 | 보증금 범위 | 최우선변제금액 |
|---|---|---|---|
| 서울특별시 | 3억 원 이하 | 5,000만 원 이하 | 1,500만 원 까지 |
| 수도권정비계획법에 의한 과밀억제권역(서울시 제외) | 2억 5천만 원 이하 | 4,500만 원 이하 | 1,350만 원 까지 |
| 광역시(과밀억제권역 포함지역, 군 지역 제외) 안산시, 용인시, 김포시, 광주시 | 1억 8천만 원 이하 | 3,000만 원 이하 | 900만 원 까지 |
| 그 밖의 지역 | 1억 5천만 원 이하 | 2,500만 원 이하 | 750만 원 까지 |

## 62 다음 중 상가임대차보호법에 관한 설명 중 옳지 않은 것은?

① 대항력은 사업자등록을 신청한 날에 즉시 발생한다.
② 2002. 11. 1. 이후에 설정된 담보권 실행으로 경매가 진행된 경우 효력이 있고 만약 이전에 설정된 담보권 실행으로 경매가 진행되었을 경우에는 효력이 없다.
③ 상가건물임대차보호법 시행일인 2002. 11. 1. 이전에 이미 대항력 요건을 갖춘 상가임차인이라도 대항력 취득일을 2002. 11. 1.부터로 본다.
④ 부가가치세법 시행령 제7조 3항에 따르면 사업자등록의 처리기간은 7일이지만, 만약 신청이 반려되면 등록신청일 다음날부터 잠정적으로 생긴 대항력이 소급적으로 소멸한다.

정답 ▶ ① 대항력은 사업자등록을 신청한 다음날 0시부터 생긴다.

〈63~65〉 아래의 임차현황을 보고 물음에 답하시오.

| 임차현황 | 2009-2××  서울 OO동 | | 배당요구의 종기 2009. 4. 10. | | | |
|---|---|---|---|---|---|---|
| | 용도 | 점유기간 | 보증금 | 전입일 | 확정일자 | 배당 요구일 |
| A | 점포 | 1층 전부  2007. 2. 15. ~ | 보 70,000,000  월 1,800,000 | 사업자 등록일  2008. 2. 25. | | |
| B | 주거용 | 201호  2008. 4. 20. ~ | 보 20,000,000  월 300,000 | 2008. 4. 22. | 2008. 6. 2. | 2009. 2. 22. |
| C | 주거용 | 202호  2008. 6. 30. ~ | 보 20,000,000  월 400,000 | 2008. 7. 1. | 2008. 7. 1. | 2009. 2. 25. |
| D | 주거용 | 301호  2007. 8. 5. ~ | 보 30,000,000  월 200,000 | 2007. 8. 5. | 2007. 8. 5. | 2009. 2. 24. |
| E | 주거용 | 302호  2007. 8. 31. ~ | 보 30,000,000 | 2007. 9. 1. | 2009. 2. 10. | 2009. 3. 28. |

| 서울 OO동 2009-2×× ||||| 
|---|---|---|---|---|
| | 등기접수일 | 등기목적 | 권리자/채권최고액 730,000,000원 | 비고 |
| 1 | 2001. 8. 20. | 소유권 보존 | 홍길동 | |
| 2 | 2003. 11. 1. | 근저당 | OO은행 | 200,000,000원 |
| 3 | 2006. 2. 26. | 근저당 | XX은행 | 520,000,000원 |
| 4 | 2007. 8. 1. | 가압류 | 김대감 | 10,000,000원 |
| 5 | 2009. 1. 26. | 임의경매 | OO은행/청구 550,000,000원 ||

**63** 임차인 A에 대한 설명으로 가장 바르지 않은 것을 고르세요.

① 임차인 A는 말소기준권리보다 후순위이므로 해당 부동산이 매각되면 자신의 보증금액을 모두 돌려받지 못하더라도 매수자에게 해당 부동산을 비워주어야 한다.

② OO은행 기준으로 임차인 A는 상가주택임대차보호법에 의해 보호받는다.

③ 임차인 A의 대항력 발생시점을 따져본다면 2008. 2. 26. 0시부터이다.

④ 임차인 A의 보증금액은 최우선변제금액을 받을 수 있는 범위에 속하지 않는다.

⑤ 임차인 A는 확정일자를 갖추지 않았으므로 배당요구를 하였더라도 우선변제권이 없다.

정답 ▶ ② OO은행 기준으로 임차인 A는 환산보증금이 2억5천만 원으로 상가주택임대차보호법에 의해 보호받을 수 있는 임차보증금액 한도 2억 4,000만 원이 초과하여 보호받을 수 없다.

**64** 임차인 C에 대한 설명으로 가장 바른 것을 고르세요.

① 임차인 C의 보증금액은 월차임과 환산하여 6,000만 원이다.

② 임차인 C는 해당 부동산의 매각대금이 충분하다면 2,000만 원 중 1,200만 원 먼저 최우선변제 받을 수 있다.

③ 임차인 C의 대항력 발생시점을 따져본다면 2008. 7. 1. 0시부터이다.

④ 임차인 C가 임차권등기를 하고자 한다면 계약기간만료일 다음날부터 할 수 있다.
⑤ 임차인 C가 임차권등기를 신청한 후 전입과 점유를 상실하여도 그 효력은 유지된다.

정답 ▶ ④
① 임차인 C는 주택임차인이므로 보증금액을 월차임과 환산하지 않는다.
② 임차인 C는 해당 부동산의 매각대금이 충분하다면 2,000만 원 중 1,600만 원을 먼저 최우선변제 받을 수 있다.
③ 임차인 C의 대항력 발생시점을 따져본다면 2008. 7. 2. 0시부터이다.
⑤ 임차인 C가 임차권등기를 신청한 후 전입과 점유를 상실하면 그 효력은 유지되지 못하며 임차권등기가 경료된 후에 전입과 점유를 상실한 경우 그 효력은 유지된다.

## 65 임차인들의 권리에 대하여 설명이 가장 바른 것을 고르세요.

① 임차인 E의 우선변제권의 발생시점은 2007. 9. 2. 0시부터이다.
② 임차인 E의 보증금액은 최우선변제를 받을 수 있는 범위에 속하지 않는다.
③ 2009. 1. 26. 이후에 전입과 점유를 한 임차인은 확정일자를 갖추었어도 우선변제권이 없다.
④ 2009. 4. 10. 이후에 배당요구 한 임차인이 소액임차인에 속한다면 배당 받을 수 있다.
⑤ 임차인 D는 ○○은행의 근저당권 설정일을 기준으로 보면 소액임차인으로서 최우선변제금액 한도범위는 1,600만 원이다.

정답 ▶ ⑤
① 임차인 E의 우선변제권 발생시점은 2009. 2. 10.부터이다.
② 임차인 E의 보증금액은 최우선변제를 받을 수 있는 범위에 속한다.
③ 경매개시결정기입등기인 2009. 1. 26. 이후에 전입과 점유를 한 임차인이라도 전입과 점유 그리고 확정일자를 갖추었다면 우선변제권이 있다.
④ 배당요구의 종기 이후에 배당요구를 한 임차인은 소액임차인에 속한다 할지라도 배당에 참여할 수 없다.

# 제2장
# 부동산 위의 권리들 파악하기

본 장은 부동산 위의 권리들에 대해 다루어져 있다. 말소기준 권리가 되는 등기들과 그 외의 등기들에 대해 이해하기 쉽게 설명하고자 하였으며 경매투자 시 알아두고 유의해야 하는 각 등기들마다의 성격과 특징에 대해서도 자세히 풀어 설명되어 있다.

# 요약정리

### 1. 선순위와 후순위
배당받아 갈 채권자가 한 명 이상일 경우 먼저 배당받아 가는 순위를 '선순위', 뒤에 배당받아 가는 순위를 '후순위'라고 한다.

### 2. 최선순위
설정된 날짜나 접수 순위에 상관없이 가장 먼저 배당받아 가는 순위를 '최선순위'라고 한다.

### 3. 채권과 물권
권리는 채권과 물권으로 나뉘는데 채권은 특정인에 대해 특정한 권리를 주장만 할 수 있을 뿐 우선변제권이 없으며 다른 권리자들과 평등한 순위이어서 안분배당하게 된다. 물권은 특정한 물건을 절대적·배타적으로 직접 지배할 수 있는 권리이며 시간적 순서로 순위가 정해진다. 채권과의 관계에서는 물권이 우선하며 이를 물권우선주의라고 한다.

### 4. 말소기준권리가 되는 등기부상의 권리들
① 근저당권과 저당권: 근저당권과 저당권은 채무의 담보가 된 채무자의 부동산으로부터 채권자가 우선변제 받을 수 있으며 경매신청권한이 있는 담보물권이다. 근저당권은 장래에 채권의 증감·변종하는 불특정 채권을 담보하고 등기부상에 채권최고액이 등기가 되는 것이며, 저당권은 장래의 특정 채권을 담보하고 등기부상에 피담보채권액이 등기가 된다.

② 압류: 확정판결, 기타 집행권원에 의해 강제집행을 하기 위한 제1단계이며, 채무자의 재산처분을 금하고 이를 확보하는 강제행위이다.

③ 가압류: 채권에 관하여 채무자의 재산에 대한 강제집행을 보전하기 위해 법원이 그 재산을 임시로 압류하는 것을 말한다.

④ 담보가등기: 담보가등기는 채무자가 채무를 변제하지 않을 경우 담보권 실행으로 채권을 변제받을 수도 있고, 일정한 청산기간이 경과한 후 청산금을 지급하고 본등기를 경료하므로써 소유권을 취득할 수도 있는 대물변제 예약의 성질을 갖고 있다.

⑤ (강제)경매개시결정기입등기: 채무자의 부동산을 강제집행하기 위해 법원이 압류를 하게 되면 이를 밝히기 위해 등기부에 (강제)경매개시결정기입등기를 하게 된다.

## 5. 말소기준권리가 되는 등기 이외의 등기부상의 권리들

① 예고등기가 있는 경우: 등기원인이 무효 또는 취소에 의한 등기의 말소, 회복의 소가 제기되는 경우에 그 등기에 의하여 소의 제기가 되었음을 제3자에게 경고하기 위해 하는 등기이다. 소유권 다툼에 관한 예고등기는 말소기준등기보다 후순위일지라도 매각으로 소멸되지 않는다. 하지만 2011년 3월 11일 국회 본회의를 통과한(공표 6개월 후 시행) 부동산등기법 개정안에 따라 예고등기제는 폐지되었다.

② 환매특약의 등기: 부동산을 매도하면서 어느 일정 기간 안에 다시 사오겠다는 특약을 하는 것을 환매특약이라고 한다. 이 환매특약은 부동산은 5년, 동산은 3년의 기간 내에 환매권을 행사하여야 하며 기간이 지나면 자동 소멸된다.

③ 가처분: 재판확정 전에 분쟁이 되는 대상을 현 상태로 그대로 유지하고 채무자가 재산을 은닉하거나 처분하는 것을 금지하기 위해 해두는 조치이다.

## 요약정리

④ 소유권이전등기청구권보전가등기: 가등기는 본등기를 하기 전에 순위를 보전하기 위해 하는 등기이며 소유권이전등기청구권보전가등기는 매매예약에 따른 소유권 보전을 위한 가등기이다.

⑤ 전세권(설정)등기: 전세계약과 함께 임차보증금을 지급하고 임차하여 사는 것을 전세라고 한다면 전세권(설정)등기는 임차보증금의 회수에 대비하여 임대인의 동의하에 등기부에 전세권(설정)등기를 하는 것을 말한다.

⑥ 임차권등기: 임차인이 계약기간이 만료되었음에도 임대인에게서 보증금을 돌려받지 못한 상태로 이사를 해야 하는 경우 대항요건인 전입과 점유의 효력을 그대로 유지하기 위해 하는 등기를 말한다.

⑦ 지상권: 타인의 토지 위에 자신의 건물, 수목이나 기타 공작물을 소유하고 그 토지를 사용할 수 있도록 하기 위해 설정하는 권리를 말한다.

⑧ 지역권: 일정한 목적을 위해 타인의 토지를 자기 토지의 편익에 이용하는 권리를 말한다. 타인의 토지로 인해 편익을 받는 토지를 요역지라 하며 타인의 토지에 편익을 제공하는 토지를 승역지라 한다.

# 1 권리분석 시 선순위와 후순위 그리고 최선순위를 알아야 한다

## 1 | 선순위와 후순위에 대해 알아보자

### 1 선순위, 후순위란?

목적물(부동산)이 경매로 매각이 될 때 배당 받아 갈 채권자나 임차인이 한 명 이상일 경우 어떤 순서로 배당을 해야 하는지 문제가 생긴다. 그래서 민법에선 배당 순위에 대해 정해놓았는데 먼저 배당 받아 가는 순위를 '선순위', 뒤에 배당 받아 가는 순위를 '후순위'라 한다.

매각(환가)대금에서 선순위권리자의 채권에 대해 변제한 후 남은 금액이 있다면 다음 후순위권리자의 채권에 대해 변제를 해주며, 그리고 또 남은 금액이 있다면 그 다음 후순위권리자가 순위대로 변제를 받게 된다. 하지만 경매에 있어서 순위를 따져보기 위해서는 먼저 물권과 채권에 대한 이해가 있어야 한다. 그 이유는 권리자의 채권(債券)이 물권(物權)이냐 채권(債權)이냐에 따라 변제받는 방법이 다르기 때문이다.

### ■2 채권(債權)이란?

❶ 채권(債權)은 재산권의 하나로, 특정인에게 어떤 행위를 청구할 수 있는 권리이다.

❷ 채권은 등기하는 권리가 아니라 특정인에 대하여 특정한 권리만 주장할 수 있을 뿐이므로 우선변제(청구)권은 없다. 따라서 채권은 후순위권리자들과 안분배당을 하게 된다.

❸ 확정일자를 받아둔 임차인의 보증금채권과 국세기본법상 조세채권은 채권이어도 물권적 성격을 갖는다(날짜로 순위를 확인할 수 있는 채권들).

**채권(債券)**: 국가, 지방자치단체, 은행, 회사 등이 사업에 필요한 자금을 차입하기 위하여 발행하는 유가증권. 공채, 국채, 사채, 지방채 등을 말한다.

### ■3 물권(物權)이란?

❶ 물권이란 특정한 물건을 절대적·배타적으로 직접 지배할 수 있는 권리를 말한다.

❷ 특정물건에 대하여 사용·수익·처분 등을 할 수 있는 권리가 있다.

❸ 우선변제권의 효력이 있다.

❹ 점유권, 소유권, 지상권, 지역권, 전세권, 유치권, 질권, 저당권 등이 물권에 속한다.

❺ 같은 물권 사이에서는 시간 순서로 우선순위를 따진다. 동일한 날에 등기부상에 설정된 물권일 경우 등기부상의 접수번호 순서로 따지고, 확정일자를 갖추어 물권적 성격을 갖고 있는 임차인의 보증금채권도

우선변제권 발생일로 순위를 따져 배당하고 다른 물권과 동일한 일자일 경우 동순위로 보고 안분배당 하게 된다.

### 4 물권과 채권의 순위는 어떻게 정해지는가?(물권우선주의)

목적물에 얽혀 있는 여러 권리 중에 어떤 권리들은 물권에 속하고, 어떤 권리들은 채권에 속하는데 물권인지 채권인지에 따라 배당하는 방식이 달라진다. 물권이 선순위가 되고, 채권은 후순위가 된다. 이것을 물권우선주의라고 한다.

## 2 | 최선순위란?

### 1 최선순위

설정된 일자나 접수 순위에 상관없이 환가대금에서 항상 가장 먼저 변제받는 선순위를 최선순위라고 한다.

### 2 최선순위의 순위

① 경매비용
- 경매신청예납금: 경매신청 시 첨부한 인지대, 경매신청서류 송달료, 경매절차 진행비용, 등기부등본 등의 첨부 서류 발급비, 감정평가수수료, 집행관의 경매수수료, 현황조사비, 경매개시결정등기의 촉탁비용 등
- 저당물의 제3취득자가 지출한 필요비·유익비

❷ 임금채권(최종 3개월분의 임금, 최종 3년간의 퇴직금 및 재해보상금)과 소액임차인의 최우선변제금

❸ 당해세: 조세 중 경매목적물에 부과된 조세와 가산금
- 국세 중 상속세, 증여세, 종합부동산세
- 지방세 중 재산세, 자동차세, 도시계획세, 공동시설세 및 지방교육세
  (재산세와 자동차세분에 한함)

그 밖의 국세 및 지방세는 법정기일을 기준으로 담보물권((근)저당권, 담보가등기) 그리고 확정일자를 갖춘 임차인과 순위에 따라 우선변제 받는다.

**조세의 법정기일**
① 소득세, 부가가치세, 법인세, 특별소비세, 교육세, 교통세, 주세 등의 국세와 취득세, 등록세인 지방세는 신고일
② 상속세, 증여세, 양도소득세, 종합부동산세, 전화세, 부당이득세 등의 국세와 도시계획세, 재산세, 자동차세, 주민세, 농지세, 면세세 등의 지방세는 납세고지서 발송일
③ 법인세, 인세, 소득세 등의 국세와 특별징수농지세, 특별징수주민세 등의 지방세는 납세의무 확정일

### 3 일반적인 배당순위를 알아보자

0순위 ─ 비용에 대한 변제: 경매진행에 소요되는 비용
　　　　저당물의 제3취득자가 지출한 필요비·유익비
1순위 ─ 근로기준법에 따른 최우선변제임금채권과 소액임차인의 최우선변제금액, 이 두 가지는 동순위로 안분배당 하게 된다.
2순위 ─ 당해세(조세중 경매목적물에 부과되는 조세와 가산금)
3순위 ─ 확정일자를 갖춘 임차인의 보증금, 당해세 이외의 조세채권, 전세권·저당권·담보가등기와 같은 담보물권에 의한 채권은

설정된 시간 순서로 배당순위가 정해진다.

4순위 ― 일반 임금채권

5순위 ― 물권보다 늦은 그 밖의 조세채권

6순위 ― 각종 보험료(국민연금보험료, 의료보험료, 산업재해보상보험료)

7순위 ― 일반채권과 확정일자를 갖추지 않은 임차인의 보증금(보통 변제)

경매투자자라면 적어도 3순위까지는 반드시 이해하고 있어야 한다. 0순위에서 7순위는 이해하기 쉽게 하기 위한 숫자로 정해 놓았을 뿐 1순위에서~7, 8순위 등으로 배당순위가 표시되기도 한다.

# 2 등기부상의 권리들
### (말소기준권리가 되는 등기들)

## 1 | 근저당권과 저당권

근저당권 또는 저당권은 매각으로 소멸되는 권리이며 일반적으로 말소기준권리로 가장 많이 볼 수 있는 권리이다.

근저당권과 저당권에는 약간의 차이가 있는데 근저당권을 알기 위해서 우선 저당권의 성질부터 알아야 한다.

### 1 저당권이란?

❶ 저당권은 채무자가 채무의 담보로 제공한 부동산으로부터 채권자가 우선변제 받을 수 있는 담보물권이다. 즉 경매매각대금에서 우선변제 받을 수 있는 우선변제권이 있다.

❷ 당사자 사이에 저당권 설정에 관한 합의가 있고 등기부에 등기를 함으로써 성립되는 권리이다.

### 2 저당권에 의해 경매가 신청 된 경우(저당권의 실행 혹은 담보물권의 실행)

❶ 저당권은 채무자가 기간 내에 채무를 변제하지 않으면 법원의 재판을 통해 확정판결을 받지 않고도 바로 해당 부동산에 대해 경매신청할 수 있다. 그래서 이런 이유로 진행되는 경매를 담보물권의 실행이라 한다.

❷ 경매신청권한이 있는 저당권 등과 같이 담보물권에 의한 경매는 임의경매가 된다.

❸ 저당권은 채권의 변제기가 도래하여야 경매신청을 할 수가 있다. 즉 변제기에 도래하지 않은 경우 경매신청을 할 수가 없다. 하지만 다른 채권자에 의해 경매가 진행이 될 경우 변제기에 도래하지 않은 저당권이라도 매각으로 인해 소멸된다.

❹ 저당권에 담보되는 채권의 범위는 원금, 이자, 위약금, 채무불이행으로 인한 손해배상 및 저당권의 실행비용까지 포함된다.

❺ 저당권의 효력은 부합물과 종물에도 미친다. 하지만 부합물과 종물이 아닌 제시 외 건물에는 저당권의 효력이 미치지 아니한다.

❻ 저당권의 순위는 등기부에 설정된 순위로 따지는데 동일한 날짜에 또 다른 저당권이나 근저당권이 설정되어 있다면 접수번호가 빠른 순서로 그 순위를 정한다.

### 3 저당권과 근저당권과의 차이는?

❶ 근저당권은 계속적인 거래관계로부터 발생하는 다수의 불특정 채권을 장래의 결산기에 채권최고액까지 담보하는 저당권을 의미한다.

❷ 근저당권에는 확정이라는 것이 있다. 근저당권자가 경매를 신청하

면 채무자와 거래관계를 계속하지 않겠다고 하는 것이며 경매신청과 동시에 근저당권이 확정된다.

❸ 근저당권은 장래에 채권이 증감·변종 하는 불특정 채권을 담보하고 등기부상에 채권최고액이 등기가 되는 것이며 저당권은 장래의 특정 채권을 담보하고 등기부상에 피담보채권액이 등기가 된다.

**근저당권의 채권최고액의 한도**
채권자가 근저당권을 설정할 때 채권최고액을 정하는데 이는 채권원금의 한도액과 이자까지 포함하는 한도이며 경매가 진행이 되면 해당 부동산으로부터 우선변제 받을 수 있는 한도의 금액이 된다.

❹ 저당권은 피담보채권이 소멸되면 저당권도 소멸하지만 근저당권에서는 피담보채권이 변제되어도 결산기까지 근저당권은 존속하게 되며 그 기간 내에 다시 채무가 발생되면 그 채권을 담보하게 된다.

### 4 선순위(근)저당권에 대한 유의사항(흔적만 남아 있는 (근)저당권)

선순위(근)저당권자가 경매신청을 하지 않고 후순위채권자가 경매신청을 한 경우 이미 채권을 환수해 흔적만 남아 있고 실제 채권액이 없는 선순위(근)저당권이라면 말소기준권리가 될 수 없다. 이 경우 임차인의 대항력 여부를 파악할 때 유의해야 한다. 또한 경매진행 중에 후순위채권자가 말소기준권리인 선순위 (근)저당권의 채권을 대위변제하는 경우가 있는데 이로 인해 대항력을 행사할 수 있는 임차인이 발생할 수 있으므로 경매신청을 하지 않은 선순위 (근)저당권이 있다면 실제 채권의 존재유무를 직접 확인해보고 입찰하는 것이 좋다.

## 5 유저당계약이란 무엇인가?

저당권이 채권자가 자신의 채권에 대해 채무자가 변제하지 않을 경우 담보된 부동산을 경매로 처분하여 채권회수를 하는 방법이라면, 저당권설정계약 또는 피담보채권의 변제기가 도래하기 전이라도 저당채무의 불이행이 있는 경우 경매 외의 다른 방법으로도 임의로 처분하겠다는 약정을 유저당계약이라고 한다.

## 6 저당권과 근저당권의 경매신청(실행)의 비교

❶ 저당권의 경매신청
- 저당권은 장래의 채권을 위하여 성립될 수 있으나 구체적으로 채권이 발생하지 않았다면 저당권의 실행을 할 수 없다.
- 피담보채권의 일부는 소멸되고 일부가 남아 있는 경우라면 저당권은 소멸되지 않으며 저당목적물 전체에 대하여 경매신청을 할 수 있다.
- 저당권등기에 질권의 부기등기를 한 경우(즉 저당권으로 담보한 채권을 질권의 목적으로 한 부기등기) 그 효력이 저당권에도 미치므로 저당권자는 채권의 추심을 위한 경매신청을 할 수 없다.

❷ 근저당권의 경매신청
- 근저당권을 실행하기 위해서는 근저당권에 의하여 담보되는 채권이 확정되고 그 채권의 변제기가 도래하여야 한다.
- 근저당권의 경우 원금 및 이자, 지연손해금의 전부에 관하여 채권최고액의 한도 내에서 근저당권을 실행할 수 있다.
- 근저당권의 표시는 그 채권최고액 범위 내에 원금·이자·지연손해금을 표시하게 된다.

- 근저당권의 피담보채권은 기본계약의 존속기간이나 결산기 및 근저당권의 존속기간 등의 정함이 있으면 그 시기의 도래에 의하여 확정되는 것으로 보며, 존속기간의 정함이 없는 경우 그 기본계약을 해지하였을 때에 채권액이 확정된다.
- 확정기일을 약정한 경우, 그 기간의 도래 전이라도 일정한 사유가 있는 때(기본계약에서 발생한 채권이 모두 소멸된 상태이고 채무자가 거래를 계속할 의사가 없는 경우 등)에는 피담보채권의 확정을 구할 수 있다.

## 7 근저당권의 실행으로 인한(경매신청시) 피담보채권의 확정시기

❶ 경매목적부동산에 설정된 근저당권에 기한 경매신청 시 근저당권의 피담보채권이 확정된다.
❷ 경매신청이 각하되거나 경매개시결정 전에 경매신청이 취하된 경우에는 근저당권의 피담보채권이 확정되지 않는다.
❸ 매각절차가 개시된 뒤에는 경매신청이 취하되더라도 확정의 효력은 유지되는 것으로 본다.
❹ 근저당권자가 경매신청을 실제로 한 것이 아닌 경우는 근저당권의 피담보채권이 확정된 것으로 보지 않는다.
❺ 다른 채권자가 경매신청을 한 경우 매수인이 매각대금을 완납한 때에 근저당권의 피담보채권은 확정된다.

단, 특약이 있는 경우 특약에 의해 확정시기가 정해진다.

### 8 불법말소 된 (근)저당권일 경우

(근)저당권이 불법으로 말소되었다면 그 권리는 소멸되지는 않는다. (근)저당권이 불법말소 된 사실을 증명할 수 있으면 회복등기를 하지 않은 경우일지라도 배당받을 수 있다.

### 9 전세권을 목적으로 한 저당권

전세권에 대하여 저당권이 설정되고 그 전세권이 존속기간 만료로 종료된 경우라도 전세금반환채권에 대한 제3자의 압류 등이 없는 한 전세권설정자(임대인 혹은 건물의 소유자)는 전세권자에 한해 전세금반환의무를 가지게 된다.

## 2 | 압류

### 1 압류란?

❶ 확정판결, 기타 집행권원에 의해 강제집행을 하기 위한 수단이다.
❷ 넓은 의미의 압류는 국가권력으로 특정한 유체물 또는 권리에 대하여 타인의 사실상 또는 법률상의 처분을 금하는 행위를 말하나, 좁은 의미에서는 금전채권에 관한 강제집행의 제1단계로 집행기관이 먼저 채무자 재산의 사실상 또는 법률상의 처분을 금하고 이를 확보하는 강제행위를 말한다.
❸ 구법에선 차압이라고도 한다.
❹ 경매절차는 임의경매와 강제경매 방식이 있다. 이 두 가지는 모두

강제집행으로 이루어지며 강제집행은 압류로부터 시작된다. 압류를 하는 것은 장래의 집행을 하기 위하여 소유자나 채무자가 경매목적물을 처분하지 못하도록 하기 위함이며 이는 가압류의 처분금지 효력과 유사하다.

## 2 압류와 가압류의 차이점은?

압류는 채무자가 재산을 처분하지 못하도록 국가가 처분권을 획득하는 것이고 가압류는 채무자가 재산을 임의처분하지 못하도록 제한만 할 수 있다는 점이 다르다.

**하지만 압류된 부동산이 소유자에 의해 처분되는 이유는?(압류의 상대적 효력)**
국가기관에서 비록 채무자의 부동산에 처분금지를 하였다고 하더라도 그 부동산의 소유자로서 채무자는 소유권을 상실하는 것은 아니므로 매각이 완료되기 전까지 소유자인 채무자는 그 부동산을 처분할 권리도 가지고 있는 것이 압류의 상대적 효력이다.

## 3 압류도 말소기준권리가 될 수 있다

등기부상에 압류 이전의 (근)저당권, 가압류, 담보가등기, 경매개시결정기입등기 등이 존재하지 않는다면 압류도 말소기준권리가 될 수 있다.

# 3 | 가압류

### 1 가압류란?

❶ 금전채권 또는 금전으로 환산할 수 있는 채권에 관하여 채무자의 재산에 대한 강제집행을 보전하기 위해 그 재산을 임시로 압류하는 법원의 처분을 말한다.

❷ 금전채권으로 인한 강제집행 신청 시 집행권원(확정판결, 공증된 금전채권문서, 화해조서 등)이 존재해야 한다.

❸ 채무자가 빚을 갚을 능력이 있으면서도 자신의 재산을 처분하려고 하거나, 주택을 매수했는데 매도자가 제3자에게 이중매매를 한 경우 이를 회복시키기 위해서는 법원에 소송을 제기하여 승소한 후 확정을 기다려 집행해야 하는데 소송은 시일이 오래 걸리며 그 사이에 채무자가 자신의 재산을 임의처분하지 못하도록 임시로 채무자의 재산을 재빠르게 묶어두는 절차 중 하나이다.

❹ 가압류는 임시조치이므로 앞에 [가]자가 붙여진 것이다.

❺ 보통 채권자의 신청만으로 법원이 결정을 내린다.

❻ 가압류권자는 바로 경매신청 할 수 없고 법원의 판결문 등 집행권원을 받아 강제경매신청을 해야 한다.

### 2 가압류의 배당

❶ 가압류권자는 경매절차에 있어서 이해관계인이 될 수 없어 배당에서 불리한 면이 있다. 또한 우선변제권이 없기 때문에 뒤에 오는 배당권자들과 안분배당을 하게 된다.

❷ 가압류권자는 배당신청을 하지 않아도 자동 배당된다.

단 경매개시결정기입등기 이후에 가압류집행을 한 가압류권자는 배당요구를 해야 한다.

❸ 배당금은 가압류권자에게 바로 지급되는 것이 아니라 본안소송을 마칠 때까지 법원에 공탁되어 있다가 가압류권자가 본안소송에서 승소하면 공탁금을 받아가게 된다.

**가압류권자가 본안소송에서 패소한 경우**
공탁된 배당액은 아직 만족하지 못한 다른 권리자가 있는 경우에는 추가배당을 하게 되고(민사집행법 제161조 2항 1호) 그렇지 않으면 채무자 등에게 지급된다.

## 3 참가압류란?

체납처분에 의해 압류하고자 하는 목적물에 이미 다른 체납처분에 의한 압류가 되어 있는 경우 하는 것이 바로 참가압류이다. 경매가 도중에 취하 또는 취소된다 하더라도 참가압류는 참가압류 시점으로 소급하여 체납처분에 의한 압류의 효력을 여전히 가진다(국세징수법 제58조).

> **국세징수법 제57조 (참가압류)**
> ① 세무서장은 압류하려는 재산을 이미 다른 기관에서 압류하고 있을 때에는 제56조에 따른 교부청구를 갈음하여 참가압류 통지서를 그 재산을 이미 압류한 기관(이하 '기압류기관'이라 한다)에 송달함으로써 그 압류에 참가할 수 있다.
> ② 세무서장은 제1항에 따라 압류에 참가하였을 때에는 그 사실을 체납자와 그 재산에 대하여 권리를 가진 제3자에게 통지하여야 한다.
> ③ 세무서장은 제1항에 따라 참가압류하려는 재산이 권리의 변동에 등기 또는 등록을 필요로 하는 것일 때에는 참가압류의 등기 또는 등록을 관계 관서에 촉탁하여야 한다.

> **국세징수법 제58조 (참가압류의 효력 등)**
> ① 제57조에 따라 참가압류를 한 후에 기압류기관이 그 재산에 대한 압류를 해제하였을 때에는 그 참가압류(제57조 제3항에 해당하는 재산에 대하여 둘 이상의 참가압류가 있는 경우에는 그 중 가장 먼저 등기 또는 등록된 것으로 하고 그 밖의 재산에 대하여 둘 이상의 참가압류가 있는 경우에는 그 중 가장 먼저 참가압류 통지서가 송달된 것으로 한다)는 다음 각 호의 구분에 따른 시기로 소급하여 압류의 효력이 생긴다.
> 1. 제57조 제3항에 해당하는 재산 외의 재산: 참가압류 통지서가 가압류기관에 송달된 때
> 2. 제57조 제3항에 해당하는 재산: 참가압류의 등기 또는 등록이 완료된 때

## 4 가압류의 소멸

❶ 압류의 효력발생 전에 등기한 가압류와 압류의 효력발생 후에 등기한 가압류는 모두 매각으로 인해 소멸된다.

❷ 부동산에 다른 선순위의 부담이 없는 상태에서 가압류등기 후 소유권이 이전되어 현 소유자의 채권자가 경매신청을 하여 매각이 된 경우 전 소유자에 대한 가압류는 말소되어야 하고 다만 그 가압류권자에 대한 배당액은 공탁하여야 한다는 견해와, 전소유자의 가압류채권자는 배당에 참여할 수 없으므로 그 가압류등기는 말소할 수 없고 또한 현 소유자 명의의 이전등기도 말소할 수 없다는 견해가 대립되고 있는데 신판 《법원실무제요》에 따르면 전자의 입장이 타당한 것으로 보고 있다.

**유의사항**
전 소유자에 대한 선순위가압류가 배당을 받는다는 전제하에서 매각으로 소멸될 뿐 언제나 이 가압류가 배당을 받거나 소멸한다고 보아서는 안 된다. 집행법원의 매각절차에서 전 소유자의 선순위가압류등기를 인수해야 한다는 전제로 진행시킬 경우 이 가압류등기는 말소되지 않고 매수인이 인수해야 한다.

# 4 | 담보가등기

## 1 담보가등기란?

❶ 담보가등기는 (근)저당권처럼 말소기준권리가 될 수 있다.
❷ 채권자가 담보가등기를 설정하는 이유는 장래에 그 부동산에 대한 소유권 이전을 목적으로 하는 것은 아니다.
❸ 저당권은 담보권의 실행으로 채권만을 회수해 오는 것인데 비해 담보가등기는 채권회수가 어려울 경우 절차를 거쳐 소유권도 이전해 올 수 있어 가등기적 성격을 지닌다. 그래서 담보가등기 혹은 가등기담보권이라고 한다.

## 2 담보가등기의 두 가지 성질

❶ 채무자가 채무를 변제하지 않을 경우 담보권의 실행(임의경매신청)으로 채권을 변제받을 수 있는 담보물권의 성질이 있다.
❷ 채무자가 채권자로부터 금전을 차용하면서 만일 변제기가 도래하여도 갚지 않을 경우에는 부동산의 소유권을 채권자에게 넘겨주겠다는 대물변제 예약의 성질이 있다. 채권자는 일정 기간의 청산기간이 경과한 후 청산금을 지급하고 본등기를 경료하는 방법으로 그 소유권을 취득하게 된다.

### 담보가등기의 본등기
담보가등기권자가 본등기를 실행하려면 부동산의 가격과 채무액의 차액에 대해 채무자에게 통지해야 한다. 통지한 날로부터 2개월의 청산기간이 경과한 후 청산금을 채무자에게 지급하여야 하고 가등기의 원인인 매매예약을 실행함으로써 소유권이전등기를 하여 소유권을 취득할 수 있다.

### 3 가등기의 두 종류

❶ 등기부상에 담보가등기가 설정될 때는 이를 담보가등기 또는 가등기담보권으로 기재하지 않고 주로 '소유권(일부)이전청구권가등기'로 기재되어진다. 주의해야 할 것은 가등기에는 담보가등기와 소유권이전등기청구권보전가등기가 있다는 것이다. 경매절차에 있어서 등기부상에 가등기가 설정되어 있다면 이것이 담보가등기인지 소유권이전등기청구권보전가등기인지 구분해야 한다.

- 소유권이전등기청구권보전가등기: 후에 소유권을 이전해 올 것을 대비하여 순위를 보전해두는 것이다. 즉 나중에 본등기를 하면 가등기의 순위가 본등기의 순위가 된다.
- 담보가등기: 부동산을 담보로 돈을 빌려주고 설정하는 가등기이다.

❷ 선순위가등기가 담보가등기일 경우: 매각절차가 완료되면 담보가등기는 말소기준권리가 되어 후에 오는 권리들과 함께 소멸되지만 만약 이 선순위가등기가 소유권이전등기청구권보전가등기라면 소멸되지 않고 매수인이 인수해야 하고 나중에 대금을 완납하였다 하더라도 소유권을 상실할 수도 있으므로 주의해야 한다.

### 4 가등기를 담보가등기로 간주하는 경우

❶ 가등기권자가 채권신고를 하고 배당요구를 한 경우와 경매신청을 한 경우는 담보가등기로 본다. 만약 가등기권자가 경매신청 혹은 채권신고도 하지 않았다면 법원은 소유권이전등기청구권보전가등기로 보고 경매를 진행시킨다.

❷ 등기부상에서의 판단 여부: 최근에는 등기부에 기재할 때 담보가등

기는 등기원인 칸에 '대물반환예약'이라고 기재하고 소유권이전등기청구권보전가등기일 때는 등기원인 칸에 '매매예약'이라고 기재하도록 되어 있다.

<small>하지만 실무에선 기재된 등기원인만으로 가등기를 판단하는 것이 아니라 실제 어떤 가등기로 설정되었는가에 따라 판단하게 된다.</small>

### 5 담보가등기라도 소멸되지 않는 경우

선순위담보가등기라도 소멸되지 않고 인수해야 하는 경우가 있다. 가등기가 비록 담보가등기일지라도 경매개시결정기입등기 이전에 담보가등기권자가 청산금을 지급하겠다는 통지 후 청산기간(2개월)이 지나 청산금을 변제한 경우라면 이 담보가등기는 소멸되지 않는다.

### 6 말소촉탁 대상의 가등기

❶ 경매가 진행되는 부동산에 설정되어 있는 담보가등기는 그 부동산의 매각에 의하여 소멸한다.

❷ 권리신고가 되지 않아 담보가등기인지 소유권이전등기청구권보전가등기인지 알 수 없는 경우 집행법원은 일단 순위보전을 위한 가등기로 간주한다. 그 가등기가 최선순위이면 말소되지 않고 매수인에게 인수되며, 그 가등기보다 선순위의 담보권이나 가압류 등이 있으면 함께 말소시킨다.

### 7 채권신고가 없는 가등기

채권신고가 없는 가등기가 최선순위이면 매수인에게 그 부담이 인수되므로 배당 및 말소되지 않으며, 후순위 가등기일 경우 가등기가 말소되더라도 채권신고가 없으므로 배당하지 않는다(가등기담보 등에 관한 법률 제16조 2항 참조).

### 8 채권신고가 있는 가등기

❶ 이 경우 담보가등기를 저당권으로 보고 그 순위를 정하며, 담보가등기를 마친 때에 그 저당권의 설정등기가 행하여진 것으로 본다(가등기담보 등에 관한 법률 제13조 참조).

❷ 하지만 압류등기 전에 이루어진 담보가등기는 채권신고를 한 경우에만 매각대금으로부터 배당받거나 변제 받을 수 있다(동법 제16조 2항 참조).

> **가등기담보 등에 관한 법률 제16조(강제경매 등에 관한 특칙)**
> ① 법원은 소유권의 이전에 관한 가등기가 되어 있는 부동산에 대한 강제경매 등의 개시결정이 있는 경우에는 가등기권리자에게 다음 각 호의 구분에 따른 사항을 법원에 신고하도록 적당한 기간을 정하여 최고하여야 한다.
>   1. 해당 가등기가 담보가등기인 경우: 그 내용과 채권[이자나 그 밖의 부수채권을 포함한다]의 존부·원인 및 금액
>   2. 해당 가등기가 담보가등기가 아닌 경우: 해당 내용

**최고에 따른 신고기간**: 배당요구의 종기까지(최고가 누락된 경우 배당요구의 종기 이후라도 기간을 정하여 최고하기도 한다.)

### 9 가등기의 내용이 밝혀지지 않은 경우

법원은 따로 신고가 없는 경우에는 일단 그 가등기를 소유권이전등기청구권 보전을 위한 가등기로 본다. 최선순위의 가등기인 경우에는 특별한 사정이 있는 경우가 아니라면 사실상 매각절차를 정지하는 것으로 되어 있지만 그대로 진행하는 경우가 많다(더 자세한 내용은 '제2장

9. 소유권이전등기청구권보전을 위한 가등기' 편에서 자세히 다루었다).

# 5 | (강제)경매개시결정기입등기

### ■1 말소기준권리가 되는 (강제)경매개시결정기입등기

❶ (근)저당권이나 담보가등기, 압류, 가압류 등이 없는데 강제경매가 신청되었다면 (강제)경매개시결정기입등기는 압류의 효력을 가지므로 이것을 말소기준권리로 본다.

❷ (강제)경매개시결정기입등기는 법원이 채무자의 부동산에 대해 강제집행을 하기 위하여 압류를 했다는 것을 밝히는 것이며, 이 개시결정기입등기 이후에 설정된 권리들은 매각으로 소멸된다(예외적으로 소멸되지 않는 권리 있음).

### ■2 임차인의 대항력 여부 판단시점

❶ (강제)경매개시결정기입등기가 말소기준권리가 될 경우 (강제)경매개시결정기입등기 이전에 점유와 전입을 한 임차인은 대항력을 가진다.

❷ (강제)경매개시결정기입등기 이후에 전입과 점유를 한 임차인은 확정일자를 갖추고 있으면 순위에 따라 우선변제 받을 수 있지만 대항력은 주장할 수 없다. 또한 이런 임차인이 비록 소액임차인일지라도 경매개시결정기입등기 이후에 대항요건을 갖추었으므로 최우선변제권을 행사할 수 없다.

# 3. 말소기준등기 이외의 부동산 위의 등기들

## 6 | 예고등기가 있는 경우

### 1 예고등기란?

등기원인이 무효 또는 취소에 의한 등기의 말소, 회복의 소가 제기된 경우에 그 등기에 의하여 소의 제기가 있었음을 제3자에게 경고하여 소송의 결과로 인하여 발생할 수도 있는 불측의 손해를 방지하려는 목적으로 하는 등기이다(대결 1998.9.22. 9다2631호참조).

### 2 경매절차에서의 예고등기

대부분의 등기권리는 말소기준권리보다 후순위에 있으면 소멸되지만 예고등기는 말소기준권리보다 후순위일지라도 매각으로 소멸되지 않고 매수인이 인수해야 한다.

예고등기 이외에 가처분 중 건물철거 및 토지인도 청구권보전을 위한 가처분인 경우도 말소기준권리보다 후순위일지라도 매각으로 소멸되지 않는다.

### 3 예고등기의 효력

❶ 예고등기는 경고의 목적만 있을 뿐 처분을 금지하는 효력은 없으므로 부동산을 매도하는 것은 가능하다.
❷ 예고등기권자가 소송에서 승소하여 소유권이 변동되면 예고등기가 된 부동산을 매입한 사람은 소유권을 잃을 수도 있으므로 후순위에 있는 예고등기라도 주의해야 한다.

### 4 예고등기의 종류

❶ 갑구에 있는 소유권회복·말소등기에 관한 예고등기: 예고등기권자가 승소하게 되면 소유권이 변동되므로 후순위에 오더라도 매수인에게 인수된다.
❷ 을구에 있는 (근)저당권, 전세권, 지상권 등에 대한 회복·말소에 관한 예고등기: 매각으로 소멸된다.

단 말소기준권리가 되는 (근)저당권의 말소에 관한 예고등기라면 유의해야 한다. 예고등기권자가 승소하면 말소기준권리가 바뀌어 인수해야 하는 임차인의 보증금이나 권리가 발생할 수도 있기 때문이다.

### 5 예고등기의 매각물건명세서 기재여부

예고등기는 부동산에 관한 권리관계를 공시하는 등기가 아니다. 따라서 매각물건명세서에 기재되지 않는다.

### 6 예고등기제의 폐지

예고등기가 경고적 효력으로 이용되어야 하는데 집행방해의 목적으로 악용이 되는 경우가 많았다. 이로 인해 부동산 거래가 중단되는 등의 문제가 발생하므로 법무부는 예고등기제를 폐지하고 처분금지가 처분을 통해 효력을 대체하기로 하였다(예고등기제를 폐지한 부동산등기법 개정안이 2011년 3월 11일 국회 본회의를 통과하였으며 공표 6개월 후부터 시행된다).

## 7 | 환매특약의 등기

### 1 환매특약의 등기란?

환매특약의 등기는 부동산을 매도하면서 어느 일정 기간 안에 다시 그 부동산을 사가겠다는 특약을 등기부에 해두는 것이다. 이 등기는 말소기준권리보다 선순위일 경우 인수되며, 말소기준권리보다 후순위인 경우 소멸된다.

환매특약의 등기가 선순위이더라도 환매특약기간의 소멸시효가 완성된 경우가 있다. 이런 경우 매수인은 환매특약등기를 인수할 필요가 없게 된다.

### 2 환매특약의 기간

❶ 환매특약은 그 기간을 부동산일 경우 5년, 동산일 경우는 3년을 넘게 특약할 수 없으며, 환매권은 환매기간 내에 행사하여야 한다.
❷ 한 번 소멸된 환매특약은 다시 연장할 수 없으며 그 효력은 기간이 지나면 말소촉탁 없이도 자동 소멸된다. 즉 환매권에는 소멸시효가 있다.
❸ 환매권자가 환매기간 안에 환매권을 행사하면 매수인은 그 요구에 응해야 한다.

# 8 | 가처분

### ▣1 가처분이란?

❶ 가처분은 재판 확정 전에 분쟁이 되는 대상의 물건을 현재 상태로 유지하면서 채권자가 채권의 권리를 확보하기 위함이다. 또한 채무자가 자신의 재산을 은닉하거나 제3자에게 처분하는 것을 금지하고 보관에 필요한 조치를 해두는 것이다.

❷ 부동산등기부에 가처분등기가 경료되면 채무자는 그 부동산을 매매, 증여해서도 안 되고 저당권, 전세권, 임차권등기 등의 설정행위를 해서도 안 된다.

❸ 가처분에는 여러 종류의 가처분이 있는데 경매투자 시 알아두어야 할 가처분에는 처분금지가처분, 건물철거 및 토지인도 청구권보전을 위한 가처분, 그리고 명도 시 하게 되는 점유이전금지가처분 등이 있다.

### ▣2 가처분은 확정되어야 한다

❶ 가처분이 경료되었음에도 채무자가 매도할 수 있는 것은 이 처분행위에 대한 무효나 부정할 수 있는 시기가 본안소송에서 승소확정판결을 받거나 또는 가처분채권자의 권리의 존재를 화해, 조정 등으로 인해 확정한 때이기 때문이다. 따라서 등기된 가처분의 채권자라 하더라도 본안소송에서 승소하여야 새로운 매수인에 대하여 소유권말소등기를 할 수 있다.

❷ 가처분채권자는 매각절차가 개시되었다는 이유로 제3자 이의 등 집행이의를 신청할 권한은 없으나, 후에 본안소송에서 승소판결을 얻은 때에는 비로소 그 강제집행의 결과를 부인할 수 있다《법원실무제요Ⅱ》,

가처분 상대적 우위설, 대결 1993.2.19. 92마 903 참조).

## 3 말소기준권리보다 선순위가처분등기가 있는 경우 집행법원의 조치

❶ 가처분등기가 말소기준권리보다 선순위 처분금지가처분(등기)일 경우 매각으로 소멸되지 않는다.

이러한 선순위처분금지가처분(등기)이 있는 경우 가처분채권자가 본안소송에서 승소하게 되면 매수인은 가처분채권자에게 대항할 수 없고 소유권도 상실하게 된다.

집행법원은 매수인이 소유권을 상실 할 수도 있는 선순위의 처분금지가처분등기가 있다는 이유로 경매신청을 반드시 기각하거나 그 가처분등기가 말소될 때까지 경매절차를 중지하는 것은 아니다.

❷ 경매진행으로 인해 가처분채권자가 권리행사를 하는데 지장이 있는 것은 아니지만 가처분채권자가 본안소송에서 패소할 경우 그 가처분은 취소되며 매수인은 유효하게 소유권을 취득하게 된다.

## 4 처분금지가처분

❶ 처분금지가처분에는 부동산처분금지가처분, 전세권처분금지가처분, 근저당권처분금지가처분, 가등기상의 권리처분금지가처분 등이 있다.

❷ 부동산처분금지가처분은 소유권이전등기청구권이나 소유권말소등기청구권을 피보전권리로 한다. 이런 선순위가처분이 있으면 나중에

가처분채권자가 본안소송에서 승소하게 되면 매수인은 소유권이전등기를 하였다고 하더라도 소유권을 상실할 수 있으므로 유의해야 한다.

**후순위가처분일 경우**
처분금지가처분이나 소유권이전청구권보전의 가등기가 매각에 의하여 소멸하는 근저당권 등 타물권이나 가압류의 등기보다 후에 경료된 경우에는 가처분권자는 매수인에게 대항할 수 없고 대금납부 후 그 가처분등기나 가등기는 말소하게 된다(대결 1988.4.28. 87마1169, 대결 1997.1.16. 96마231 참조).

❸ 소유권말소등기청구권을 피보전권리로 하는 후순위가처분일 경우(주의!): (근)저당권 실행에 의한 경매가 진행 중에 있는데 그 (근)저당권 설정 당시 소유자에 대한 소유권이 적법하게 이전되지 않았음을 이유로 하는 '소유권이전등기말소'에 관한 소송이 제기되어 승소하였다면 (근)저당권이 설정된 당시 소유권은 타인의 소유가 되므로 근저당권 설정도 효력을 잃게 된다. 그러므로 매수인은 이런 부동산을 경락받을 경우 매각대금을 납부한 후에라도 소유권을 잃을 수 있으므로 주의해야 한다. 이렇게 매수인이 소유권을 잃게 된 경우 매수인은 매각대금에 대해 반환을 청구하거나 손해배상청구를 하여야 하며, 배당이 끝난 경우라면 배당받은 채권자를 상대로 부당이득반환소송을 해야 한다.

**가처분을 취소할 수 있는 경우**
(민사집행법 제288조 1항 3호의 본안의 소 제소기간 경과규정 참조)
① 2002.6.30. 이전의 가처분: 10년 동안 본안소송을 제기하지 않은 경우
② 2002.7.1.부터 2005.7.26.까지의 가처분: 5년 동안 본안소송을 제기하지 않은 경우
③ 2005.7.27. 이후의 가처분: 3년 동안 본안소송을 제기하지 않은 경우

## 5 후순위가처분의 본안 승소판결이 이루어진 경우

❶ 후순위가처분등기보다 더 후순위담보권에 의한 임의경매신청이 이루어진 경우 혹은 후순위가처분등기가 경료된 부동산에 대해 일반 다른 채권자가 강제경매신청을 한 경우: 후순위가처분권자가 본안소송에서 승소한 판결에 의한 등기가 이루어진다면 채무자는 소유권을 상실하게 되므로 경매절차가 취소되는 것이 원칙이다. 하지만 경매법원에서 이 사실을 모른 채 매각절차를 진행하여 매수인이 매각대금을 완납하였다면 매각절차가 취소되는 것은 아니다. 따라서 후순위가처분일 경우 매각으로 소멸하지만 가처분권자가 본안소송에서 승소하였을 경우 매수인은 소유권을 취득할 수 없는 경우도 생길 수 있으므로 경매신청채권자가 누구인지 반드시 확인하는 것이 좋다.

❷ 후순위가처분등기보다 선순위의 담보권에 의해 임의경매신청이 된 경우 혹은 후순위가처분등기 이전에 일반 채권자가 강제경매를 신청한 경우: 가처분권자의 본안 승소판결에 의해 등기가 이루어진 것이 경매진행절차에 영향을 주지 않으므 매수인이 대금납부를 하면 소유권을 취득할 수 있다.

## 6 점유이전금지가처분

❶ 점유이전금지가처분은 등기를 요하지 않는 가처분의 집행방법이다.
점유이전금지가처분은 본안소송이 소유권이전등기청구의 소일 때는 허용되지 않는다.

❷ 매수인이 그 해당 부동산을 점유자로부터 명도받기 전에 점유를 타인에게 이전하거나 점유명의를 변경하는 것을 방지하기 위하여 이 점

유이전금지가처분이라는 보전처분을 하게 된다. 해당 부동산에 거주하고 있는 점유자를 대상으로 인도 또는 명도를 구하는 소송을 할 경우 다소 시간을 요하게 된다. 그 사이 점유자가 타인에게 점유를 이전하게 되면 명도소송 진행 시 애로사항이 생기므로 미리 점유이전금지가처분을 해두는 것이다.

목적물 인도 또는 명도 청구소송 중에 점유자가 변경되었다면 비록 소송에서 승소하였다 하더라도 바뀐 점유자를 대상으로 명도를 구할 수 없고 다시 소송을 해야 하는 번거로움이 있는데 만약 점유이전금지가처분을 해두었다면 점유가 타인으로 바뀌었다 하더라도 새로운 점유자를 상대로 승계집행문을 부여받아 집행할 수가 있다.

❸ 점유이전금지가처분의 집행에 대해 간접점유자가 이의의 소를 제기할 수 없다.

### 간접점유자의 이의에 관한 판례
처분집행 당시의 목적물의 현상을 본집행 시까지 그대로 유지함을 목적으로 하여 그 목적물의 점유이전과 현상의 변경을 금지하는 것에 불과하여, 이러한 가처분결정에도 불구하고 점유가 이전되었을 때에는 가처분채무자는 가처분채권자에 대한 관계에서 여전히 그 점유자의 지위에 있는 것으로 취급되는 것일 뿐 가처분 집행만으로 소유자에 의한 목적물의 처분을 금지 또는 제한하는 것은 아니므로, 점유이전금지가처분의 대상이 된 목적물의 소유자가 그 의사에 기하여 가처분채무자에게 직접점유를 하게 한 경우에는 그 점유에 관한 현상을 고정시키는 것만으로 소유권이 침해되거나 침해될 우려가 있다고 할 수는 없고 소유자의 간접점유권이 침해되는 것도 아니라고 할 것이며, 따라서 간접점유자에 불과한 소유자는 직접점유자를 가처분채무자로 하는 점유이전금지가처분의 집행에 대하여 제3자이의의 소를 제기할 수 없다(대판 2002.3.29. 2000다33010 참조).

❹ 매수인이 매각허가결정을 받으면 해당 목적물을 인도받기 전에 점유를 타인에게 전가할 경우를 대비하여 점유이전금지가처분신청을 해두는 경우가 있다.

점유이전금지가처분신청에 관하여는 《독학 경매 2》 '제6장 인도명령신청과 명도' 편에서 자세히 다루었다.

❺ 처분금지가처분은 등기된 부동산일 경우에만 가능하나 만약 미등기 부동산이라도 보존등기가 가능한 경우에는 가처분을 허용하고 있다. 하지만 점유이전금지가처분은 미등기 부동산이라도 가능하다.

## 7 선순위가처분 중 근저당권설정등기청구권을 보전하기 위한 처분금지가처분일 경우 말소 가능한 경우

❶ 근저당권설정등기청구권을 보전하기 위하여 처분금지가처분등기를 한 다음 본안에서 승소하여 본안판결로 근저당권설정등기를 마치고 이에 기하여 부동산임의경매신청을 한 경우라면 가처분권자는 가처분의 목적 달성을 이유로 가처분을 한 법원에 가처분등기의 말소촉탁을 신청함으로써 말소할 수 있다.(등기예규 제1061호 참조)

❷ 위 경우 가처분권자가 말소촉탁을 하지 않아 선순위가처분이 등기부에 그대로 남아 있는 경우 매수인은 근저당권설정등기로 가처분이 목적 달성하였음을 소명하여 가처분의 말소촉탁을 신청할 수 있다.

가처분에 기하여 근저당권설정등기를 마친 경우라면 그 순위기준일은 '저당권설정등기일'이 아니라 '가처분기입등기일'로 본다. 가처분에 기한 근저당권설정등기 후 가처분이 말소되었더라도 가처분기입등기일이 근저당권의 순위기준일이 된다. 이 경우 가처분이 선순위이면 선순위가처분기입등기일을 말소기준일로 본다.

### 8 건물철거 및 토지인도 청구권보전을 위한 가처분

❶ 토지소유자가 그 지상 건물소유자에 대한 건물철거·토지인도청구권을 보전하기 위하여 건물에 대한 처분금지가처분을 한 경우 그 가처분이 말소기준권리보다 후순위이더라도 소멸되지 않고 매수인이 인수해야 한다.

❷ 집행법원은 이와 같은 가처분이 있을 경우 이를 매각물건명세서 등에 기재하도록 되어 있다.

❸ 건물철거 및 토지인도 청구권보전을 위한 가처분이 있는 건물은 후에 철거될 수도 있으므로 유의해야 한다.

## 9 | 소유권이전등기청구권 보전을 위한 가등기

### 1 가등기란?

가등기는 본등기를 하기 전에 순위보전을 하기 위해서 하는 등기이다. 가등기 그 자체로는 물권변동의 효력이 없지만 본등기를 하게 되었을 경우 본등기의 순위는 가등기의 순위로 소급된다.

> **부동산등기법 제88조**
> 가등기는 제3조 각 호의 어느 하나에 해당하는 권리인 소유권, 지상권, 지역권, 전세권, 저당권, 권리질권, 채권담보권, 임차권의 설정, 이전, 변경 또는 소멸의 청구권을 보전하려는 때에 한다. 그 청구권이 시기부 또는 정지조건부일 경우나 그 밖에 장래에 확정될 것인 경우에도 또한 같다.

## 2 소유권이전등기청구권 보전을 위한 가등기의 소멸 여부

가등기가 선순위의 소유권이전등기청구권 보전을 위한 가등기라면 매수인이 매각대금을 납부하고 소유권 이전을 하였다 하더라도 가등기권자가 본등기를 하게 되면 소유권을 상실할 수 있다. 하지만 후순위라면 그 가등기가 소유권이전등기청구권 보전을 위한 가등기라도 매각으로 소멸된다.

## 3 소유권이전등기청구권 보전을 위한 가등기와 담보가등기의 구분 방법

❶ 가등기권자가 채권신고를 하였다면 담보가등기로 본다(배당요구를 한 경우).
❷ 가등기권자가 경매신청을 하였다면 담보가등기로 본다.
❸ 가등기권자가 경매신청도 하지 않았고 채권신고도 하지 않았다면 경매법원에선 이 가등기를 소유권이전등기청구권 보전을 위한 가등기로 보고 경매절차를 진행시킨다.

## 4 매수자가 소유권을 상실할 수 있는 선순위의 소유권이전등기청구권보전가등기가 있는 경우 법원의 조치

소유권이전등기청구권 보전을 위한 선순위가등기는 매수인이 인수해야 하고 실제적으로 소유권을 취득하지 못할 수 있어도 집행법원에선 일반적으로 매각물건명세서에 '매수인이 부담해야 하는 인수할 수 있는 권리가 있음'이라고 기재하고 등기가 말소될 때까지 매각절차를 중지하지 않고 그대로 절차를 진행시킨다.

## ▰ 5 선순위 소유권이전등기청구권 보전을 위한 가등기의 소멸시효

❶ 선순위가등기라도 10년의 소멸시효가 완성된 경우라면 소멸하는 것으로 본다. 하지만 가등기권자가 목적물을 직접·간접적으로 점유하였을 경우 소멸시효에 걸리지 않는다.

**소멸시효**: 권리자가 권리를 행사할 수 있음에도 어느 일정 기간 행사하지 않는 권리를 소멸시키는 제도이다.

❷ 선순위가등기권자가 매매예약완결권을 매매예약일로부터 10년이 지나도록 행사하지 않은 경우와 매매예약완결권을 행사하여 소유권이전등기청구권을 취득하였음에도 10년의 제척기간이 지나도록 본등기를 하지 않은 경우는 예약목적물을 인도받고 점유하여도 소멸하는 것으로 본다.

**매매예약완결권**: 매매의 일방예약 또는 쌍방예약에 의하여 예약관리자가 그 상대방에 대하여 예약완결의 의사표시를 할 수 있는 권리를 예약완결권이라 한다. 예약완결권을 행사하면 상대방의 승낙이 필요없이 본계약의 효력을 발생시키므로 예약완결권은 형성권이다(법률용어사전 참조).

## ▰ 6 선순위의 소유권이전등기청구권 보전을 위한 가등기가 본등기가 된 경우 경매법원의 조치

❶ 경매절차 중 본등기가 된 경우: 매각절차 중 본등기가 경료될 경우 집행법원은 매각절차를 취소하여야 한다. 그리고 대금납부 전에 본등기가 된 것을 확인한 때에도 매각절차를 취소시키고 매수인으로 하여금 대금납부의무를 면하게 하는 것이 원칙이다.

❷ 매각대금 납부 후에 본등기가 완료된 경우: 매수인이 매각대금 납부

후 가등기에 기한 소유권 이전의 본등기가 경료되어 소유권을 상실하였더라도 매각절차 취소사유에 해당되지는 않는다. 하지만 배당 전인 경우 매수인은 집행법원에 대하여 경매에 의한 매매계약을 해제하고 납부한 매각대금의 반환을 청구하는 방법으로 담보책임을 추급할 수 있다(대결 1997.11.11. 96그64 참조).

❸ 매각절차에서 가등기가 본등기로 경료되지 않은 경우: 소유권이전등기청구권보전가등기가 경료된 부동산을 매각허가 받았으나 가등기에 기한 본등기가 경료되지 않은 경우에는 아직 매수인이 그 부동산의 소유권을 상실한 것이 아니므로 손해배상책임을 구할 수는 없다.(대판 1999.9.17. 97다54024 참조).

❹ 선순위가등기권자나 가처분권자 앞으로 매매 등의 원인으로 소유권이전등기가 되어 있는 경우: 가등기와 상관없이 소유권이전등기를 넘겨받은 경우 가등기에 기한 본등기청구권이 혼동으로 소멸되지는 않는다. 이 경우 법원은 매각절차를 중지시켜야 하지만 대부분 소유권이전등기가 이와 같은 경우가 많으므로 "말소되지 않는 선순위가등기 있음"이라고 기재하고 진행하기도 한다(대판 1995.12.26. 95다 29888 참조). 이 경우 가등기권자가 현재의 소유자일 때가 많다.

**실무에서 위와 같은 가등기의 소멸시효**
매각허가결정 선고 시 매수인에게 "이러한 가등기나 가처분은 사실상 이에 기하여 본등기가 이루어졌기 때문에 효력이 없을 가능성이 아주 높고, 위 기입등기 후 10년이 경과하였다면 가등기의 경우는 소멸시효 완성을 이유로 그 말소를 구할 수 있고, 가처분의 경우는 민사집행법 제288조 4항, 제301조에 따라 보전처분집행 후 5년간(2005. 7. 27. 이후 3년) 본안소송을 제기하지 않았다는 이유로 채무자나 제3취득자가 사정변경에 의한 가처분 취소를 구할 수 있으나, 경우에 따라서는 소유권을 상실하고 채무자나 배당받은 채권자를 상대로 추급권을 행사하여야 하는 위험성이 있다"는 취지를 설명한 다음 매수인으로부터 이와 같은 내용을 충분히 숙지하였다는 확인서를 받아 기록에 첨부하기도 한다.(《법원실무제요Ⅱ》, 43p 참조)

❺ 소멸시효 등의 원인을 이유로 한 선순위가등기의 말소방법: 가등기에 기한 소유권이전등기청구권이 시효의 완성으로 소멸되었다면 그 가등기권자에 대하여 본등기청구권의 소멸시효를 주장하여 그 등기의 말소를 구할 수 있다(대판 1991.3.12. 90다타27570 참조).

❻ 선순위가등기가 매각 후 담보가등기로 판명된 경우: 말소되지 않은 선순위가등기가 그것이 후에 담보가등기로 판명되고 또한 그 피담보채무가 소멸했음에도 가등기에 기한 본등기가 경료되어 매수인의 소유권이전등기가 직권말소 되었다면 매수인은 소유권에 기한 방해배제청구로서 직접 가등기 및 그에 기한 본등기의 말소등기를 청구할 수 있다(대판 1992.4.14. 91다 41996 참조).

## 10 | 전세권(설정)등기

### 1 전세권(설정)등기란?

❶ 전세권(설정)등기란 보통 임차인이 전세보증금을 회수하지 못할 것에 대비하여 임대인 동의하에 등기부에 전세권 설정을 한 것을 말한다.

**전세와 월세**: 흔히 전세라고 하는 것은 임차인이 월차임료 없이 임차보증금을 내고 사는 것을 전세라고 하고 월차임료를 내는 것을 월세라고 한다. 전세는 전세권설정등기와는 다르다. 전세는 임차보증금을 내고 살다가 계약기간이 만료되면 임대인에게서 그

보증금을 다시 돌려받게 되는 대차(임차) 형태이고 전세권설정등기는 등기부에 설정되는 권리를 말한다.

❷ 전세권은 해당 부동산을 사용·수익할 수 있는 용익물권이자 후순위권리자들보다 먼저 전세금에 대해 우선변제 받을 수 있는 담보물권적 성격도 갖는다.

❸ 전세권은 반드시 등기를 해야 취득할 수 있는 권리이다. 전세권 설정은 전입과 점유 이전에도 가능하고 전세계약 기간 중에 설정할 수도 있다.

❹ 전세권은 제3자에게 이전이 가능하다. 전세권 설정은 임대인의 동의를 구해야 하나 전세권이전은 임대인의 동의 없이도 가능하다.

❺ 구분건물의 전세권자는 자신의 임차보증금을 돌려받지 못했을 경우 판결문 없이도 경매신청을 할 수 있다. 그래서 구분건물의 전세권자가 경매신청을 하면 임의경매가 된다. 하지만 건물 일부에만 전세권을 설정한 전세권자는 바로 경매신청을 할 수 없고, 전세금반환청구소송을 제기하여 승소판결 받은 후 전체 건물에 대하여 강제경매신청을 하여야 한다.

❻ 전세권자가 대항력의 요건인 전입과 점유를 갖추고 있으면 대항력 있는 임차인의 지위도 갖게 된다. 즉 주택임대차보호법상의 권리를 가지는 셈이다. 전세권자가 점유와 전입을 상실하면 전세권의 권리만 가질 뿐 대항력에 대해선 주장할 수 없다.

❼ 전세권 설정을 한 임차인은 따로 확정일자를 받지 않아도 전세권설정계약서의 등기필증 접수인을 확정일자로 인정받을 수 있다.

### ■2 전세권의 소멸 여부

❶ 법원은 전세권이 말소기준권리보다 후순위이면 배당요구를 하지 않아도 전세권자를 배당에 참여하게 하고 그 전세권을 소멸시킨다. 선순위이면 원칙적으론 소멸하지 않고 매수인이 인수해야 하나 전세권자가 배당요구를 하거나 경매신청을 한 경우 기간에 관계없이 소멸하는 것으로 본다. 하지만 민사소송법 사건으로 진행되는 물건은 경매신청 기입등기일로부터 6개월 이상 전세권 존속기간이 남아 있는 경우에만 그 선순위전세권자가 배당요구를 하지 않거나 경매신청도 하지 않은 경우 매수인이 인수하게 된다.

❷ 구분건물의 선순위전세권자가 경매신청을 하였다면 후순위에 저당권이 있더라도 선순위전세권을 말소기준권리로 보고 그 전세권과 더불어 후에 오는 권리들은 매각으로 소멸하게 된다(몇몇의 등기권리는 제외). 그러나 건물 일부에 설정된 전세권은 선순위더라도 말소기준권리가 될 수 없다.

전세권설정등기는 원칙적으로 말소기준권리가 될 수 없으나 예외적으로 건물 전부의 전세권(등기)권자가 경매신청을 한 경우나 배당요구를 한 경우 말소기준권리로 본다. 이후에 오는 권리들은 매각으로 소멸된다.

### ■3 전세권 효력의 범위

❶ 건물에만 설정된 전세권은 건물에만 효력이 미치고 배당도 건물의 환가대금에 대해서만 배당받게 된다.
❷ 구분건물에 설정된 전세권이라면 대지의 환가대금에 대해서도 배당받을 수 있다. 여기서 구분건물은 아파트, 연립, 다세대, 오피스텔 등을 말한다.

구분건물의 전세권설정등기가 경료된 등기부를 보면 '범위: 건물의 전부'라는 기재 내용을 보게 될 것이다. 하지만 구분건물의 전세권자는 대지의 환가대금에 대해서도 배당받을 수 있다.

## 4 전세권의 존속기간

❶ 일반 임대차계약기간은 1년 미만도 가능하지만 전세권의 최단기존속기간은 1년 이하로 설정할 수 없으며 최장기 10년 넘게 존속기간을 정할 수 없다.

❷ 전세권 설정을 하면서 존속기간을 약정하지 않은 경우 기간의 약정이 없는 전세권이 되며, 이때 각 당사자는 언제든지 상대방에 대하여 전세권의 소멸을 통고할 수 있고, 통고한 날로부터 6개월이 경과하면 전세권은 소멸한다(민법 제313조).

## 5 전세권의 법정갱신

❶ 건물에 대한 전세권의 경우 법정갱신제도가 있다(민법 제312조 제4항).

지상권이나 지역권의 경우에는 존속기간이 만료되면 소멸하고 법정갱신제도가 없다.

❷ 건물의 전세권설정자(임대인 혹은 건물주)가 전세권의 존속기간 만료 전 6개월부터 1개월까지의 사이에 전세권자에 대하여 갱신거절의 통지 또는 조건을 변경하지 않고 갱신하지 않는다는 뜻의 통지를 하지 않고 그 기간이 만료된 경우 이전의 전세권과 동일한 조건으로 다시 전세권을 설정한 것으로 본다. 이 경우 갱신된 전세권의 존속기간은 그 정함이 없는 것으로 보며 이것을 전세권의 법정갱신이라고 한다.

전세권의 법정갱신은 법률의 규정에 의한 부동산에 관한 물권의 변동이다. 따라서 전세권갱신에 관한 등기를 필요로 하지 아니하며 전세권자는 그 등기 없이도 전세권설정자나 그 목적물을 취득한 제3자에 대하여 그 권리를 주장할 수 있다(대판 1989.7.11. 88다카21029 참조).

## 6 전세권과 전세금이 분리양도 된 경우

전세권은 전세권이 담보하는 전세금반환채권과 분리하여 양도할 수 없다. 하지만 피담보채권의 처분이 있음에도 불구하고 담보물권의 처분이 따르지 않는 특별한 사정이 있는 경우에는 채권양수인은 담보물권이 없는 무담보의 채권을 양수한 것이 되므로 채권의 처분에 따르지 않은 담보물권은 소멸한다.

전세권설정계약이 존속기간의 만료나 합의해지 등으로 종료된 경우에도 전세권설정등기는 전세금반환채권을 담보하는 효력은 있다고 할 수 있지만, 그 후 당사자 사이의 약정에 의하여 전세권의 처분이 따르지 않는 전세금반환채권만의 분리양도가 이루어진 경우에는 양수인은 유효하게 전세금반환채권을 양수하였다고 할 것이나 담보물권이 없는 무담보의 채권을 양수한 것이 되므로, 이 경우 양수인은 우선변제권이 없을 뿐 아니라 별도로 집행력 있는 정본 등에 의하여 배당요구를 않으면 배당 자체를 받을 수 없고, 등기부상 남아 있는 전세권은 소멸하고 전세금반환채권도 없으므로 매수인이 인수할 것도 없게 된다.(《법원실무제요Ⅱ》, 454쪽 참조).

## 7 전세권자의 필요비와 유익비

전세권자가 선순위저당권의 목적부동산을 위하여 지출한 필요비 또는 유익비 중 민법 제367조에 해당하는 것은 집행비용 다음 순위의 우선변제권이 인정되지만 전세보증금의 범위에 포함되지 않는다.

> **민법 제367조(제3취득자의 비용상환청구권)**
> 저당물의 제3취득자가 그 부동산의 보존, 개량을 위하여 필요비 또는 유익비를 지출한 때에는 제203조 제1항, 제2항의 규정에 의하여 저당물의 경매대가에서 우선상환 받을 수 있다.

## 8 전세권자가 대항요건(전입·점유)도 갖추고 있다면?

❶ 전세권자로서 우선변제 받을 수 있는 권리와 대항력 있는 임차인의 지위로서 우선변제 받을 수 있는 권리를 모두 가지고 있다.

❷ 전세권자가 선순위 대항력 있는 임차인일 경우 매수인이 인수하게 될 임차보증금이 생길 수도 있으므로 주의해야 한다.

특히 대항력 있는 임차인의 전세권기입등기 일자가 말소기준권리보다 늦는 경우 임차인의 대항력을 간과할 수 있으므로 주의해야 한다.

❸ 집합건물이 아닌 건물의 전세권자는 대지의 매각대금에 대해서 우선변제 받지 못하지만 주택임대차보호법상 혹은 상가건물임대차보호법상의 대항요건(전입과 점유)도 갖춘 전세권자일 경우 임차인의 우선변제권으로 대지의 매각대금에 대해서도 배당을 받을 수 있다.

임대차계약서에 확정일자를 따로 갖추지 않아도 전세권설정계약서에 날인된 등기필증 접수인으로 인정받을 수 있으며 배당순위는 전세권등기일자가 기준이 된다. 그러므로 전세권 설정등기만 되어 있는지 아니면 전입과 점유도 갖추고 있는 전세권자인지 잘 파악해야 할 것이다.

## 9 건물 일부에 대한 전세권자도 경매신청이 가능한가?

건물 일부의 전세권자라도 건물 전부에 대한 우선변제권은 인정되지만, 전세권의 목적물이 아닌 나머지 건물 부분에 대하여는 바로 경매신청할 수 없으며 따로 전세금반환청구소송을 제기하여 승소판결을 받은 후 강제경매 신청을 하여야 한다.

# 11 | 임차권등기

### 1 임차권등기란?

❶ 임차권등기는 일반적으로 임차인이 임대차계약기간이 만료되었음에도 임대인에게서 보증금을 돌려받지 못한 채 거주지를 옮겨야 하는 경우 자신의 대항요건인 주택의 점유와 주민등록 전입의 효력을 유지시키기 위하여 임차권등기(임차권등기명령신청)를 하게 된다.

❷ 전세권(등기권)자가 대항요건인 전입과 점유를 상실한 경우 전세권에 대해서만 권리를 갖고(우선변제권) 대항력은 잃게 되지만 임차권등기권자는 주택의 점유와 주민등록을 옮긴다 하더라도 대항요건을 유지할 수 있다. 대항력을 인정받는 시기는 임차권등기가 경료된 시점이 아닌 대항요건을 갖춘 시점이 된다.

❸ 임차권등기는 경매신청 권한이 없다. 임차권등기권자가 전세보증금을 반환받기 위해서는 따로 판결문을 받아 강제경매신청을 하여야 한다.

❹ 임차권등기명령의 대상은 원칙적으로 등기된 건물이어야 하므로 무허가 주택의 경우는 임차권등기명령의 대상이 되지 않는다. 다만 임차주택이 준공검사가 필하여지고 건축물관리대장이 작성되어 있어 즉시 임대인 명의로 소유권보존등기가 가능한 경우에는 임대인을 대위하여 소유권보존등기를 마친 다음 주택임차권등기를 할 수 있으므로

예외적으로 임차권등기명령의 대상이 될 수 있다.

미등기 주택이나 상가건물에 대하여 임차권등기명령에 의한 등기촉탁이 있는 경우에는 등기관은 부동산등기법 134조의 규정에 의하여 직권으로 소유권보존등기를 한 후 주택임차권등기나 상가건물임차권등기를 하여야 한다(《민사집행의 실무》, 윤경, 1468쪽~1478쪽 참조).

임차권등기는 주택의 일부에 대하여도 가능하다.

### 2 임차권등기명령신청은 어떻게 할 수 있는가?

❶ 반드시 기간이 만료된 후에야 신청이 가능하고 등기부에 등기가 된 것을 확인하고 나서 주민등록(전입)을 옮겨야 한다. 임차권등기가 경료되기 전에 대항요건을 상실하면 대항력을 주장할 수 없게 된다.

❷ 임대인의 동의 없이 단독으로 신청할 수 있지만 전세권등기처럼 임차권등기를 제3자에게 이전할 수는 없다.

❸ 이미 전입과 점유를 상실한 경우

임차인이 미처 전입신고를 하지 않았거나 혹은 이미 전입과 점유를 상실한 경우에도 보증금을 반환받지 못하였다면 임차권등기명령신청을 할 수는 있다. 하지만 임차인의 대항력의 효력은 임차권등기가 경료된 날부터 발생한다.

### 3 임차권등기권자에게도 우선변제권이 있는가?

❶ 임차권등기는 대항요건을 유지하는 것이지 우선변제권을 유지하는 것이 아니다. 우선변제권을 가지려면 우선변제권의 요건을 구비해야 한다. 즉 확정일자를 갖추어야 한다.

❷ 임차권등기가 되어 있는 주택에 새로 전입한 임차인은 임차보증금

이 소액임차인에 해당되더라도 소액임차인으로서의 권리를 주장할 수 없다. 즉 최우선변제권을 가질 수 없고 확정일자를 갖춘 경우 순위에 따라 배당에 참여하여야 한다.

### 4 임차권등기권자는 배당요구를 하지 않아도 되는가?

① 임차권등기권자는 따로 배당요구를 하지 않아도 배당에 참여할 수 있다.
② 선순위임차권등기권자도 배당요구를 하지 않아도 당연히 배당받는다는 견해와 전세권자처럼 배당요구를 해야 배당에 참여할 수 있다는 견해가 있지만 배당요구를 하지 않아도 배당을 받는다는 견해가 우세하다.

경매개시결정기입등기 이후에 등기된 임차권등기권자는 배당요구의 종기까지 배당요구를 해야 배당에 참여할 수 있다.

### 6 임차권등기권자가 선순위 대항력 있는 임차인일 경우 주의사항

임차권등기까지 한 선순위의 대항력과 우선변제권을 가진 임차인이 배당요구를 하였음에도 일부라도 변제받지 못한다면(말소기준권리 기준일 이후 증액된 금액은 제외) 잔액에 대해 매수인에게 대항할 수 있으며 임차권등기도 그 일부가 모두 변제될 때까지 말소되지 않는다.

등기된 보증금의 액수를 변제받지 못한 잔액으로 변경하는 변경등기촉탁을 할 수는 있다. 매수인이 임차권등기권자인 임차인에게 잔액에 대해 변제해 줄 때 임차권등기 말소에 대해 협조해 줄 것에 대한 확인서와 임차권등기말소신청서 작성을 위한 인감도장이 날인된 위임장과 인감증명서와 주민등록등초본등 필요한 서류 등을 미리 받아두는 것이 좋다.

### 6 임차권등기명령과 임차권설정등기의 비교

❶ 임차권등기명령: 임대차기간이 만료되었음에도 임차인이 보증금을 반환받지 못했을 때 임대인의 동의 없이 단독으로 관할법원에 임차권등기명령신청을 하는 것을 말한다.

❷ 임차권설정등기: 임대차기간이 만료되지 않았어도 임대인과 협의하여 등기소에서 임차권설정등기를 하는 것을 말한다.

## 12 | 지상권

### 1 지상권이란?

❶ 지상권이란 타인의 토지 위에 자신의 건물, 수목이나 기타 공작물을 소유하기 위하여 그 토지를 사용할 수 있도록 설정하는 용익권리이다.

이 외에 해당 부동산을 사용·수익 할 수 있는 권리를 가진 용익물권에는 전세권, 지역권이 있다.

❷ 토지소유자는 지상권자가 토지를 사용하는 것을 방해해서는 안 된다. 하지만 지상권자가 토지를 사용하는 데 적합한 상태로 유지할 수 있도록 보수할 의무는 없다.

❸ 지상권자는 유익비상환청구권만을 가지며 유지·보수에 소요된 필요비에 대해서는 부담을 가진다.

❹ 말소기준권리보다 먼저 설정된 지상권은 매각으로 소멸되지 않으며 후순위지상권은 매각으로 소멸된다.

**약정지상권**: ① 약정지상권은 토지의 사용을 위하여 지상권자와 토지소유자 사이에 지

상권설정계약을 맺음으로서 발생하는 것을 말한다. ② 나대지상에 설정되어 있는 지상권은 담보되어 있는 토지를 토지소유자가 이용하지 못하게 할 목적으로 설정되는 경우가 많다(고선철의 '지상권의 이론과 실무' 참조).

## 2 지상권은 주로 언제 설정하는가?

❶ 보통 금융권이나 채권자가 나대지 상태의 토지를 담보로 대출을 해 줄 경우 지상권을 설정하게 된다.

❷ (근)저당권 설정 시 (근)저당권의 목적물의 교환가치를 유지하고 토지소유자가 채권자의 허락 없이 무단으로 토지를 사용하는 것을 금하기 위하여 지상권을 설정하게 되는데 이렇게 (근)저당권과 동시에 설정된 지상권은 (근)저당권이 소멸하면 함께 소멸하게 된다.

## 3 지상권의 존속기간은?

❶ 지상권의 최장기 존속기간에는 제한이 없다. 하지만 최단기 존속기간에는 제한이 있다.

지상권을 설정하게 되면 반드시 민법이 정한 최소한의 기간 이상으로 약정해야 한다.

❷ 지상권의 존속기간이 만료되면 지상권자는 지상권갱신청구권이 있어 다시 지상권에 대해 갱신할 수 있으며, 토지소유자가 이를 거절하면 지상물매수청구권을 행사할 수 있다.

> **지상권 최단기간의 규정**
> **민법 제280조(존속기간을 약정한 지상권)**
> ① 계약으로 지상권의 존속기간을 정하는 경우에는 그 기간은 다음 연한보다 단축하지 못한다.
>   1. 석조, 석회조, 연와조 또는 이와 유사한 견고한 건물이나 수목의 소유를 목적으로 하는 때에는 30년
>   2. 전호 이외의 건물의 소유를 목적으로 하는 때에는 15년
>   3. 건물 이외의 공작물의 소유를 목적으로 하는 때에는 5년
> ② 전 항의 기간보다 단축한 기간을 정한 때에는 전 항의 기간까지 연장한다.
>
> **민법 제281조(존속기간을 약정하지 아니한 지상권)**
> ① 계약으로 지상권의 존속기간을 정하지 아니한 때에는 그 기간은 전조의 최단 존속기간으로 한다.
> ① 지상권 설정 당시에 공작물의 종류와 구조를 정하지 아니한 때에는 지상권은 전조 제2호의 건물의 소유를 목적으로 한 것으로 본다.

## 4 지상권의 지료

❶ 지상권자와 토지소유자인 지상권설정자 간에 지료 약정이 있었다면 지상권자는 토지소유자에게 지료를 지급하여야 한다.

❷ 지료를 2년 이상 연체하였을 경우 지상권은 소멸하게 되고 지상권설정자(토지소유자)는 지상권자에게 지상물의 철거 및 토지반환소송을 제기하여 토지를 반환받을 수 있다.

## 5 구분지상권

❶ 구분지상권은 지하철노선이나 고가도로, 고압전선 등의 설치를 위해 필요한 범위를 확보하기 위하여 설정하게 된다.

❷ 구분지상권도 말소기준권리보다 선순위라면 말소되지 않고 매수인이 인수해야 하지만 말소기준권리보다 후순위라면 소멸되는 권리이다.

## 6 지상권과 토지임차권의 구분

❶ 보통 토지 소유자는 타인에게 토지를 임대해줄 경우 지상권을 설정하기보다 토지임차권을 설정한다.

❷ 지상권은 등기를 해야 하는 권리이지만 토지임차권은 반드시 등기를 요하는 것은 아니다.

❸ 지상권이 설정되면 지상권자는 제3자에게 대항할 수 있으며 토지임차권은 등기가 되었을 경우에만 제3자에게 대항할 수 있다.

❹ 지상권은 최단기간 이상으로 존속기간에 규정을 두고 있지만 토지임차권은 20년을 넘어 설정할 수 없으며 약정이 없는 경우라면 언제든지 해지통고 할 수 있다.

❺ 지상권은 지료를 반드시 책정할 필요가 없지만 토지임차권에는 차임의 책정이 반드시 있어야 한다.

❻ 지상권은 2년 이상의 지료 연체를 이유로 지상권의 소멸을 청구할 수 있고 토지임차권은 임차인의 차임연체액이 2기의 차임액에 달할 때에는 즉시 임차권을 해지할 수 있다.

❼ 지상권은 토지소유자의 동의 없이 양도, 임대할 수 있지만 임차권은 토지소유자의 동의 없이 양도, 임대할 수 없다. 담보의 제공도 마찬가지이다.

#### 7 지상권의 취득시효

지상권에는 취득시효가 있는데 건물을 소유하기 위하여 그 건물 부지를 평온·공연 하게 20년간 점유함으로써 건물부지에 대한 지상권을 시효취득 할 수 있다(대판 1994.10.14. 94다9849 참조).

## 13 | 지역권

#### 1 지역권이란?

❶ 일정한 목적을 위하여 타인의 토지를 자기 토지의 편익에 이용하거나 자신의 토지의 이용가치를 증대시키기 위하여 타인의 토지를 지배하는 권리가 지역권이다.
❷ 이때 타인의 토지로 인해 편익을 받는 토지를 요역지라 하고 타인의 토지에 편익을 제공하는 토지를 승역지라 한다.
❸ 지역권은 등기사항은 아니지만 지역권의 존속기간은 등기할 수 있다.
❹ 지역권도 말소기준권리보다 선순위에 있으면 인수되는 권리이고 후순위에 있는 지역권은 매각으로 소멸된다.

#### 2 요역지와 승역지

❶ 요역지와 승역지의 구분은 토지소유자로 구분하는 것이 아니기 때문에 토지소유자가 바뀌어도 요역지와 승역지와의 관계는 바뀌지 않는다. 즉 토지의 이용에 달려 있는 것이다.
❷ 요역지는 일부의 토지를 위해서는 지역권을 설정할 수 없고 1필의

토지여야 하지만 승역지는 일부의 토지를 위해서도 지역권을 설정할 수 있다.

❸ 계약에 의하여 승역지 소유자가 자기의 비용으로 지역권의 행사를 위하여 공작물의 설치 또는 수선의 의무를 부담한 때에는 승역지 소유자의 특별승계인도 그 의무를 부담한다(민법 제298조).

❹ 승역지의 소유자는 지역권에 필요한 부분의 토지소유권을 지역권자에게 위기(委棄)하여 전조의 부담을 면할 수 있다(민법 제299조).

**위기(委棄)**: 자신의 토지가 상대편 토지의 편익을 위하여 제공되는 경우, 지역권의 부담을 피하기 위하여 토지의 소유권을 상대편에게 이전하는 것을 말한다.

❺ 승역지의 소유자는 지역권의 행사를 방해하지 아니하는 범위 내에서 지역권자가 지역권의 행사를 위하여 승역지에 설치한 공작물을 사용할 수 있다. 승역지의 소유자는 수익 정도의 비율로 공작물의 설치, 보존의 비용을 분담하여야 한다(민법 제300조).

### 3 요역지가 수인의 공유인 경우

❶ 공유자의 1인이 지역권을 취득한 때에는 다른 공유자도 이를 취득하는 것으로 보며 토지공유자의 1인은 지분에 관하여 그 토지를 위한 지역권 또는 그 토지가 부담한 지역권을 소멸하게 하지 못한다.

❷ 요역지가 수인의 공유인 경우에 그 1인에 의한 지역권 소멸시효의 중단 또는 정지는 다른 공유자를 위하여 효력이 있다(민법 제296조).

❸ 점유로 인한 지역권 취득기간의 중단은 지역권을 행사하는 모든 공유자에 대한 사유가 아니면 그 효력이 없다(민법 제295조).

## 4 토지가 분할되거나 일부 양도되는 경우는?

토지가 분할되거나 일부 양도되는 경우 지역권은 요역지의 각 부분을 위하여 또는 그 승역지의 각 부분에 대하여 존속한다. 그러나 지역권이 토지의 일부분에만 관한 것인 때에는 다른 부분에 대하여는 그러하지 아니하다.

> **민법 제292조(부종성)**
> ① 지역권은 요역지 소유권에 부종하여 이전하며 또는 요역지에 대한 소유권 이외의 권리의 목적이 된다. 그러나 다른 약정이 있는 때에는 그 약정에 의한다.
> ② 지역권은 요역지와 분리하여 양도하거나 다른 권리의 목적으로 하지 못한다.

## 5 지역권 취득기간

지역권은 계속되고 표현된 것에 한하여 민법 제245조의 규정을 준용한다.

> **민법 제245조(점유로 인한 부동산소유권의 취득기간)**
> ① 20년간 소유의 의사로 평온, 공연하게 부동산을 점유하는 자는 등기함으로써 그 소유권을 취득한다.
> ② 부동산의 소유자로 등기한 자가 10년간 소유의 의사로 평온, 공연하게 선의이며 과실 없이 그 부동산을 점유한 때에는 소유권을 취득한다.

## 6 용수지역권(민법 제297조)

❶ 용수승역지의 수량이 요역지 및 승역지의 수요에 부족한 때에는 그 수요 정도에 의하여 먼저 가용에 공급하고 다른 용도에 공급하여야 한다. 그러나 설정행위에 다른 약정이 있는 때에는 그 약정에 의한다.
❷ 승역지에 수개의 용수지역권이 설정된 때에는 후순위의 지역권자는

선순위의 지역권자의 용수를 방해하지 못한다.

### 용수지역권을 시효취득하였다고 본 판례
사유지가 부지의 일부로 편입된 유지의 몽리토지 경작자들이 20년간 평온, 공연하게 계속하여 그 유지로부터 인수하여 몽리토지의 관개에 제공하여 왔다면 그 인수 내지 용수상태가 표현된 것으로서 그 몽리토지 경작자들은 위 유지의 부지로 편입된 사유지에 대하여 민법 294조, 245조에 의하여 용수지역권을 시효취득 하였다고 할 것이다(서울고법 1973.11.21. 73나790 제3민사부판결 참조).

## 7 특수지역권(민법 제302조)

어느 지역의 주민이 집합체의 관계로 각자가 타인의 토지에서 초목, 야생물 및 토사의 채취, 방목 기타의 수익을 하는 권리가 있는 경우에는 관습에 의하는 경우 외에 민법 제5장 지역권의 규정을 준용한다.

# 제2장 — 알쏭달쏭 OX문제

01  확정일자가 있는 임차보증금채권과 국세기본법상 조세채권은 채권이어도 물권적 성격을 갖는다. (    )

02  임차권등기를 하여도 전입과 점유를 상실하였다면 기존의 대항력도 상실된다. (    )

03  전세권등기권자도 반드시 확정일자를 따로 갖추어야 한다. (    )

04  근저당권의 채권최고액은 우선변제를 받을 수 있는 한도액을 의미할 뿐 책임의 한도액을 의미하는 것은 아니다. (    )

05  가압류권자는 경매에서 이해관계인이 될 수 없고, 후에 오는 모든 배당권자들과 안분배당을 해야 하며, 우선변제권이 없다.(    )

06  담보가등기는 말소기준권리가 될 수 있다. (    )

### 정답 및 해설

01  O
02  X 임차권등기가 경료되면 전입과 점유를 상실하여도 기존의 대항력은 그대로 유지된다.
03  X 전세권설정서의 등기필증 접수인이 확정일자로 인정받는다.
04  O
05  O
06  O

# 제2장 — 주관식 문제

01  특정한 물건을 절대적·배타적으로 직접 지배할 수 있는 권리로 점유권, 소유권, 지상권, 지역권, 전세권, 유치권, 질권, 저당권 등이 이에 속한다. 무엇에 대한 설명인가?

02  법원이 채무자의 부동산에 대해 강제집행을 하기 위하여 압류를 했다는 것을 밝히는 것으로, (근)저당권이나 (가)압류 등의 다른 말소기준권리가 없는 경우, 이것이 말소기준권리로 작용하여 이후의 권리들은 매각으로 소멸된다. 이것은 무엇일까?

03  채무자가 채무를 변제하지 않을 경우에 담보가등기권자가 채권을 회수할 수 있는 방법 두 가지를 설명해 보시오.

04  임차인이 임대차계약기간이 만료되었음에도 임대인으로부터 보증금을 돌려받지 못한 채 거주지를 옮겨야 하는 경우 자신의 대항요건인 주택의 점유와 주민등록을 유지하기 위하여 임차인이 신청할 수 있는 것은 무엇인가?

05  다음 중 담보가등기와 관련된 설명에는 (담), 소유권이전등기청구권보전가등기와 관련된 설명에는 (보)라고 쓰시오.

> (1) 가등기권자가 배당요구를 하였다. (   )
> (2) 이후에 자신에게 소유권을 이전하려는 목적으로 등기하였다. (   )
> (3) 선순위일 경우 인수된다. (   )
> (4) 가등기권자가 경매신청을 하였다. (   )
> (5) 가등기권자가 채권신고를 하였다. (   )

06 일정한 목적을 위하여 타인의 토지를 자기 토지의 편익에 이용하는 권리를 무엇이라고 하는가?

07 환매특약등기는 선순위일 경우 인수된다. 하지만 소멸시효가 있어 일정 기간이 지나면 소멸된다. 부동산의 환매특약등기의 소멸시효는?

08 저당권자는 자신의 채권에 대해 채무자가 변제하지 않을 경우 담보된 부동산을 경매로 처분하여 채권을 회수할 수 있다. 저당권을 설정하는 것뿐만 아니라 그 외 특약사항에 경매 이외의 방법으로도 임의 처분하겠다는 약정을 하는 것을 무슨 계약이라고 하는가?

09 체납처분에 의해 압류하고자 하는 목적물에 이미 다른 체납처분에 의해 압류가 되어 있는 경우 그 압류에 참여하는 것을 무엇이라고 하는가?

---

**정답 및 해설**

01 물권
02 (강제)경매개시결정기입등기
03 (1) 채권자는 일정 기간의 청산기간이 경과한 후 청산금을 지급하고 본등기를 경료하는 방법으로 채권자가 가등기의 목적이 된 부동산에 대해 소유권을 취득한다. (2) 채권자가 가등기의 목적이 된 부동산에 대한 임의경매신청을 하여 그 매각대금으로부터 배당받음으로써 채권의 만족을 얻을 수 있다.
04 임차권등기(명령)
05 담, 보, 보, 담, 담
06 지역권
07 5년(동산의 경우는 3년)
08 유저당계약
09 참가압류 - 경매가 도중에 취하·취소 된다 하더라도 참가압류는 참가압류시점으로 소급하여 체납처분에 의한 압류의 효력을 여전히 갖는다(국세징수법 제58조).

## 제2장 — 정석 I 객관식 문제

01  다음 보기 중 말소기준권리가 될 수 있는 것을 모두 고르시오.

> 가. 저당권              나. 가압류
> 다. 예고등기            라. 담보가등기
> 마. 지상권              바. 지역권
> 사. (강제)경매개시결정기입등기

① 가, 나, 다, 라            ② 가, 나, 라, 마
③ 가, 나, 라, 사            ④ 나, 다, 라, 사

정답 ▶ ③ 말소기준권리가 되는 것은 (근)저당권, (가)압류, 담보가등기, (강제)경매개시결정기입등기 등이 있다.


02  다음 중 말소기준권리보다 후순위일지라도 매각 시 소멸되지 않아 매수인이 인수해야 하는 권리는?

① 담보가등기              ② 압류
③ 건물철거 및 토지인도 청구권보전을 위한 가처분
④ 배당요구 한 전세권      ⑤ 근저당권

정답 ▶ ③ 대부분의 등기권리는 말소기준권리보다 후순위에 있으면 소멸되지만, 예고등기와 건물철거 및 토지인도 청구권보전을 위한 가처분 등, 후순위일지라도 매각으로 소멸되지 않는 권리들은 입찰 시 주의해야 한다.


03  다음 중 등기부상에 나타나지 않는 권리는?

① 유치권                  ② 지상권
③ 가등기                  ④ 전세권

정답 ▶ ① 유치권은 등기가 불필요하며 점유로서 공시된다.

**04** 일반적으로 등기부상 권리의 효력이 소멸하는 경우를 모두 고르시오.

> 가. 지상권의 소멸시효가 완성된 경우
> 나. 전세권의 존속기간이 만료된 경우
> 다. 저당권의 피담보채권금액이 실제 채권액과 다르게 등기부에 기재된 경우
> 라. (근)저당권이 불법말소 된 경우

① 가  ② 가, 나
③ 나, 다  ④ 가, 다, 라

정답 ▶ ② (단, '나'의 전세권은 묵시적갱신이 있으므로 존속기간 만료를 따질 때 유의해야 한다.)
다. 등기부에 나타난 저당권의 피담보채권금액이 실제 발생한 채권액과 다르다면 둘 중 적은 금액을 피담보채권액으로 본다.
라. (근)저당권이 불법말소 되었다면 그 권리까지 소멸되는 것은 아니며, 저당권이 불법말소 된 사실을 증명할 수 있으면 회복등기를 하지 않은 경우일지라도 (근)저당권자는 배당받을 수 있다.

〈5~8〉 아래의 보기 중 알맞은 것을 고르시오.

| | |
|---|---|
| 가. 압류 | 나. 저당권 |
| 다. 유치권 | 라. 지역권 |
| 마. 지상권 | 바. 전세권 |
| 사. 질권 | 아. 점유권 |
| 자. 소유권 | 타. 가압류 |

**05** 경매에서 권리자들의 배당순위를 따지기 위해서는 물권과 채권의 구분이 필요하다. 위의 보기 중 채권에 해당하는 것을 모두 고르시오.

① 가, 라  ② 가, 타  ③ 다, 마  ④ 마, 타

정답 ▶ ②

06 소유권의 권한을 일부 제한하는 권리로, 타인의 토지 또는 건물을 일정한 목적을 위하여 사용·수익할 수 있는 민법상 용익물권에 해당하는 것을 모두 고르면?

① 가, 나, 라　　② 가, 다, 마　　③ 다, 라, 마　　④ 라, 마, 바

정답 ▶ ④ 민법상의 용익물권에는 지역권, 지상권, 전세권이 있다.

07 채무자가 채무의 담보로 부동산 또는 기타 목적물에 대하여 변제받을 권리를 가지는 민법상 담보물권에 해당하는 것은?

① 가, 나, 라　　② 나, 다, 사　　③ 다, 라, 마　　④ 라, 마, 바

정답 ▶ ② 민법상 유치권은 법정담보물권이며, 저당권, 질권은 약정담보물권이다.

08 위의 보기 중 토지만을 그 목적물(객체)로 할 수 있는 물권 두 가지는?

① 나, 라　　② 다, 마　　③ 다, 라　　④ 라, 마

정답 ▶ ④ 저당권과 전세권은 등기가 필요하므로 주로 토지와 건물 등의 부동산을 목적물로 하지만 경우에 따라 그 외 각종 재단, 자동차, 항공기 등도 될 수 있으며, 점유권과 유치권은 부동산 외 동산이 포함되며, 지역권, 지상권은 토지만을 그 목적물로 할 수 있다.

09 등기부상에 다음과 같이 되어 있다. 말소기준권리가 되는 것은?

> 1. 2004. 3. 16. 홍길동 소유권 보존
> 2. 2006. 2. 17. 김대감 가등기
> 3. 2007. 4. 20. ○○은행 근저당1
> 4. 2008. 7. 12. 최진사 가압류1
> 5. 2008. 9. 22. 꽃분이 가압류2
> 6. 2009. 2. 19. 김대감 경매신청

① 김대감의 가등기 ② ○○은행 근저당1
③ 최진사 가압류1 ④ 꽃분이 가압류2

정답 ▶ ① 김대감이 경매신청을 한 것으로 보아 담보가등기로 볼 수 있어 말소기준권리가 된다.

## 10  물권과 채권의 권리순위에 대한 설명이 바르지 않은 것은?

① 물권이 채권보다 먼저일 경우는 물권이 먼저 배당받는다.
② 물권과 물권끼리는 시간 순서, 또는 등기접수번호 순서로 우선순위를 따진다.
③ 채권과 채권끼리는 안분배당을 한다.
④ 채권이 물권보다 선순위일 경우에도 물권우선의 원칙에 의해 물권이 채권보다 먼저 배당받는다.

정답 ▶ ④ 채권이 물권보다 먼저일 경우는 평등(안분)배당을 하게 된다.

## 11  일반적인 권리순위는 물권이 채권에 우선한다. 하지만, 채권임에도 물권적 성격을 지녀 물권과 같이 우선변제적 효력이 있는 것이 있다. 이러한 채권의 물권화가 되어 담보권자와 유사한 지위를 갖는 것을 모두 고르면?

> 가. 가압류
> 나. 확정일자를 갖춘 임차인의 임차권
> 다. 압류
> 라. 국세기본법상 조세채권
> 마. 확정일자가 없는 채권적 전세

① 가   ② 나, 라   ③ 다, 라, 마   ④ 가, 나, 다, 라

정답 ▶ ② 국세, 지방세, 관세 및 그 가산금과 체납처분비는 다른 공과금 기타 채권에 우선하여 징수한다(국세기본법 35조 1항, 지방세법 31조 1항, 관세법 3조 2항). 조세와 저당권·전세권의 피담보채권(확정일자를 갖춘 임차인의 임차보증금반환채권도 포함) 사이의 우선순위는 조세의 법정기일과 설정등기일의 선후를 따져 정한다(실무제요Ⅱ 485쪽 참조).

## 12 다음 중 매각 시 소멸되는 권리가 아닌 것은?

① 근저당권
② 선순위지역권
③ 후순위소유권이전등기청구권보전가등기
④ 배당요구 한 선순위전세권
⑤ 담보가등기

정답 ▶ ② 선순위지역권
지역권도 선순위이면 인수되는 권리이다.

## 13 다음 중 경매신청권한이 없는 권리는?

① 근저당권　　　　　　② 가압류권
③ 담보가등기권　　　　④ 유치권
⑤ 구분건물의 전세권

정답 ▶ ② 가압류권자는 판결문을 받아 강제경매신청을 해야 하며 직접 경매신청 할 권한은 없다.

## 14 다음 중 말소기준권리가 되는 권리들에 대한 설명이 옳지 않은 것은?

① 저당권은 채권액이 정해져 있다.
② 근저당권은 채권액을 정하지 않고 채권최고액을 정해두고 근저당권에 의한 경매신청을 하면 그때 금액이 확정된다.
③ 채무자가 자신의 재산을 모두 처분하거나 부동산을 은닉, 처분하지 못하도록 임시조치를 취하는 것을 가압류라 한다.
④ 선순위가등기가 담보가등기이면 인수하여야 한다.
⑤ (강제)경매개시결정기입등기는 매각으로 소멸된다.

정답 ▶ ④ 담보가등기는 경매로 소멸되는 권리이다.

**15** 다음 중 (강제)경매개시결정기입등기에 관한 설명으로 옳지 않은 것은?

① 등기부상에 (근)저당권이나 압류, 가압류 등 다른 권리가 없는 상태로 강제경매가 진행된다면 (강제)경매개시결정기입등기를 말소기준으로 보면 된다.
② (강제)경매개시결정기입등기가 말소기준권리가 되는 경우는 임차보증금을 받지 못한 임차인들이 판결문을 받아 경매를 신청한 경우도 해당된다.
③ 다른 말소기준등기가 없을 경우 (강제)경매개시결정기입등기 이전에 점유와 전입을 한 임차인은 대항력을 가진다.
④ (강제)경매개시결정기입등기 이후에 대항요건을 갖추었더라도 보증금액이 소액임차보증금의 범위에 속하는 소액임차인은 최우선변제를 받을 수 있다.
⑤ (강제)경매개시결정기입등기는 압류의 효력을 가지며 말소기준권리가 될 수 있다.

정답 ▶ ④ 소액임차인이라도 (강제)경매개시결정기입등기 이후에 대항요건을 갖추었다면 최우선변제권을 가지지 못한다.

**16** 가압류권자에 대한 설명으로 바르지 않은 것은?

① 경매에 있어 이해관계인이 될 수 없다.
② 우선변제권이 없다.
③ 바로 경매신청 할 수 있다.
④ 배당 시 뒤에 오는 배당권자들과 안분배당을 하게 된다.
⑤ 경매개시결정기입등기 이전에 가압류 집행을 한 가압류권자는 배당신청을 하지 않아도 자동 배당된다.

정답 ▶ ③ 가압류권자는 바로 경매신청 할 수 없고 판결문을 받아 강제경매신청을 해야 한다.

17 지하철 노선이나 고가도로, 고압전선 등을 설치하는 경우 필요한 범위만 확보하여 설정하는 지상권을 무엇이라고 하는가?

① 법정지상권   ② 구분지상권   ③ 약정지상권   ④ 공공지상권

정답 ▶ ② 지하철 노선이나 고가도로, 고압전선 등을 설치하기 위해 필요한 범위만큼 확보하여 이런 구분지상권을 설정하게 된다. 구분지상권도 말소기준권리보다 선순위라면 말소되지 않고 매수인이 인수해야 되지만 말소기준권리보다 후순위라면 소멸되는 권리이다.

18 저당권에 대한 설명으로 옳지 않은 것은?

① 저당권은 채무자가 채무의 담보로 제공한 부동산으로부터 채권자가 우선변제 받을 수 있는 권리를 말한다.
② 저당권은 저당권설정자와 저당권자 간에 저당권 설정에 관한 합의와 등기부에 등기를 함으로써 성립된다.
③ 저당권은 채무자가 기간 내에 채무를 변제하지 않으면 법원의 재판을 통한 확정판결을 받지 않고도 바로 부동산을 경매신청 할 수 있다.
④ 저당권은 채권의 변제기가 도래하여야만 경매신청을 할 수가 있다.
⑤ 저당권은 부합물과 종물이 아닌 제시 외 건물에도 효력을 미친다.

정답 ▶ ⑤ 부합물과 종물이 아닌 제시 외 건물에는 효력이 미치지 아니한다.

19 전세권에 관한 설명으로 옳지 않은 것은?

① 일반 임대차계약기간은 1년 미만도 가능하지만 전세권의 최단기 기간은 1년 이하로 설정할 수 없다.
② 전세권 설정을 하면서 존속기간을 약정하지 않은 경우, 각 당사자는 언제든지 상대방에 대하여 전세권의 소멸을 통고할 수 있고, 통고한 날로부터 6개월이 경과하면 전세권은 소멸한다.
③ 전세권은 임대인의 동의 없이 이전이 불가능하다.
④ 전세권 설정은 임대인의 동의가 필요하다.

⑤ 전세권등기를 마친 후 전입을 옮긴다 하더라도 목적물의 전세권의 효력을 그대로 유지하며 그 전세권을 이전받는 제3자도 같은 권리를 가지게 된다.

정답 ▶ ③ 전세권의 이전은 임대인의 동의가 필요하지 않다.

## 20 다음 중 임차권등기를 한 임차인의 권리가 아닌 것은?

① 임차권등기 후 주민등록을 이전한 임차인은 기존의 대항력을 가진다.
② 임차권등기권자는 경매신청권한이 있다.
③ 임차권등기권자는 민사집행법상 이해관계인이다.
④ 임차권이 등기된 주택을 임차한 소액임차인은 최우선변제권이 주어지지 않는다.
⑤ 임차권등기를 경료하고 이사한 경우 임차보증금에 대한 지연이자도 임대인에게 청구 가능하다.

정답 ▶ ② 경매신청권한이 없으므로, 집행권원을 확보하여 강제경매신청을 해야 한다.

## 21 가등기에 관한 설명 중 옳지 않은 것은?

① 가등기에 기해 본등기가 행해지면 본등기의 순위는 그 가등기의 순위로 소급된다.
② 가등기도 일종의 권리로서 양도가 허용된다.
③ 담보가등기는 경매신청권한이 있다.
④ 가등기에는 소유권이전등기청구권 보전을 위한 가등기와 담보가등기가 있다.
⑤ 가등기에 기해 본등기가 행해지면 물권변동의 효력은 가등기 한 때로 소급하여 발생한다.

정답 ▶ ⑤ 가등기는 본등기 순위보전의 효력이 있고, 후에 본등기가 되면 순위는 가등기 날짜로 소급되지만 본등기에 의한 물권변동의 효력이 가등기 한 때로부터 발생하는 것은 아니다.

22 아래의 저당권과 근저당권에 대한 내용 중 근저당권에만 해당하는 내용을 모두 고르시오.

> 가. 채무자 또는 제3자의 점유를 이전하지 않고 채무의 담보로 제공한 부동산 기타 목적물에 대하여 우선변제를 받을 권리를 가지는 담보물권이다.
> 나. 피담보채권이 소멸하면 함께 소멸한다.
> 다. 채권의 변제기가 도래하여야 경매신청을 할 수 있다.
> 라. 경매신청 시 피담보채권의 확정이 필요하다.
> 마. 경매매각대금에서 우선변제 받을 수 있는 우선변제권이 있다.
> 바. 계속적인 거래관계로부터 발생하는 다수의 불특정 채권을 장래의 결산기에 일정한 한도까지 담보하고 등기부상에 채권최고액이 등기된다.

① 나    ② 나, 다    ③ 라, 바    ④ 다, 라, 바

정답 ▶ ③

가: 저당권과 근저당권 모두에 해당하는 설명이다.
나: 저당권은 피담보채권이 소멸되면 저당권도 소멸하지만 근저당권에서는 피담보채권이 변제되어도 결산기까지 근저당권은 존속하고 그 기간 내에 다시 채무가 발생되면 그 채권을 담보하게 된다. (민법 제357조 1항 )
다: 저당권과 근저당권 모두 채권의 변제기가 도래하여야 경매신청을 할 수가 있다.
라: 근저당권은 피담보채권의 최고액만을 정하고 채무의 확정을 장래에 보류하여 설정되는 것이기 때문에 그 피담보채권은 유동적이고 변경될 수도 있다. 그러므로 결산기나 존속기간이 도래하였거나, 근저당권자가 경매를 신청하면 경매신청과 동시에 근저당권이 확정된다고 본다.
마: 근저당권과 저당권 모두 우선변제권이 있다.
바: 근저당권에 대한 설명이다.

23  저당권에 대한 설명이 바르지 않은 것은?

① 채무자는 저당권 설정을 하여도 해당 부동산을 비워주지 않아도 된다.
② 저당권은 우선변제적 효력이 있다.
③ 저당권은 약정담보물권이다.
④ 피담보채권이 이미 소멸한 경우는 등기설정이 되어 있더라도 저당권이 존재하지 않는 것으로 본다.
⑤ 경매채권신청자가 예납한 저당권실행비용은 등기하여야 피담보채권으로 인정된다.

정답 ▶ ⑤ 저당권실행비용(부동산감정비용, 경매신청등록세 등)은 등기하지 않아도 피담보채권에 속한다.

24  다음은 서울 OO동 주택이 경매에 나온 물건이다. 아래 부동산에 대한 권리분석이 옳지 않은 것은?

| 서울시 OO동 OO-OO | | | | |
|---|---|---|---|---|
| | 등기접수일 | 권리 종류 | 권리자/채권액 | 비고 |
| 1 | 1972. 1. 15. | 소유권 | 갑순이 | |
| 2 | 2005. 9. 11. | 근저당권 | OO은행/ 50,000,000 | |
| 3 | 2007. 1. 3. | 임차권등기 | 순돌이/ 20,000,000 | |
| 4 | 2008. 2. 12. | 가압류 | 갑돌이/ 30,000,000 | |
| 5 | 2008. 5. 26. | 임의경매 | OO은행 | |

| 임차인 | 서울시 OO동 OO-OO | | | | |
|---|---|---|---|---|---|
| | 용도 | 점유기간 | 보증금 | 전입일 | 확정일자 |
| 순돌이 | 주거용 | 방한칸<br>2004. 12. 28. ~<br>2006. 12. 27. | 20,000,000 | 2004. 12. 28. | 2004. 12. 28. |

① 말소기준권리는 ○○은행의 근저당권이다.
② 순돌이는 후순위임차인이다.
③ 순돌이는 배당요구를 하지 않아도 배당에 참여할 수 있다.
④ 순돌이가 20,000,000원을 모두 변제받지 못한다면 매수인이 인수해야 한다.
⑤ 순돌이는 점유를 하지 않아도 대항력은 그대로 유지된다.

정답 ▶ ②
순돌이는 전입과 점유가 말소기준권리보다 이전인 선순위임차인이다.
임차권등기날짜를 보고 판단하지 않도록 주의한다.

## 25 지상권에 대한 설명 중 옳지 않은 것은?

① 지상권을 설정하게 되면 반드시 최소한의 기간 이상으로 약정해야 한다.
② 지상권의 존속기간이 만료되면, 지상권자는 더 이상 지상권을 갱신할 수 없다.
③ 토지소유자가 지상권자의 갱신요구를 거절하면 지상권자는 지상물매수청구권을 행사할 수 있다.
④ 지상권자와 토지소유자인 지상권설정자 간에 지료약정이 있었다면 지상권자는 토지소유자에게 지료를 지급하여야 한다.
⑤ 판결을 받아 확정된 지료를 2년 이상 연체하였을 경우, 지상권은 소멸하게 되고 지상권설정자는 지상권자에게 지상물의 철거 및 토지인도소송을 제기하여 토지를 인도받을 수 있다.

정답 ▶ ② 지상권자는 지상권갱신청구권을 가지고 있으므로 지상권을 갱신할 수 있다.

26 다음은 서울 OO동 주택이 경매에 나온 물건이다. 다음 중 권리분석이 옳지 않은 것은?

| | 서울시 OO동 OO-OO | | | |
|---|---|---|---|---|
| | 등기접수일 | 권리 종류 | 권리자/채권액 | 비고 |
| 1 | 1992. 1. 15. | 소유권 | 갑순이 | |
| 2 | 2005. 9. 11. | 전세권 | 순돌이/ 20,000,000 | |
| 3 | 2007. 1. 3. | 근저당권 | OO은행/ 50,000,000 | |
| 4 | 2007. 2. 12. | 가압류 | 갑돌이/ 30,000,000 | |
| 5 | 2007. 9. 26. | 임의경매 | OO은행 | |

| 임차인 | 서울시 OO동 OO-OO | | | | |
|---|---|---|---|---|---|
| | 용도 | 점유기간 | 보증금 | 전입일 | 확정일자 |
| 순돌이 | 방 한칸 | | 20,000,000 | 2005. 8. 28. | 2005.9.11. |
| | 주거용 | 2005. 8. 28.~ | | | |

① 순돌이는 배당요구를 하여 배당에 참여할 수 있다.
② 순돌이가 배당요구를 하지 않으면 매수인은 순돌이의 전세권을 인수해야 한다.
③ 순돌이는 대항력 있는 임차인의 지위도 함께 가지고 있다.
④ 만약 순돌이가 전입과 점유를 상실한다 해도 전세권 설정을 하였으므로 대항력은 그대로 유지된다.
⑤ 순돌이는 방 한 칸에 대한 전세권이지만, 건물 전체 매각대금에 대하여 우선변제 받을 수 있다.

정답 ▶ ④ 전세권은 임차권과 달리 전입과 점유를 상실한다면 전세권의 권리만 가질 뿐 대항력에 대해선 주장할 수 없다.

27  홍길동은 근저당권설정등기청구권을 보전하기 위하여 처분금지가처분등기를 한 다음, 본안에서 승소하여 본안판결로 근저당권설정등기를 마치고 이에 기하여 부동산 임의경매신청을 하였다. 그러나 홍길동이 미처 법원에 말소신청을 하지 않아 말소기준보다 선순위인 홍길동의 가처분이 그대로 남아 있다. 다음 중 가장 바른 것을 고르시오.

① 등기부상 가처분이 그대로 남아 있으므로 매수인은 애석하게도 인수하여야 한다.
② 매수인은 근저당권설정등기로 가처분이 목적을 달성하였음을 소명하여 홍길동의 선순위가처분에 대한 말소촉탁을 신청할 수 있다.
③ 가처분의 말소촉탁신청은 홍길동만 가능하므로 매수인은 홍길동에게 찾아가 말소촉탁을 해줄 것을 강력히 주장해야 한다.
④ 가처분에 기해 설정된 근저당권의 순위는 근저당권 설정등기일이다.

정답 ▶ ② 경매를 신청한 가처분권자가 말소신청을 하지 않아 말소기준보다 선순위가처분이 말소되지 않고 그대로 남아 있더라도 근저당권설정등기로 가처분이 목적을 달성하였음을 소명하여 가처분의 말소촉탁을 신청할 수 있다. 그 근저당권의 순위는 가처분기입등기일이다.

**여기서 잠깐!** 후순위라도 소멸되지 않는 건물철거 및 토지인도 청구보전을 위한 가처분
토지소유자가 그 지상 건물소유자에 대한 건물철거·토지인도 청구권을 보전하기 위하여 건물에 대한 처분금지가처분을 한 때에는 처분금지가처분등기가 건물에 관한 강제경매개시결정기입등기 또는 담보권설정등기 이후에 이루어졌어도 매각으로 인하여 말소되지 않는다. 집행법원은 가처분이 있을 경우 직권으로 가처분집행법원으로부터 가처분결정서 등본을 송부받아 피보전권리를 명백히 하여 이를 매각물건명세서 등에 기재하도록 되어 있으므로 입찰 전 매각물건명세서를 꼼꼼히 살펴보자.

28  물권에 대한 설명 중 바르지 않은 것은?

① 사람과 물건과의 관계에 관한 권리이다.
② 관습법상의 법정지상권과 분묘기지권은 물권으로 취급된다.
③ 가등기담보권은 물권으로 취급된다.
④ 우선변제권의 효력이 있다.
⑤ 소유권은 제한물권에 우선한다.

정답 ▶ ⑤ 제한물권은 소유권을 일시적으로 제한하여 목적물을 이용하기 위한 것으로 소유권에 우선하며, 제한물권은 담보물권과 용익물권으로 나눌 수 있다.

## 29 매각대금으로 (근)저당권자의 원금, 이자, 위약금, 손해배상, 실행비용 등을 전부 만족시킬 수 없는 경우, 변제충당의 순서는 어떻게 되는가?

① 비용 – 손해배상 – 위약금 – 이자 – 원금
② 손해배상 – 비용 – 위약금 – 이자 – 원금
③ 원금 – 이자 – 위약금 – 손해배상 – 비용
④ 원금 – 위약금 – 손해배상 – 비용 – 이자
⑤ 비용 – 원금 – 위약금 – 이자 – 손해배상

정답 ▶ ①
**민법 제479조 (비용, 이자, 원본에 대한 변제충당의 순서)**
① 채무자가 1개 또는 수개의 채무의 비용 및 이자를 지급할 경우에 변제자가 그 전부를 소멸하게 하지 못한 급여를 한 때에는 비용, 이자, 원본의 순서로 변제에 충당하여야 한다.

## 30 채권에 대한 설명으로 옳은 것은?

① 등기로서 공시하는 권리로 우선변제권이 있다.
② 특정한 물건을 절대적·배타적으로 직접 지배할 수 있는 권리이다.
③ 재산권의 하나로, 특정인에게 어떤 행위를 청구할 수 있는 권리이다.
④ 채권은 객관적으로 인식할 수 있는 권리이므로 그 시간 순서대로 배당하게 된다.
⑤ 채권은 물권보다 우선순위가 된다.

정답 ▶ ③
①, ②, ④는 물권에 대한 설명이며 ⑤는 물권이 채권에 우선한다(물권우선주의).

### 31. 압류에 대한 설명이 옳지 않은 것은?

① 확정판결, 기타 집행권원에 의해 강제집행을 하기 위한 수단이다.
② 압류의 등기는 체납처분이나 법원이 소관 등기소에 압류등기를 촉탁함으로써 이루어진다.
③ 압류는 채무자가 재산을 처분하지 못하도록 국가가 처분권을 획득하는 것이다.
④ 압류는 말소기준권리가 될 수 있으며 매각으로 소멸되는 권리이다.
⑤ 국가기관에서 채무자의 부동산에 처분금지를 하였다면 소유자인 채무자는 그 부동산을 매매, 증여 등으로 처분할 수 없다.

정답 ▶ ⑤ 국가기관에서 비록 채무자의 부동산에 처분금지를 하였다고 하더라도 매각이 완료되기 전까지 소유자인 채무자는 그 부동산을 처분할 권리도 가지고 있는 것이 압류의 상대적 효력이다.

### 32. 지상권에 대한 설명 중 옳지 않은 것은?

① 타인의 토지 위에 자신의 건물, 수목이나 기타 공작물을 소유하기 위해 그 토지를 사용할 수 있도록 설정하는 물권이다.
② 지상권의 목적물인 토지는 그 일필지의 토지 전부가 아니라 그 일부라도 무방하다.
③ 지상권의 존속기간은 최장기, 최단기에 모두 제한을 두고 있다.
④ 저당권자가 저당권을 설정하면서 동시에 함께 설정한 지상권은 저당권이 소멸하면 함께 소멸한다.
⑤ 말소기준권리보다 먼저 설정된 지상권은 매수인이 인수해야 한다.

정답 ▶ ③ 지상권의 최장기 존속기간에는 제한이 없다.

**33** 경매에서 가압류가 있을 때 배당금은 가압류권자에게 바로 지급되는 것이 아니라 본안소송을 마칠 때까지 법원에 공탁하게 된다. 그런데 만약 가압류권자가 본안소송에서 패소하게 되면 이 공탁금은 어떻게 되는가?

① 법원에서 몰수한다.
② 아직 만족하지 못한 다른 채권자가 있는 경우에는 추가배당을 하고 그렇지 않으면 채무자에게 지급된다.
③ 가압류권자가 다시 받아가게 된다.
④ 다른 채권자들의 유무와 관계없이 일단 채무자에게 지급된다.

정답 ▶ ② 가압류권자가 본안소송에서 승소하면 이 공탁금을 받아가게 되지만, 패소하게 되면 아직 만족하지 못한 다른 채권자에게 추가배당 한 후 채무자에게 지급된다.

**34** 다음 예고등기에 관한 설명으로 옳지 않은 것은?

① 예고등기는 말소기준권리보다 후순위에 있더라도 소멸되지 않는다.
② 예고등기가 있는 부동산은 매도할 수 없다.
③ 예고등기가 경료되어 있는 부동산을 매수하였을 경우, 그 후에 원소유자가 소송에서 승소한다면 이 부동산을 매수한 사람은 소유권을 잃을 수도 있다.
④ 경매진행 중에 부동산 소유자가 패소한 경우 경매 자체가 무효가 될 수 있다.
⑤ 예고등기가 등기부등본 을구에 설정되어 있으면 일반적으로 매각으로 소멸하는 것으로 간주한다.

정답 ▶ ② 예고등기가 있더라도 부동산을 매도하는 것은 가능하다.

**예고등기제도 폐지!**
예고등기는 경고적 효력밖에 없으나, 실제로는 부동산 거래가 중단되어 권리행사가 제약되는 사실상의 처분금지효과가 발생하여 등기명의인의 불이익이 크고, 집행방해의 목적으로 악용되어 부동산등기법 개정안(2011. 3. 11. 개정, 공표 후 6개월 이후부터 시행)으로 예고등기제도는 폐지된다.

35 가압류에 대한 설명으로 옳지 않은 것은?

① 가압류가 집행된 뒤에 3년간 본안의 소를 제기하지 않은 때에는 채무자 또는 이해관계인의 신청에 따라 가압류가 취소될 수 있다.
② 가압류란 금전채권 이외의 권리 또는 법률관계에 관한 확정판결의 강제집행을 보전하기 위한 집행보전제도를 말한다.
③ 압류의 효력발생 전에 등기한 가압류와 압류의 효력발생 후에 등기한 가압류는 매각에 의하여 소멸한다.
④ 가압류등기는 부동산소유권뿐만 아니라 전세권, 저당권, 임차권에 대해서도 할 수 있다.
⑤ 가압류는 처분권이 있는 압류와 달리 채무자가 재산을 임의대로 처분할 수 없도록 제한만 할 수 있다.

정답 ▶ ② 금전채권 이외의 권리 또는 법률관계에 관한 확정판결의 강제집행을 보전하기 위한 집행보전제도는 가처분에 대한 설명이다.

36 아래의 내용 중 가등기가 매각으로 소멸되지 않는 경우를 모두 고르시오.

> 가. 소유권이전등기청구권보전가등기가 최선순위일 경우
> 나. 담보가등기가 선순위로 말소기준권리가 되는 경우
> 다. 경매개시결정기입등기 이전에 선순위담보가등기권자가 청산금을 지급하겠다는 통지 후 청산기간(2개월)이 지나 청산금을 변제한 경우
> 라. 소유권이전등기청구권보전가등기가 후순위일 경우

① 가  ② 가, 나  ③ 가, 다  ④ 가, 다, 라

정답 ▶ ③ 후순위일 경우는 담보가등기이든 소유권이전등기청구권보전가등기이든 매각으로 소멸하며, 담보가등기이더라도 일정 기간의 청산기간이 경과한 후 청산금을 지급하고 본등기를 경료하는 방법으로 채권자가 소유권을 취득할 수 있다.

37 말소기준권리보다 앞선 선순위가처분이 있는 물건이 경매로 매각될 경우, 다음 중 바르지 않은 설명을 고르시오.

① 등기부상 최선순위의 처분금지가처분등기가 있는 경우는 매각으로 소멸되지 않는다.
② 가처분채권자가 본안소송에서 승소하더라도 매각대금을 완납한 매수인은 가처분채권자에게 대항할 수 있다.
③ 가처분채권자가 본안소송에서 승소하면, 가처분채권자는 해당 부동산이 경매로 매각되더라도 본인의 권리를 행사할 수 있다.
④ 가처분채권자가 본안소송에서 패소하면 그 가처분은 소멸된다.
⑤ 가처분채권자가 본안소송에서 패소하면, 매수인은 소유권을 온전히 취득할 수 있다.

정답 ▶ ② 매수인은 선순위가처분채권자에게 대항할 수 없고 소유권을 상실하게 된다.

38 환매특약등기에 관한 설명 중 옳지 않은 것은?

① 부동산을 매도하면서 어느 일정 기간 안에 그 부동산을 다시 사가겠다는 특약을 등기부에 설정해두는 것이다.
② 환매특약등기의 기간이 남아있고 말소기준등기보다 선순위인 경우 매수인이 인수해야 한다.
③ 부동산의 환매기간은 5년, 동산은 3년을 넘게 특약할 수 없다.
④ 한번 소멸된 환매특약은 다시 연장이 가능하다.
⑤ 매수인의 소유권 이전 후에 선순위 환매권자가 환매대금을 납부하고 소유권이전등기를 하면 매수인은 소유권을 잃게 된다.

정답 ▶ ④ 한번 소멸된 환매특약은 다시 연장할 수 없으며 기간이 지나면 그 효력은 말소촉탁이 없이도 자동 소멸된다. 즉 환매권에는 소멸시효가 있다.

### 39  전 소유자의 가압류가 있는 경우에 대한 설명이 가장 바르지 않은 것은?

① 전 소유자의 가압류등기 이전에 저당권이 있는 경우, 그 가압류등기는 매각으로 소멸한다.
② 전 소유자를 채무자로 하여 강제경매를 신청한 경우 전 소유자의 가압류는 매수인이 인수해야 한다.
③ 전 소유자의 선순위가압류가 있는 경우, 현 소유자의 채권자가 경매신청을 했을 때 전 소유자의 선순위가압류권자가 배당에 참여하지 않는다면 말소기준권리가 될 수 없으며 매수인이 인수할 수도 있다.
④ 현 소유자를 채무자로 하는 경매라도 전 소유자 당시에 설정된 선순위 담보가등기가 존재하는 경우는 매각 후 소멸한다.
⑤ 전 소유자의 가압류권자가 경매를 신청한 경우는 매각으로 소멸된다.

정답 ▶ ② 전 소유자를 채무자로 하여 강제경매를 신청한 경우 가압류는 소멸된다.

### 40  다음 중 가등기에 대한 설명이 옳지 않은 것은?

① 담보가등기는 채무변제의 담보를 위한 일종의 담보물권의 성질이 있다.
② 담보가등기권자는 일정 기간의 청산기간이 경과한 후 청산금을 지급하고 본등기를 경료하는 방법으로 소유권을 취득할 수 있다.
③ 담보가등기권자는 부동산을 경매신청하여 그 매각대금에서 배당을 받아 자기 채권의 만족을 얻을 수 있다.
④ 담보가등기권자는 채권이 변제기에 이르지 않고도 경매를 신청할 수 있다.

정답 ▶ ④ 담보가등기권자는 변제기에 이르러서도 채무를 변제받지 못한 경우에 경매신청 및 소유권 취득을 할 수 있게 된다.

> **여기서 잠깐!** 최근 가등기를 등기부에 기재할 때 담보가등기일 때는 등기원인 칸에 '대물반환예약'이라고 기재하고 보전가등기일 때는 등기원인으로 '매매예약'이라고 기재하도록 되어 있다. 하지만 실무에선 이 등기원인 칸으로 가등기를 판단하는 것이 아니라 가등기 설정 시 실제 채권관계나 당사자의 실질의사관계를 보고 담보가등기였는지 소유권이전등기청구권보전가등기였는지 판단한다.

41  소유권이전등기청구권 보전을 위한 가등기(소유권이전등기청구권보전가등기)에 대한 설명 중 옳지 않은 것은?

① 소유권이전등기청구권 보전을 위한 가등기는 부동산등기법이 적용된다.
② 소유권이전등기청구권 보전을 위한 가등기가 최선순위이면 매각으로 소멸되지 않는다.
③ 소유권이전등기청구권 보전을 위한 가등기가 후순위인 경우는 매각으로 소멸된다.
④ 법원에서는 일반적으로 채권신고나 배당요구신청 되지 않은 가등기에 대해선 소유권이전등기청구권 보전을 위한 가등기로 보고 경매절차를 진행한다.
⑤ 경매신청을 한 경우 소유권이전등기청구권보전 가등기로 본다.

정답 ▶ ⑤ 가등기권자가 경매신청, 배당요구, 채권신고 등을 하였다면 담보가등기로 간주한다.

여기서 잠깐! 가등기권자가 경매신청을 하거나 배당요구 혹은 채권신고를 하였다면 담보가등기로 간주한다고 하였다. 그렇다면 가등기권자가 배당요구 혹은 채권신고를 했는지는 어디서 확인할 수 있을까?
매각물건명세서나 송달내역, 문건처리내역을 살펴보면 된다.


42  아래의 물권에 대한 알맞은 설명을 바르게 짝지어 보시오

질 권 • • 소유권과는 관련이 없으며 물건을 사실상 지배할 수 있는 권리

소유권 • • 어떤 물건에 관하여 생긴 채무를 변제받을 때까지 그 물건을 점유·유치 할 수 있는 권리

점유권 • • 채권자가 채무자에게 동산 또는 재산권을 유치한 후 채무의 변제가 없으면 그 물건으로부터 우선변제 받을 수 있는 권리

유치권 • • 물건을 전면적, 배타적으로 지배할 수 있는 권리로 그 소유물을 사용·수익·처분 할 수 있는 권리

정답 ▶
① 질권 - 채권자가 채무자에게 동산 또는 재산권을 유치한 후 채무의 변제가 없으면 그 물건으로 부터 우선변제 받을 수 있는 권리
② 소유권 - 재산권의 가장 기본적인 권리로 목적물을 전면적, 배타적으로 지배하는 물권

> **민법 제211조 (소유권의 내용)**
> 소유자는 법률의 범위 내에서 그 소유물을 사용, 수익, 처분 할 권리가 있다.
> **제212조 (토지소유권의 범위)**
> 토지의 소유권은 정당한 이익 있는 범위 내에서 토지의 상하에 미친다.
> **제213조 (소유물반환청구권)**
> 소유자는 그 소유에 속한 물건을 점유한 자에 대하여 반환을 청구할 수 있다. 그러나 점유자가 그 물건을 점유할 권리가 있는 때에는 반환을 거부할 수 있다.

③ 점유권 - 물건을 사실상 지배하는 권리로 소유권과 관계가 없다.

> **민법 제192조 (점유권의 취득과 소멸)**
> ① 물건을 사실상 지배하는 자는 점유권이 있다.
> ② 점유자가 물건에 대한 사실상의 지배를 상실한 때에는 점유권이 소멸한다. 그러나 제204조의 규정에 의하여 점유를 회수한 때에는 그러하지 아니하다.

④ 유치권 - 어떤 물건에 관하여 생긴 채무를 변제받을 때까지 그 물건에 점유·유치 할 수 있는 권리

> **민법 제320조 (유치권의 내용)**
> ① 타인의 물건 또는 유가증권을 점유한 자는 그 물건이나 유가증권에 관하여 생긴 채권이 변제기에 있는 경우에는 변제를 받을 때까지 그 물건 또는 유가증권을 유치할 권리가 있다.
> ② 전 항의 규정은 그 점유가 불법행위로 인한 경우에 적용하지 아니한다.

**여기서 잠깐!** 점유에 의한 부동산소유권 취득이 가능한지?
**민법 제245조 (점유로 인한 부동산소유권의 취득기간)**
① 20년간 소유의 의사로 평온, 공연하게 부동산을 점유하는 자는 등기함으로써 그 소유권을 취득한다.
② 부동산의 소유자로 등기한 자가 10년간 소유의 의사로 평온, 공연하게 선의이며 과실 없이 그 부동산을 점유한 때에는 소유권을 취득한다.

43 임차권등기명령에 대한 설명 중 옳은 것을 고르시오.

① 임차권등기는 제3자에게 이전할 수 있다.
② 선순위의 대항력과 우선변제권을 가진 임차인이 임차권등기까지 한 경우, 자신의 보증금에 대해 배당요구를 하였으나 일부금액만 배당받았을 때 그 잔액에 대해 매수인에게 대항할 수 있으며 임차권등기도 그 일부가 모두 변제될 때까지 말소되지 않는다.
③ 주택의 일부에 대해서는 임차권등기를 할 수 없다.
④ 임차권등기명령신청은 당시 대항력이 없거나 이미 취득한 대항력을 상실한 임차인은 신청이 불가능하다.
⑤ 임차인이 임대차계약 종료 후 보증금을 반환받지 못한 경우 임대인의 동의를 얻어야 임차권등기명령을 신청할 수 있다.

정답 ▶ ② (단 말소기준권리 기준일 이후 증액된 금액은 제외)
① 임차권등기를 제3자에게 이전할 수는 없다.
③ 주택의 일부에 대하여도 임차권등기가 가능하다.
④ 대항력이 없거나 이미 취득한 대항력을 상실한 임차인의 경우도 임차권등기명령신청을 할 수 있다. 하지만 임차권등기가 마쳐지면 그 등기시점을 기준으로 대항력 및 우선변제권을 취득하는 것으로 본다(《민사집행(부동산경매)의 실무》, 유경, 1462쪽 참조).
⑤ 임차권등기명령은 임대인 동의없이 임차인 단독으로 신청할 수 있다.

**여기서 잠깐!** 임차권등기명령과 임차권설정등기

임차권등기명령은 임대차기간이 만료되었음에도 임차인이 보증금을 반환받지 못했을 때 임대인의 동의 없이 단독으로 관할법원에 임차권등기명령신청을 하는 것을 말하며, 임차권설정등기는 임대차기간이 만료되지 않았어도 임대인과 협의하여 등기소에서 임차권설정등기를 하는 것을 말한다.

44 근저당권의 실행에 대한 설명 중 바르지 않은 것은?

① 근저당권을 실행하기 위해서는 근저당권에 의하여 담보되는 채권이 확정되고 그 채권의 변제기가 도래해야 한다.
② 원금 및 이자, 지연손해금의 전부에 관하여 채권최고액의 한도 내에서 근저당권을 실행할 수 있다.
③ 근저당권의 피담보채권은 기본계약의 존속기간이나 결산기, 근저당권의 존속기간 등의 정함이 있으면 그 시기의 도래에 의하여 확정된다.
④ 근저당권설정계약으로 정한 채권최고액은 변경할 수 없다.
⑤ 근저당권자가 경매를 신청하면 그 신청과 동시에 근저당권의 피담보채권액이 확정된다.

정답 ▶ ④ 근저당권설정계약으로 정한 채권최고액은 당사자 간에 변경할 수 있고, 채권최고액을 증액하는 경우 후순위저당권자가 있는 때에는 그의 승낙서를 첨부해야 그에 대항할 수 있다.

45 홍길동의 환매(특약)등기가 있는 부동산을 김대감이 경매로 매수하였다. 다음 중 바르지 않은 것은?

① 홍길동은 김대감에게 매각대금을 지급하면 다시 사올 수 있다.
② 홍길동은 환매기간이 지나면 환매권을 행사할 수 없다.
③ 홍길동의 환매등기가 선순위라면 김대감은 환매의무자가 된다.
④ 홍길동의 환매등기가 후순위라면 매각 시 홍길동은 김대감에게 대항할 수 없다.
⑤ 홍길동의 환매등기가 인수되는 선순위이더라도 매수인이 환매대금보다 현저히 싸게 경락받는다면 매수인에게 유리하게 작용할 수도 있다.

정답 ▶ ① 홍길동은 김대감에게 환매대금을 지급하고 다시 사올 수 있다.

**46** 가압류와 가처분이 만났을 때의 권리분석이 옳지 않은 것은?

① 가처분등기 후 가압류가 경료된 경우, 경매가 진행되면 선순위의 가처분은 소멸하지 않고 매수인이 인수해야 한다.
② ①의 경우 본안에서 승소한 가처분권자가 소유권이전등기를 하면 후순위인 가압류는 소멸한다.
③ 가압류등기 후 가처분등기가 경료된 경우, 본안소송에서 승소한 가압류 채권자가 신청한 강제경매가 실행되면 후순위인 가처분등기는 소멸한다.
④ ③의 경우, 가처분권자가 먼저 본안에서 승소하여 소유권이전등기를 청구하면 선순위가압류는 소멸한다.
⑤ 가압류와 가처분이 동순위인 경우 집행의 선후에 따라 그 효력이 결정된다.

정답 ▶ ④ 가처분권자가 먼저 본안에서 승소하여 소유권이전등기를 청구하더라도 선순위인 가압류은 소멸되지 않고 가처분권자에게 인수된다.

**47** 근저당권에는 확정이라는 것이 있다. 다음 중 그 내용이 바르지 않은 것은?

① 근저당권에 기한 경매신청 시에 근저당권은 확정된다.
② 경매신청이 각하되거나 경매개시결정 전, 즉 경매개시 내지 압류에 이르기 전에 경매신청이 취하된 경우는 근저당권이 확정되지 않는다.
③ 경매신청에 의하여 경매개시결정이 난 후 매각절차가 개시된 뒤, 종국적인 현금화에 이르기 전에 경매신청이 취하된다면 확정의 효력이 없어진다.
④ 존속기간이나 결산기의 정함이 없거나 혹은 그 정함이 있어도 그 기한 도래 전에 거래를 계속하면서 개개의 채무에 관하여 채무자가 이행지체를 한다 하더라도 기본계약을 해지함이 없이 바로 근저당권을 실행할 수는 없다.
⑤ 다른 채권자의 경매신청에 의하여 저당목적물이 경매되었을 경우 근저당권의 피담보채권의 확정시기는 그 근저당권이 소멸하는 시기, 즉 매수인이 매각대금을 완납한 때이다.

정답 ▶ ③ 경매신청에 의하여 경매개시결정이 발하여져 매각절차가 개시된 뒤에는 종국적인 현금화에 이르기 전에 경매신청이 취하되더라도 확정의 효력에는 영향이 없다(대판 1989.11.28. 89다카15601 참조).

### 48 다음 중 전세권에 대한 설명이 바르지 않은 것은?

① 건물에만 설정된 전세권은 건물에만 효력이 미치고 배당도 건물의 환가대금에 대해서만 배당받게 된다.
② 건물 일부에 설정된 전세권은 선순위라면 말소기준권리가 될 수 있다.
③ 전세권등기권자는 따로 확정일자를 받지 않아도 된다.
④ 전세권이 오피스텔에 설정되었다면 대지의 환가대금에서도 배당받을 수 있다.
⑤ 건물 일부에 전세권을 설정한 임차인은 전세금반환청구소송을 거쳐 판결문을 받아 전체 건물에 대해 강제경매신청을 하여야 한다.

정답 ▶ ② 건물 일부에 설정된 전세권은 선순위더라도 말소기준처리가 될 수 없다.

### 49 소유권이전등기청구권보전가등기의 소멸시효에 대한 설명이 바르지 않은 것은?

① 선순위가등기권자가 매매예약완결권을 매매예약일로부터 10년이 지나도록 행사하지 않은 경우, 소유권이전등기청구권보전가등기는 제척기간을 이유로 말소를 구할 수 있다.
② 선순위가등기가 기입등기 후 10년이 지났다면 소멸 여부를 염두에 둘 수 있다.
③ 매매예약완결권을 행사하여 소유권이전등기청구권을 취득하였음에도 10년의 기간이 지나도록 본등기를 하지 않은 경우는 말소를 구할 수 있다.
④ 가등기권자가 목적물을 간접점유 한 지 10년이 지나도록 본등기를 하지 않았다면 가등기에 대해 소멸을 구할 수 있다.

정답 ▶ ④ 가등기권자가 목적물을 직접·간접 점유하였을 경우는 소멸시효에 걸리지 않는 경우도 있으므로 주의해야 한다.

⟨50~51⟩ 다음은 서울의 한 아파트의 임차인과 권리현황이다. 물음에 답하시오.

| 집합건물등기부- 서울 OO동 | | | | |
|---|---|---|---|---|
| | 등기접수일 | 권리 종류 | 권리자/채권액 | 비고 |
| 1 | 2004. 11. 15. | 소유권 이전 | 홍길동 | |
| 2 | 2006. 9. 11. | 전세권 | 김대감  100,000,000원 | 존속기간 2006. 9. 11.~ 2008. 9. 10. |
| 3 | 2006. 12. 11. | 근저당권 | 최진사  10,000,000원 | |
| 4 | 2006. 12. 26. | 압류 | OO세무서 | 당해세 |
| 5 | 2008. 8. 6. | 가압류 | 순돌이  70,000,000원 | |
| 6 | 2008. 9. 24. | 가압류 | 꽃분이  20,000,000원 | |
| 7 | 2009. 8. 28. | 임의경매 | 김대감/청구: 100,000,000원 | |

| 임차인 | 서울 OO동 | | 배당요구의 종기 2009. 7. 3 | | | |
|---|---|---|---|---|---|---|
| | 용도 | 점유기간 | 보증금 | 전입일 | 확정일자 | 배당요구일 |
| 김대감 | 전부 | | 보 100,000,000 | 2002. 11. 25. | . | 2009.04.07. 경매신청일 |
| | 주거용 | 2005. 12. 26.~ | | | | |

**50** 임차인 김대감에 대한 권리로 잘못된 것은?

① 임차인 김대감은 전세권자이면서 대항력 있는 임차인이다.
② 김대감은 경매신청을 하였으므로 매각 후 전세권은 소멸된다.
③ 김대감의 전세권은 말소기준권리가 될 수 있다.
④ 김대감은 확정일자를 받지 않았지만, 전세권설정등기 시 등기필증에 찍힌 등기관의 접수인이 확정일자로 인정된다.
⑤ 김대감은 전세권 설정을 했으므로 이사를 가더라도 대항력은 유효하다.

정답 ▶ ⑤ 전세권 설정 후 전입과 점유를 상실하면, 전세권의 권리는 유효하나 대항력은 상실한다.

### 51  위의 권리사항에 대한 설명 중 옳은 것은?

① 말소기준권리는 최진사의 근저당권이다.
② 4, 5, 6번의 압류와 가압류는 3번의 근저당권 다음 순위로 안분배당 된다.
③ 2번 김대감의 전세권은 존속기간이 만료되었으므로 전세권의 효력이 없다.
④ 최진사의 근저당권은 매각으로 소멸된다.
⑤ 위의 경매는 전세권자 김대감이 전세금반환청구소송을 거쳐 판결문을 받아 경매신청 한 경우이다.

정답 ▶ ④
① 말소기준권리는 김대감의 전세권으로 본다.
② 4의 압류는 당해세로 근로기준법에 따른 최우선변제임금채권과 소액임차인의 최우선변제금액 다음 순위로 여기서는 경매비용 다음으로 가장 먼저 배당받는다.
③ 전세권의 존속기간이 만료되었더라도 전세권이 가지는 효력, 즉 경매신청권이나 우선변제권은 실제 전세금을 돌려받을 때까지 언제라도 행사할 수 있다.
⑤ 위의 경매는 집합건물에 대한 전세권으로 김대감이 판결문 없이 바로 경매신청을 한 임의경매이다.

### 52  다음 중 임차권등기명령제도에 대한 설명이 바르지 않은 것은?

① 임대차가 종료된 후 보증금을 반환받지 못한 임차인이 법원에 임차권등기명령을 신청하여 임차권등기가 경료되면 임차인은 전출하여도 기존의 대항요건을 유지하는 것으로 본다.
② 임차인은 임차권등기명령의 신청 및 그에 따른 임차권등기와 관련하여 소요된 비용을 임대인에게 청구할 수 있다.
③ 무허가건물은 원칙적으로 임차권등기명령의 대상이 아니다.
④ 임차권등기명령을 신청한 임차인은 신청과 즉시 바로 전출을 해도 무방하다.
⑤ 임차권등기가 경료된 주택에 대하여는 소액임차인의 최우선변제권은 인정되지 않는다.

정답 ▶ ④ 임차권등기명령의 효력은 결정에 의한 경우는 임대인에게 고지한 때, 판결에 의한 경우는 선고한 때에 그 효력이 발생한다. 따라서 임차권등기명령을 신청한 후 바로 이사나 전출을 해서는 안 되고 반드시 임차권등기가 경료된 사실을 확인해야 한다.

**여기서 잠깐!** 무허가 건물이나 미등기 건물의 경우 임차권등기명령
임차권등기명령의 대상은 원칙적으로 등기된 건물이어야 하므로 무허가 주택의 경우는 임차권등기명령의 대상이 되지 않는다. 다만, 임차주택이 준공검사가 필하여지고 건축물관리대장이 작성되어 있어 즉시 임대인 명의로 소유권보존등기가 가능한 경우에는 임대인을 대위하여 소유권보존등기를 마친 다음 주택임차권등기를 할 수 있으므로 예외적으로 임차권등기명령의 대상이 된다.
미등기 주택이나 상가건물에 대하여 임차권등기명령에 의한 등기촉탁이 있는 경우에는 등기관은 부동산등기법 134조의 규정에 의하여 직권으로 소유권보존등기를 한 후 주택임차권등기나 상가건물임차권등기를 하여야 한다(《민사집행(부동산경매)의 실무》, 윤경. 1,468쪽~1,478쪽 참조).

## 53 지상권과 토지임차권에 대한 비교 설명으로 바르지 않은 것은?

① 지상권은 등기를 하는 권리이지만 토지임차권은 반드시 등기를 해야 하는 것은 아니다.
② 지상권이 설정되면 지상권자는 제3자에게 대항할 수 있으며, 토지임차권은 등기가 되었을 경우에만 제3자에게 대항할 수 있다.
③ 지상권은 최단기간 이상으로 존속기간에 규정을 두고 있지만, 토지임차권은 20년을 넘어 설정할 수 없으며 약정이 없는 경우라면 언제든지 해지통고를 할 수 있다.
④ 지상권은 지료를 반드시 책정할 필요가 없지만 토지임차권은 차임의 책정이 반드시 있어야 한다.
⑤ 지상권이 토지소유자의 동의 없이 양도·임대 할 수 없다면, 토지임차권은 토지소유자의 동의 없이 양도·임대 할 수 있다.

정답 ▶ ⑤ 지상권은 토지소유자의 동의 없이 양도·임대 할 수 있지만, 임차권은 토지소유자의 동의 없이 양도·임대 할 수 없다.

## 54 다음 중 처분금지가처분에 대한 설명으로 바르지 않은 것은?

① 집행법원은 말소기준권리보다 선순위의 처분금지가처분등기가 되어 있다면 반드시 경매신청을 기각해야 한다.
② 선순위의 처분금지가처분등기는 매각에 의하여 소멸되지 않으므로 가처분채권자가 본안소송에서 승소하게 되면 매수인은 소유권을 상실하게 된다.
③ 가처분채권자가 본안소송에서 패소하여 그 가처분이 취소되면 그 경매는 유효하게 되어 매수인은 소유권을 주장할 수 있다.
④ 후순위일 경우 소멸하게 되는 처분금지가처분에는 부동산처분금지가처분, 전세권처분금지가처분, 근저당권처분금지가처분, 가등기상의 권리처분금지가처분 등이 있다.
⑤ 부동산처분금지가처분은 소유권이전등기청구권이나 소유권말소등기청구권을 피보전권리로 한다.

정답 ▶ ① 최선순위의 처분금지가처분등기가 되어 있다는 이유만으로 경매신청을 기각할 수는 없다. 이 경우에는 경매개시결정 후 경매개시결정등기만을 촉탁한 단계에서 그 이후의 절차를 사실상 중지하고 가처분 또는 본안소송의 결과에 따라 처리하는 것이 타당하다는 견해가 있다.

## 55 일반적인 경우 근저당권자는 채권최고액의 범위 내에서 배당받을 수 있다. 그런데 채권최고액을 초과하는 채권액이 있어 근저당권자인 OO은행이 그 초과하는 금액에 대해 배당요구를 하였다. 매각대금에서 그 최고액을 변제하고도 잔액이 있다면 아래의 상황별로 그 잔액은 각각 어떻게 처리될까? 가장 적합한 것을 고르시오.

| case A | ·홍길동이 근저당설정자이며 채무자이다.<br>·잔액으로부터 변제받을 후순위권자가 없다.<br>·목적부동산에 관하여 제3취득자가 없다. |
|---|---|
| case B | ·잔액으로부터 변제받을 후순위권자가 없다.<br>·꽃분이의 채무를 위해 김대감은 근저당 설정을 해준 물상보증인이다. |
| case C | ·다른 일반 채권자로 점순이가 있다. |

① A-홍길동에게 배당, B-김대감에게 배당, C-점순이에게 배당
② A-○○은행에 배당, B-○○은행에 배당, C-○○은행, 점순이 안분배당
③ A-○○은행에 배당, B-김대감에게 배당, C-○○은행에게 배당
④ A-홍길동에 배당, B-꽃분이에게 배당, C- 점순이 안분배당
⑤ A-○○은행에 배당, B-김대감에게 배당, C-○○은행, 점순이 안분배당

정답 ▶ ⑤

A - 근저당권설정자와 채무자가 동일한 경우에는 근저당권의 채권최고액은 후순위담보권자나 저당목적 부동산의 제3취득자에 대한 우선변제권의 한도로서의 의미를 갖는 것에 불과하고 그 부동산으로서는 그 최고액 범위 내의 채권에 한하여서만 변제를 받을 수 있다는 이른바 책임의 한도라고까지는 볼 수 없으므로 근저당권자의 채권액이 근저당권의 최고액을 초과하는 경우에 매각대금 중 그 채권최고액을 초과하는 금액이 있더라도 이는 근저당권설정자에게 반환할 것은 아니고 근저당권자의 채권최고액을 초과하는 채무의 변제에 충당하여야 한다(대판 1992.5.26. 92다1896).

B - 목적부동산의 매각대금에 그 최고액을 변제하고도 잔액이 있으며 그 잔액으로부터 변제받을 후순위권자도 없는 때에는 근저당권설정자가 물상보증인이거나 또는 목적부동산에 관하여 제3취득자가 생긴 경우에는 위 잔액은 근저당권설정자(물상보증인)나 제3취득자에게 교부되어야 한다(대결 1971.5.15. 71마251, 대판 1974.12.10. 74다998 참조).

C - 채권최고액을 초과한 배당요구를 한 담보권자가 여럿이거나 일반 채권자가 있는 경우에는 채권최고액 초과 부분에는 우선변제권이 없으므로 안분배당을 한다. 다만 이때 근저당권의 채권최고액을 초과하는 부분으로서 우선변제의 효력이 미치지 않는 채권에 관하여 다른 일반 채권자와의 사이에 같은 순위로 안분 비례하여 배당하기 위해서는 근저당권에 기한 경매신청이나 채권계산서의 제출이 있는 것만으로는 안 되고, 그 채권최고액을 초과하는 채권에 관하여 별도로 민사집행법에 의한 적법한 배당요구를 하였거나 그 밖에 달리 배당을 받을 수 있는 채권으로서의 필요한 요건을 갖추고 있어야 한다(대판 1998.4.10. 97다28216).

〈56~65〉 말소기준권리와 인수되는 권리 찾아보기!

'전입→전입', '점유→점', '확정일자→확', '배당요구→배'로 표시한다.

### 56 말소기준권리를 고르고 소멸·인수 되는 권리를 밝히시오.

| 설정일자 | 권리내용 | 소멸 여부 | 비고 | 말소기준권리 |
|---|---|---|---|---|
| 2004. 6. 12. | 소유권 이전(매매) | | | ① |
| 2004. 6. 15. | 임차인 | | 전입/점/확/배 | ② |
| 2005. 7. 1. | 압류 | | 경매신청 | ③ |
| 2006. 5. 5. | 강제경매 | | | ④ |

정답 ▶ ③

| 설정일자 | 권리내용 | 소멸 여부 | 비고 | 말소기준권리 |
|---|---|---|---|---|
| 2004. 6. 12. | 소유권 이전(매매) | | | |
| 2004. 6. 15. | 임차인 | 소멸 또는 부분인수 | 전입/점/확/배 | |
| 2005. 7. 1. | 압류 | 소멸 | 경매신청 | 말소기준권리 |
| 2006. 5. 5. | 강제경매 | 소멸 | | |

말소기준권리: 2005. 7. 1. 압류
인수되는 권리: 선순위임차인이므로 전액 배당받아 가지 못할 경우 매수인은 나머지 보증금을 인수하여야 한다.

### 57 말소기준권리를 고르고 소멸·인수 여부를 밝히시오.

| 설정일자 | 권리내용 | 소멸 여부 | 비고 | 말소기준권리 |
|---|---|---|---|---|
| 2006. 6. 12. | 소유권 이전(매매) | | | |
| 2006. 6. 15. | 임차인 | | 전입/점/확 | ① |
| 2006. 6. 15. | 저당권 | | | ② |
| 2007. 5. 5. | 압류 | | | ③ |
| 2008. 1. 10. | 가압류 | | 경매신청 | ④ |
| 2009. 9. 13. | 강제경매 | | | ⑤ |

정답 ▶ ②

| 설정일자 | 권리내용 | 소멸 여부 | 비고 | 말소기준권리 |
|---|---|---|---|---|
| 2006. 6. 12. | 소유권 이전(매매) | | | |
| 2006. 6. 15. | 임차인 | 소멸 | 전입/점/확 | |
| 2006. 6. 15. | 저당권 | 소멸 | | 말소기준권리 |
| 2007. 5. 5. | 압류 | 소멸 | | |
| 2008. 1. 10. | 가압류 | 소멸 | 경매신청 | |
| 2009. 9. 13. | 강제경매 | 소멸 | | |

임차인의 대항력 발생시점은 전입신고일 다음날 0시부터이다. 그러므로 2006. 6. 16. 0시부터이므로 배당요구 하지 않은 임차인은 보증금 전액을 배당받아 가지 못하는 후순위임차인이다.

## 58 말소기준권리를 고르고 소멸·인수 여부를 밝히시오.

| 설정일자 | 권리내용 | 소멸 여부 | 비고 | 말소기준권리 |
|---|---|---|---|---|
| 2003. 4. 21. | 소유권 이전(상속) | | | |
| 2004. 5. 11. | 근저당권 | | 경매신청 | ① |
| 2004. 5. 11. | 지상권 | | | ② |
| 2006. 5. 25. | 가등기 | | | ③ |
| 2007. 2. 12. | 가처분 | | 처분금지가처분 | ④ |
| 2009. 8. 12. | 임의경매 | | | ⑤ |

정답 ▶ ①

| 설정일자 | 권리내용 | 소멸 여부 | 비고 | 말소기준권리 |
|---|---|---|---|---|
| 2003. 4. 21. | 소유권 이전(상속) | | | |
| 2004. 5. 11. | 근저당권 | 소멸 | 경매신청 | 말소기준권리 |
| 2004. 5. 11. | 지상권 | 소멸 | | |
| 2006. 5. 25. | 가등기 | 소멸 | | |
| 2007. 2. 12. | 가처분 | 소멸 | 처분금지가처분 | |
| 2009. 8. 12. | 임의경매 | 소멸 | | |

토지에 저당권과 함께 설정된 지상권은 매각 후 저당권과 함께 소멸한다.

59  말소기준권리를 고르고 소멸·인수 여부를 밝히시오.

| 설정일자 | 권리내용 | 소멸여부 | 비고 | 말소기준권리 |
|---|---|---|---|---|
| 2001. 4. 25. | 소유권 이전(상속) | | | |
| 2003. 8. 13. | 임차인A | | 전입/점/확 | ① |
| 2003. 8. 14. | 저당권 | | 경매신청 | ② |
| 2006. 5. 25. | 임차인B | | 전입/점/확/배 | ③ |
| 2010. 2. 19. | 임의경매 | | | ④ |

정답 ▶ ②

| 설정일자 | 권리내용 | 소멸 여부 | 비고 | 말소기준권리 |
|---|---|---|---|---|
| 2001. 4. 25. | 소유권 이전(상속) | | | |
| 2003. 8. 13. | 임차인A | 인수 | 전입/점/확 | |
| 2003. 8. 14. | 저당권 | 소멸 | 경매신청 | 말소기준권리 |
| 2006. 5. 25. | 임차인B | 소멸 | 전입/점/확/배 | |
| 2010. 2. 19. | 임의경매 | 소멸 | | |

대항력이 있는 선순위임차인이 배당요구를 하지 않았을 경우 전액 매수인이 인수하여야 한다.
① 임차인의 대항력 발생시점은 2003.8.14. 0시부터이고 저당권의 효력은 2003.8.14. 9시부터 발생한다.

60  말소기준권리를 고르고 소멸·인수 여부를 밝히시오.

| 설정일자 | 권리내용 | 소멸 여부 | 비고 | 말소기준권리 |
|---|---|---|---|---|
| 2004. 6. 10. | 환매권등기 | | | ① |
| 2005. 7. 14. | 근저당권 | | 경매신청 | ② |
| 2006. 4. 22. | 가압류 | | | ③ |
| 2009. 9. 19. | 임의경매 | | | ④ |

정답 ▶ ②

| 설정일자 | 권리내용 | 소멸 여부 | 비고 | 말소기준권리 |
|---|---|---|---|---|
| 2004. 6. 10. | 환매권등기 | 소멸 | | |
| 2005. 7. 14. | 근저당권 | 소멸 | 경매신청 | 말소기준권리 |
| 2006. 4. 22. | 가압류 | 소멸 | | |
| 2009. 9. 19. | 임의경매 | 소멸 | | |

환매특약의 등기는 선순위일 경우, 매수인이 경락 후 환매권자가 환매를 요구하면 매수인은 소유권을 잃게 된다. 환매권은 소멸시효가 있으며, 부동산은 5년 동산은 3년을 넘지 못한다. 위의 경우 소멸시효가 지났으므로 소멸된다.

## 61  말소기준권리를 고르고 소멸·인수 여부를 밝히시오.

| 설정일자 | 권리내용 | 소멸 여부 | 비고 | 말소기준권리 |
|---|---|---|---|---|
| 2008. 8. 12. | 강제경매기입등기 | | 경매신청 | ① |
| 2008. 9. 22. | 임차권등기 | | 배당요구 안함 | ② |
| 2009. 1. 19. | 전세권 | | | ③ |
| 2009. 5. 11. | 임차인 | | | ④ |

정답 ▶ ①

| 설정일자 | 권리내용 | 소멸 여부 | 비고 | 말소기준권리 |
|---|---|---|---|---|
| 2008. 8. 12. | 강제경매기입등기 | 소멸 | 경매신청 | 말소기준권리 |
| 2008. 9. 22. | 임차권등기 | 소멸 | 배당요구 안함 | |
| 2009. 1. 19. | 전세권 | 소멸 | | |
| 2009. 5. 11. | 임차인 | 소멸 | | |

경매개시결정기입등기 전에 임차권등기명령에 의한 등기를 한 임차인은 법률상 당연히 배당요구를 한 것으로 보고, 우선변제를 받기 위해 배당요구를 할 필요가 없지만 경매개시결정등기 후의 임차권등기권자는 배당요구를 하여야 배당에 참여할 수 있다.

## 62  말소기준권리를 고르고 소멸·인수 여부를 밝히시오.

| 설정일자 | 권리내용 | 소멸 여부 | 비고 | 말소기준권리 |
|---|---|---|---|---|
| 2004. 8. 12. | 전세권(건물일부) | | 경매신청 | ① |
| 2004. 9. 22. | 임차인 | | | ② |
| 2009. 1. 19. | 가등기 | | 배당요구 | ③ |
| 2009. 2. 19. | 가처분 | | 처분금지가처분 | ④ |
| 2009. 7. 20. | 압류 | | | ⑤ |
| 2009. 9. 16. | 강제경매 | | | |

정답 ▶ ③

| 설정일자 | 권리내용 | 소멸 여부 | 비고 | 말소기준권리 |
|---|---|---|---|---|
| 2004. 8. 12. | 전세권(건물일부) | 소멸 | 경매신청 | |
| 2004. 9. 22. | 임차인 | 인수 | | |
| 2009. 1. 19. | 가등기 | 소멸 | 배당요구 | 말소기준권리 |
| 2009. 2. 19. | 가처분 | 소멸 | 처분금지가처분 | |
| 2009. 7. 20. | 압류 | 소멸 | | |
| 2009. 9. 16. | 강제경매 | 소멸 | | |

건물 일부에 대한 전세권자는 말소기준권리가 될 수 없다. 말소기준권리는 배당요구를 한 담보가등기로 간주되는 가등기가 되며 대항력 있는 임차인이 배당요구를 하지 않았으므로 매수인이 인수하게 된다.

### 63 말소기준권리를 고르고 소멸·인수 여부를 밝히시오.

| 설정일자 | 권리내용 | 소멸 여부 | 비고 | 말소기준권리 |
|---|---|---|---|---|
| 2004. 8. 12. | 가압류 | | | ① |
| 2004. 9. 22. | 저당권 | | 경매신청 | ② |
| 2009. 1. 19. | 소유권 이전(매매) | | | ③ |
| 2009. 2. 19. | 저당권 | | | ④ |
| 2009. 7. 20. | 압류 | | | ⑤ |
| 2009. 9. 16. | 임의경매 | | | |

정답 ▶ ①

| 설정일자 | 권리내용 | 소멸 여부 | 비고 | 말소기준권리 |
|---|---|---|---|---|
| 2004. 8. 12. | 가압류 | 소멸 | | 말소기준권리 |
| 2004. 9. 22. | 저당권 | 소멸 | 경매신청 | |
| 2009. 1. 19. | 소유권 이전(매매) | | | |
| 2009. 2. 19. | 저당권 | 소멸 | | |
| 2009. 7. 20. | 압류 | 소멸 | | |
| 2009. 9. 16. | 임의경매 | 소멸 | | |

전 소유자의 저당권실행으로 경매가 진행됐다면 전 소유자의 가압류는 소멸된다.

### 64 말소기준권리와 소멸·인수 여부를 밝히시오.

| 설정일자 | 권리내용 | 소멸 여부 | 비고 | 말소기준권리 |
|---|---|---|---|---|
| 2004. 7. 2. | 가등기 | | 채권신고, 배당요구 | ① |
| 2004. 12. 12. | 저당권 | | 경매신청 | ② |
| 2005. 11. 30. | 압류 | | | ③ |
| 2009. 11. 16. | 근저당권 | | | ④ |
| 2009. 7. 29. | 임의경매 | | | ⑤ |

정답 ▶ ①

| 설정일자 | 권리내용 | 소멸 여부 | 비고 | 말소기준권리 |
|---|---|---|---|---|
| 2004. 7. 2. | 가등기 | 소멸 | 채권신고, 배당요구 | 말소기준권리 |
| 2004. 12. 12. | 저당권 | 소멸 | 경매신청 | |
| 2005. 11. 30. | 압류 | 소멸 | | |
| 2009. 11. 16. | 근저당권 | 소멸 | | |
| 2009. 7. 29. | 임의경매 | 소멸 | | |

가등기권자가 채권신고를 하고 배당요구를 하였다면 담보가등기로 볼 수 있으며, 담보가등기는 말소기준권리가 될 수 있다.

## 65 말소기준권리와 소멸·인수 여부를 밝히시오.

| 설정일자 | 권리내용 | 소멸 여부 | 비고 | 말소기준권리 |
|---|---|---|---|---|
| 2005. 4. 16. | 소유권보존 | | | ① |
| 2005. 5. 25. | 소유권 이전(매매) | | | ② |
| 2006. 7. 12. | 근저당 | | 경매신청 | ③ |
| 2007. 10. 29. | 압류 | | | ④ |
| 2008. 11. 22. | 가처분 | | 건물철거 | ⑤ |
| 2010. 4. 8. | 임의경매 | | | |

정답 ▶ ③

| 설정일자 | 권리내용 | 소멸 여부 | 비고 | 말소기준권리 |
|---|---|---|---|---|
| 2005. 4. 16. | 소유권보존 | | | |
| 2005. 5. 25. | 소유권 이전(매매) | | | |
| 2006. 7. 12. | 근저당 | 소멸 | 경매신청 | 말소기준권리 |
| 2007. 10. 29. | 압류 | 소멸 | | |
| 2008. 11. 22. | 가처분 | 인수 | 건물철거 | |
| 2010. 4. 8. | 임의경매 | 소멸 | | |

토지소유자의 토지인도 및 건물철거를 위한 가처분은 후순위이라 할지라도 인수하므로 주의하여야 한다.

# 제3장
# 법원경매절차의
# 기본사항들 익히기
## (공매 포함)

법원이 어떤 절차로 경매진행을 하는지 잘 알아둔다면 다른 사람들이 간과할 수 있는 물건에 투자하여 의외의 높은 수익을 거둘 수 있는 기회를 잡을 수도 있다. 또한 경락 이후 발생할 수 있는 복병에 대해 예방할 수 있어서 경매투자자들이라면 반드시 법원이 어떻게 경매절차를 진행하는지 알고 있어야 한다. 제3장에서는 경매진행절차를 이해하기 위한 기본사항들에 대해 짚어보고 공매에 대해서 중점적으로 다루었다. 각 절차에 따른 중요한 세부사항은 제4장에 설명되어 있다.

## 요약정리

### 1. 경매신청 대상
- 건물: 건물 단독으로도 경매신청 대상이 될 수 있으며 건물의 공유지분, 구분소유권도 독립적으로 경매신청의 대상이 될 수 있다.
- 토지: 토지만 또는 미등기 토지도 단독으로 경매대상이 될 수 있다.
- 토지의 공유지분: 공유지분도 경매대상이 될 수 있지만 1인의 공유지분 중 일부이거나 대지권의 목적이 되는 공유지분은 특별한 경우를 제외하고 경매대상이 될 수 없다.
- 그 밖의 부동산과 동일시되어 경매대상이 되는 것: 공장저당법에 의한 공장재단과 광업재단저당법에 의한 광업재단 광업권, 어업권, 소유권보존등기 된 입목, 지상권, 체비지, 자동차, 건설기계 및 항공기 등이 있다.

### 2. 경매의 종류
- 분할(개별)경매와 일괄경매: 하나의 경매절차에서 여러 개의 부동산이 매각될 경우 각 부동산별로 각각 최저매각가격을 정하고 매각을 하는 방법을 분할경매(매각)라고 하며, 여러 개의 부동산을 개별적으로 매각하는 것이 아니라 한꺼번에 전부 매각하는 것을 일괄경매(매각)라고 한다. 분할경매일 경우 한 개의 사건번호에 각각의 물건번호가 부여된다.
- 강제경매와 임의경매: 경매신청권한이 없는 채권자가 판결문을 받아 경매신청 하는 것을 강제경매라고 하며, 이미 경매신청권한이 있는 담보물권의 채권자가 채권의 변제를 위해 경매신청 하는 것을 임의경매라고 한다. 임의경매는 담보물권의 실행이라고도 한다.
- 공동경매와 이중경매: 여러 채권자가 채권을 변제받기 위해 채무자의 동일 부동산에 대해 동시에 경매신청 하는 것을 공동경매라고 하며, 이미 경매개시결정이 된 부동산에 대해 다른 채권자가 경매신청 한 경우를 이중경매라고 한다.
- 새매각과 재매각: 매각을 실시하였으나 매수신고인이 없어 새로운 기일을 정해 다시 매각을 실시하는 것을 새매각이라고 하며, 보통 한 달 후에 20% 또는

30%씩 저감된 최저매각가격으로 매각절차가 진행된다. 재매각은 매각을 실시하고 최고가매수신고인(차순위매수신고인이 있을 경우 차순위매수신고인)이 매각대금을 납부하지 않아 다시 매각이 실시되는 것을 말한다. 재매각일 경우 매수보증금은 새매각과 달리 최저매각가격의 20% 또는 30%로 정해진다.

## 3. 공매

경매는 개인 사이의 거래에서 발생한 부실채권을 처리하는 절차이며 공매는 개인과 국가기관과의 거래로부터 발생한 채권을 회수하기 위한 절차이다. 경매가 집행법원에 의해 진행된다면 공매는 대표적으로 한국자산관리공사에 의해 진행된다.

■ 공매절차

국가기관 등 위임 관서에서 조세체납자의 부동산을 압류 ➡ 한국자산관리공사에 공매대행 의뢰 ➡ 부동산의 평가와 최저매각가격 결정 ➡ 신문, 인터넷, 게시판 등에 공고 ➡ 이해관계인 등에 통지 ➡ 입찰실시

■ 온비드를 통한 입찰방법

온비드 회원가입 ➡ 나의 온비드에서 공인인증서 등록 ➡ 물건검색 ➡ 물건을 선택 후 물건상세정보의 입찰정보 ➡ 〈입찰참가〉 선택 ➡ 입찰내용을 작성 및 제출 ➡ 입찰서 제출 후 보증금납부계좌에 인터넷 입찰기간 종료 전에 보증금 납부 ➡ 〈나의 온비드 - 입찰내역〉에서 입찰결과 확인 ➡ 계약체결: 경락자는 경락일로부터 5일 이내 매매계약을 체결하여야 한다. 대금납부는 이 계약체결일이 기준이 된다.

# 1 경매신청의 대상

## 1 | 경매신청의 대상에는 어떤 것들이 있는가?

경매신청의 대상이 되는 것은 부동산을 말하며 이때 부동산은 토지 및 건물 그리고 부동산과 동일시되는 권리를 포함한다. 즉 토지, 건물, 소유권 보존등기 된 입목, 공장재단 광업재단 어업권, 광업권, 선박, 자동차, 중기, 항공기, 지상권 등이 경매신청의 대상이 될 수 있다.

### 1 경매신청의 대상이 건물인 경우

❶ 건물 단독으로도 경매신청의 대상이 될 수 있다. 이때 건물이라 함은 최소한 기둥, 지붕, 벽으로 이루어진 것이어야 한다.

대지만 경매로 나온 경우 간혹 건축공사가 중단된 건물이 있는 경우가 있는데 이럴땐 건물의 외형이 갖추어졌는지 아닌지에 대한 여부를 따지게 된다. 만약 건축물이 최소한 기둥과 지붕, 주벽으로 이루어졌다면 건물로 보아야 한다. 이런 경우 법정지상권 여부가 문제가 되므로 건물이 어떤 형태까지 갖추었는지에 따라 접근하는 방식이 달라질 수도 있다.

❷ 건물의 공유지분, 구분소유권도 독립하여 강제경매대상이 될 수 있다.
❸ 원래 무허가 건물이나 미완성 건물은 매각대상이 아니지만 미완성 건물은 건축물의 골조가 완성된 상태라면 경매신청의 대상이 된다.
❹ 미등기 건물: 모든 미등기 건물이 경매대상이 되는 것이 아니라, 적법하게 건축허가를 받았지만 준공검사를 받지 아니한 건물에 한한다. 미등기 건물이 채무자 소유임을 증명하려면 건축물대장을 제출하면 된다. 아직 완공되지 아니하여 보존등기가 경료되지 아니하였거나 사용승인 되지 아니한 건물이라도 건물로서의 실질과 외관을 갖추고 있고 그의 지번·구조·면적 등이 건축허가 또는 건축신고의 내용과 사회통념상 동일하다고 인정되는 경우에는 이를 부동산경매의 대상으로 삼을 수 있다(대결 2005.9.9, 2004마 696 참조). 그러므로 미등기 건물이 있는 경우 준공검사를 받지 못한 원인에 대해서 조사를 해보는 것이 좋다.

**건축물대장에 의하지 않고 보존등기 하는 경우**

'시·구·읍·면의 장의 서면'이 필요하다. 이 서면에 해당하는 것은 재산과세증명서, 건축물사용승인서, 건축공사완료 후 교부된 건축물의 사용검사필 등이 있다.

어떠한 서면이 건물의 표시를 증명하는 그 밖의 서면에 해당하는지 여부는 당해 등기신청을 받은 등기관이 구체적으로 판단할 사항이나 납세완납증명서, 민원사무처리에 관한 법령에 의하여 교부받은 세목별과세증명서, 재산세납세증명이나 납세완납증명서, 건축법시행령 제17조 3항의 임시 사용승인서, 착공신고서, 건물현황사진, 공정확인서, 현장조사서, 사실확인서, 건축허가서, 건축허가대장 등은 위의 서면에 해당하지 않는다(《법원실무제요Ⅱ》, 10쪽 참조).

❺ 건물이 증축된 경우: 부합물은 경매신청의 대상에 포함된다. 하지만 건물이 증축된 경우 증축 부분의 기존 건물에 대한 부합 여부는 기존 건물에 부착된 물리적 구조뿐만 아니라, 그 용도와 기능면에서 기

존 건물과 독립한 경제적 효용을 가지고 거래상 별개의 소유권의 객체가 될 수 있는지의 여부와 증축하여 이를 소유하는 자의 의사 등을 종합하여 판단하여야 한다(대판 1981.12.8. 80다2821, 대판 1996.6.14. 94다53006 참조, 《독학 경매 2》 '제11장 부합물' 참조).

## 2 경매신청의 대상이 토지인 경우

❶ 토지도 경매신청의 대상이 되며, 토지에 정착된 공작물이면서 독립된 부동산으로 취급할 수 없는 부합물도 함께 경매대상이 된다.

❷ 미등기 토지도 경매신청의 대상이 될 수 있다. 그러나 토지대장, 수용증명서, 소유권확인판결 등을 제출하여 채무자 명의로 즉시 등기할 수 있음을 증명하여야 한다.

❸ 토지의 공유지분도 경매신청의 대상이 되며 등기가 안 된 공유지분도 그 대상이 된다. 이때 토지 위 채무자의 미등기 수목은 토지와 함께 경매신청의 대상이 된다. 단 토지를 임차하여 식재한 〈수목·입목에 관한 법률〉에 의하여 소유권보존등기가 된 입목은 토지와는 별도로 경매신청의 대상이 된다.

경매신청의 대상이 된 토지 위에 생립하고 있는 채무자 소유의 미등기 수목은 토지의 구성부분으로서 토지의 일부로 간주되어 특별한 사정이 없는 한 토지와 함께 경매되는 것이므로 그 수목의 가액을 포함하여 경매대상 토지를 평가하여 이를 최저매각가격으로 공고하여야 하고(대결 1976.11.24.자 76마275 참조), 다만 입목에 관한 법률에 따라 등기된 입목이나 명인방법을 갖춘 수목의 경우에는 독립하여 거래의 객체가 되므로 토지 평가에 포함되지 않는다.

**명인방법**
① 토지의 지상물이 토지소유권으로부터 분리되어 타인에게 귀속되고 있다는 사실을 제3자가 명백하게 인식할 수 있게 하는 방법 모두를 말한다. 명인방법은 지상물이 현재의 소유자가 누구인지를 나타내고 독립된 거래의 대상이라는 것을 나타내는 것만으

로 족하지만, 지상물이 특정되어야 하고 표시가 계속 유지되어야만 한다.

② '명인방법에 의하여 공시된 입목'이란 입목법에 의한 소유권보존등기를 하지 아니한 입목 또는 수목의 집단에 대해 임야의 여러 곳에 혹은 일정한 간격을 두고 경계를 따라 나무껍질을 깎아서 소유자의 이름을 써두거나, 전답 주위에 소유자를 나타내는 표찰을 세우는 등의 명인방법으로 공시된 입목을 말한다.

## 3 토지의 공유지분도 경매신청의 대상이 되는가?

❶ 토지의 공유지분도 경매신청의 대상이 될 수 있지만, 대지권의 목적으로 되어 있는 공유지분은 특별한 경우를 제외하고 건물과 분리하여 처분할 수 없다.

❷ 상속재산의 각 지분은 상속인들의 공유관계로 보며 경매신청의 대상이 될 수 있다.

❸ 1인의 공유지분 중 일부에 대하여는 특별한 사정이 없는 한 경매 대상이 될 수 없다.

❹ 조합원의 지분은 경매신청의 대상이 아니다. 조합원의 지분은 공유가 아닌 합유의 관계이기 때문에 조합원의 지분은 다른 조합원의 동의 없이 양도할 수 없다. 이것은 공동광업권자의 지분에 대해서도 마찬가지이다.

❺ 사단의 재산은 사원 전체의 총유다. 사단의 재산은 지분권으로서 경매신청의 대상이 될 수 없다.

❻ 공유부동산의 지분에 대한 경매신청 시 공유자 전원의 성명, 주소 및 지분의 비율을 기재해야 한다. 이를 바탕으로 채무자의 지분에 관한 최저매각가격이 정해지며, 다른 공유자에게 경매개시결정이 있다는 것을 통지하게 된다.

**지분의 비율**

공유지분의 비율에 대해 제3자에게 대항하기 위해서는 반드시 등기를 하여야 한다. 등기를 하지 않은 경우는 지분의 비율을 균등한 비율로 본다.

## 4 그 밖에 부동산과 동일시되어 경매신청의 대상이 되는 경우

❶ 공장저당법에 의한 공장재단과 광업재단저당법에 의한 광업재단: 공장저당법에 의한 공장재단 광업재단저당법에 의한 광업재단은 1개의 부동산으로 취급되어 경매신청의 대상이 될 수 있다.

개별매각은 금지되므로 재단의 일부에 속해 있음이 드러난 경우 매각절차가 취소된다.

❷ 광업권, 어업권: 광업권, 어업권도 부동산으로 취급되어 경매신청의 대상이 된다.

❸ 소유권보존등기 된 입목: 소유권보존등기 된 입목도 부동산으로 취급되므로 경매신청의 대상이 될 수 있다.(입목법 제3조 1항, 제23조)

❹ 지상권: 지상권은 부동산을 목적으로 하는 권리로서 등기의 대상이 되며 부동산 자체는 아니지만 경매신청의 대상이 될 수 있다.

금전채권에 기초한 강제집행에서 지상권 및 그 공유지분은 부동산으로 본다(민집규 제40조 참조).

❺ 체비지: 토지구획정리사업의 시행자가 그 사업에 필요한 재원을 확보하기 위하여 환지(換地) 계획에서 제외하여 유보한 땅을 체비지라고 한다. 이 체비지도 경매신청의 대상이 된다.

❻ 자동차, 건설기계 및 항공기: 등록된 항공기에 대한 강제집행은 선박에 대한 강제집행의 예에 따라 실시한다(민집규 제106조).

등록된 자동차에 대한 강제집행은 이 규칙에 특별한 규정이 없으면 부동산에 대한 강제경매의 규정을 따른다(민집규 제108조).

### 5 경매신청의 대상이 되지 않는 경우

❶ 저당권은 그 담보한 채권과 분리하여 타인에게 양도하거나 다른 채권의 담보로 하지 못한다. 그러므로 채권과 분리되어 경매신청대상이 될 수 없다.

❷ 지역권은 요역지와 분리하여 양도하거나 다른 권리의 목적으로 하지 못하므로 경매신청의 대상이 되지 않는다.

❸ 채권담보를 목적으로 하는 가등기상의 권리, 부동산환매권 등은 재산권에 대한 강제집행의 대상이 되지만 경매신청의 대상은 될 수 없다.

❹ 공동광업권자의 지분은 다른 공동광업권자의 동의가 없으면 처분할 수 없다(광업법 제30조 2항). 따라서 경매신청의 대상이 될 수 없다.

# 경매의 종류

법원에서 부동산을 매각하는 방법에는 여러 가지가 있다. 분할경매(개별매각), 일괄경매, 임의경매, 강제경매 등 그 종류에 따라 진행하는 방식에 다소 차이가 있으므로 각 경매의 종류에 대해 이해하고 있는 것이 좋다.

## 경매절차상 알아두어야 할 경매용어

### 구 민사소송법과 민사집행법상의 경매용어 비교

| 구 민사소송법의 용어 | | 민사집행법의 용어 | |
|---|---|---|---|
| 입찰명령 | 낙찰자 | 매각명령 | 매수인 |
| 입찰기일 | 최고가입찰신고인 | 매각기일 | 최고가매수신고인 |
| 낙찰허부결정 | 차순위입찰신고인 | 매각허부결정 | 차순위매수신고인 |
| 입찰물건명세서 | 최저입찰가격 | 매각물건명세서 | 최저매각가격 |
| 낙찰대금 | 신입찰 | 매각대금 | 새매각 |
| 재입찰(재경매) | 경매법원 | 재매각 | 집행법원 |
| 입찰보증금 | 낙찰기일 | 매수보증금 | 매각결정기일 |
| 채무명의 | 낙찰허가결정 | 집행권원 | 매각허가결정 |

## 경매절차상 반드시 알아두어야 할 용어들

### 각하와 기각
- 당사자의 소송(절차)상의 신청에 대하여 법원에서 부적법을 이유로 배척하는 재판을 각하라 한다. 기각은 소송이나 이의제기에 이유가 없다고 배척하는 법원의 판결 또는 결정이다.
- 각하는 본안재판이 아니다. 형식재판 또는 소송재판이다.
- 각하는 소송요건의 흠결이나 부적법 등을 이유로 본안심리를 거절하는 재판이다.
- 각하에 대하여 부적법의 원인이 된 흠결을 보정하여 다시 신청할 수 있으나, 기각에 대하여는 보정이 있을 수 없고 상소로서만 다툴 수 있다.

### 변경과 연기
- 경매진행절차상 하자가 발생된 경우 또는 지정된 기일에 경매를 진행시킬 수 없을 때 법원의 직권으로 경매일정을 변경한다. 이를 변경이라 부른다. 연기는 채무자나 소유자 또는 이해관계인의 신청에 의해 경매신청채권자의 동의하에 매각기일을 다음 기일로 미루는 것이다.
- 연기가 되면 1개월 후로 다시 매각기일이 정해진다. 연기신청자가 경매신청권자라면 2회에 한하여 연기가 가능하다.

### 정지
- 경매진행절차를 정지시키는 것을 말한다.
- 정지가 된 경우에도 채권자는 집행정지사유의 소멸을 증명하여 경매절차의 속행을 신청할 수 있고, 집행법원도 직권으로 경매절차를 속행할 수 있다.

### 취하
- 경매신청채권자가 경매신청행위를 철회하는 것을 취하라고 한다.
- 취하는 매수신고가 있기 전까지는 임의로 취하할 수 있다.
- 최고가매수인 및 차순위매수신고인의 동의가 필요하다.

- 잔금 납부 후에는 취하할 수 없다.

> 취소

- 매각으로 인하여 권리의 이전을 불가능하게 하는 사정이 명백한 경우에 집행법원이 직권으로 경매절차를 취소한다.
- 취소의 사유: 잉여의 가망이 없는 경우, 매각목적물에 대한 채무자의 소유권이 상실된 경우, 부동산의 심한 훼손이나 멸실 등

## 1 | 분할(개별)경매와 일괄경매

하나의 매각절차에서 여러 개의 부동산을 매각하는 경우 각 부동산별로 최저매각가격을 정하고 매각을 실시하는 것을 분할(개별)경매라고 하고 여러 개의 부동산을 한꺼번에 전부 매각하는 것을 일괄경매라고 한다.

### 1 분할(개별)경매란?

❶ 여러 개의 부동산에 대하여 채권자가 채권담보의 목적으로 공동저당 또는 공동담보로 저당권을 설정하고, 그 공동담보권자가 경매를 신청하게 되면 담보가 된 모든 부동산에 경매가 진행된다. 이때 분할(개별)경매로 진행하는 경우 각 물건마다 사건번호 이외에 물건번호가 각각 부여되고 개별적으로 경매가 진행된다.

사건번호 표시의 예: 1234 타경 1111, 물건번호 표시의 예: (3)

❷ 분할경매(개별매각)로 진행될 경우 한 개의 부동산 매각대금으로 모

든 채권자의 채권액과 집행비용을 변제하기에 충분하면 다른 부동산의 매각을 허가하지 않는다.

### 2 일괄경매(매각)란?

❶ 민사집행법에서는 분할(개별)경매를 원칙으로 하고 있지만 법정매각조건은 아니다.
❷ 집행법원의 재량으로 일괄경매를 결정할 수 있다. 이는 분할경매를 하는 것보다 일괄매각을 하는 것이 고가로 매각이 될 수 있다고 인정이 되고, 각 매각목적물 사이의 위치, 형태, 이용관계 등을 고려하여 이해관계인의 합의가 없어도 집행법원이 일괄매각을 결정할 수 있다.
❸ 이해관계인 전원의 합의가 있는 경우에는 법원은 이를 존중하여 일괄매각 한다.
❹ 압류채권자가 다르거나 소유자가 다른 경우라도 일괄매각이 가능하며, 각 매각목적물에 대한 저당권 등의 권리자가 다른 경우나 그 순위가 다른 경우에도 일괄매각을 할 수 있다.

**공동저당권자가 공동저당물 중 일부만 저당권을 실행한 경우**
공동저당권자가 공동저당물 중 일부만 저당권을 실행한 경우 그 부분에 대하여만 경매가 진행되며 그 절차의 진행 중에 다른 저당권자가 일괄경매신청을 하여도 반드시 일괄경매로 진행되는 것은 아니다.

### 3 일괄경매(매각)의 요건

❶ 매각목적물의 이용상의 견련성이 있어야 한다.
- 집행법원의 재량으로 여러 개의 매각목적물을 일괄매각 하는 것이 상당하다고 인정하는 것만으로 일괄매각을 결정하는 것이 아니라,

여러 개의 매각목적물의 위치·형태·이용관계 등을 고려하여 일괄매각하는 것이 적절하다고 인정되는 경우에만 직권 또는 이해관계인의 신청에 의하여 일괄매각을 하게 되는 것이다.
- 일괄매각의 요건으로 이용상의 견련성을 요구하는 이유는 일괄매각이 불필요한 경우에도 경매절차를 간이화하기 위하여 일괄경매를 채택하게 되면 최저매각가격이 높아지게 되어 매수자의 수를 감소시키는 결과를 초래하기 때문이다(대결 2001. 8.22. 자 2001 마 3688 참조).
- 매각목적물 사이의 이용상의 견련성은 일괄경매의 상당성을 판단하는 유일한 기준이 된다.
- 이용상의 견련성이 없는 경우 일괄매각하는 것이 보다 더 높은 가격으로 매각할 수 있는 가능성이 있다 하더라도 일괄매각이 허용되지 않는다.
- 매각목적물들 간에 이용상의 견련성이 인정된다면, 부동산 상호간 뿐만 아니라 부동산과 동산 등 다른 종류의 재산도 일괄매각 하는 것이 가능하다. 하지만 금전채권의 경우 일괄매각 대상이 될 수 없다.

❷ 매각목적물의 채무자 또는 소유자가 동일할 필요는 없다.
- 매각목적물 각각에 대해 채무자 또는 소유자가 다른 경우일지라도 일괄매각 할 수 있다.
- 여러 개의 매각목적물에 대해 압류채권자가 다른 경우도 일괄매각 할 수 있다.
- 매각목적물 각각에 대해 저당권 등의 권리자가 다른 경우 그리고 그 순위가 다른 경우라도 일괄매각 할 수 있다.

- 압류채권자가 임의경매와 강제경매를 각각 따로 신청한 경우에도 일괄매각 할 수 있다.

❸ 집행법원이 다른 법원에서 진행 중일 때에도 일괄매각이 가능하다.
- 집행법원이 서로 다른 경우도 어느 법원에서 일괄매각결정을 하면 그 법원으로 이송하여 병합하여 진행한다(민집 제99조 참조).
- 관할 구역이 다른 여러 개의 재산에 대하여 일괄매각할 수 있도록 한 법원에 동시에 경매신청 할 수 있다. 단 등기할 수 있는 선박에 관한 경매사건에 대하여는 그렇지 않다(민집 100조 참조).

❹ 일괄매각은 과잉매각을 허용하지 않는 것을 원칙으로 한다.
- 여러 개의 재산을 일괄매각하는 경우 그 가운데 일부의 매각대금으로 모든 채권자의 채권액과 강제집행비용을 변제하기에 충분하면 법원은 다른 재산의 매각을 허가하지 않는다.
- 민법 제365조에 따라 토지와 그 지상의 건물을 일괄매각 하는 경우는 과잉매각금지의 원칙이 적용되지 않는다. 비록 토지만의 매각대금으로 채권액과 집행비용을 모두 변제하고도 충분할지라도 과잉매각으로 보지 않는다.

토지와 그 위의 건물을 일괄매각하는 경우나 재산을 분리하여 매각하면 그 경제적 효용이 떨어지는 경우 또는 채무자의 동의가 있는 경우에는 과잉매각금지의 원칙을 적용하지 않는다(민법 제 101조 3항 참조).

> **민법제365조(저당지상의 건물에 대한 경매청구권)**
> 토지를 목적으로 저당권을 설정한 후 그 설정자가 그 토지에 건물을 축조한 때에는 저당권자는 토지와 함께 그 건물에 대하여도 경매를 청구할 수 있다. 그러나 그 건물의 경매대가에 대하여는 우선변제를 받을 권리가 없다.

### 4 당연히 일괄경매(매각) 해야 하는 경우는?

❶ 건물 부분과 대지사용권: 대지사용권은 전유부분의 종물 내지 종된 권리이므로 대지권등기가 되어 있는 집합건물은 대지권의 분리처분이 불가능하므로 당연히 일괄매각을 한다. 전유부분에 대한 매각대금으로 채권자의 채권을 모두 변제할 수 있을지라도 대지사용권과 함께 일괄매각을 한다(《민사집행의 실무》, 윤경, 751쪽 참조).

❷ 공장저당법에 의한 저당권의 실행으로 인한 공장저당물건에 대한 일괄경매

- 공장저당법에 의한 저당권 실행으로 경매가 진행된다면 공장저당 대상인 토지와 건물은 그곳에 설치된 기계, 기구 기타 공장의 공용물과의 유기적인 일체성이 있으므로 반드시 일괄매각 하는 것이 원칙이다. 공장저당 목적물의 소유자가 일부 다르더라도 분할매각하지 않는다.
- 다수의 토지가 공장저당의 목적물이 된 경우, 일부 토지 위에 공장건물이나 공장에 관련된 공용물이 설치되어 있지 않은 토지라도 공장의 부지로 사용되고 있는 것으로 인정이 된다면 일괄매각 한다. 단 그 토지가 농지라면 농지 위에 공장에 속하는 건물이나 공용물 등이 설치되어 있지 않는한 그 농지에 대하여는 일괄매각 하지 않는

다(《민사집행의 실무》, 윤경, 752쪽 참조).

❸ 토지와 건물을 일괄매각 하는 경우
- 이미 저당권이 설정된 토지에 그 저당권설정자가 그 토지 위에 건물을 축조한 경우, 저당권자는 토지와 함께 건물에 대하여도 경매를 청구할 수 있으며 이와 같은 경우 일괄매각을 한다.

**저당권자**: 채권자(예: 은행)
**저당권설정자**: 자신의 부동산 등을 담보로 제공하는 자(예: 채무자)

- 토지에 저당권이 설정될 당시에 이미 건물이 존재한 경우라면 그 건물이 토지소유자의 건물이라도(또는 제3자의 소유일 경우에도) 토지저당권자의 일괄경매청구권을 인정하지 않는다.
- 민법 제365조의 일괄경매 요건
  ① 토지에 저당권 설정 당시 건물이 없어야 한다.
  ② 토지에 저당권이 설정되고 난 후 저당권설정자가 건물을 축조하여야 한다.
  ③ 경매신청 당시 토지소유자와 건물소유자가 동일해야 한다.

비록 건물이 저당권설정자에 의해 축조되지 않았다 하더라도 그 후 저당권설정자가 그 건물에 대해 소유권을 취득한 경우라면 일괄경매청구권이 인정된다.

- 민법 제365조에 기한 일괄경매의 추가신청
  토지의 저당권자가 토지에 대해서만 경매를 신청하였어도 이후에 그 지상의 건물에 대해서도 일괄경매를 추가로 신청할 수 있다. 이와 같은 신청이 있으면 집행법원은 건물에 대해서도 경매개시결정을 한 다음 두 사건을 병합하여 일괄매각절차를 진행한다. 단 이는 토지에 관한 매각기일 이전까지이다.

## ▰5 일괄매각 결정에 대해 알아두어야 할 사항

❶ 일괄매각의 결정은 매각기일 이전까지 할 수 있다.

❷ 이해관계인의 일괄매각신청이 없는 경우 일반적으로 집행법원은 현황조사보고서가 제출된 후 그 보고서를 바탕으로 일괄매각이 상당한지 여부를 판단하여 최저매각결정 후에 또는 그 결정과 동시에 한다(《민사집행의 실무》, 윤경, 760쪽 참조).

❸ 일괄매각이 결정되면 이에 불복하는 자는 집행에 관한 이의를 신청할 수 있으며, 이의신청이 접수되면 집행법원은 사안의 내용에 따라 신청인과 채권자 등을 심문하고 일괄매각결정을 하게 된다. 매각허가 이후에는 매각허가에 대한 이의 또는 매각허가결정에 대한 항고로만 다투어야 한다(《법원실무제요Ⅱ》, 220쪽 참조).

❹ 일괄매각이 결정되면 여러 개의 부동산을 전체로서 1개의 부동산으로 보고 일괄매각결정이 된 전체 매각대상물을 기준으로 무잉여 판단을 하게 된다.

❺ 일괄매각이 결정되면 매각목적물의 일부에 대한 공유자는 특별한 사정이 없는 한 부동산 전체에 대하여 공유자 우선매수청구권을 행사할 수 없다(《민사집행의 실무》, 윤경, 764쪽 참조).

❻ 매각목적물이 아닌 물건이 일괄매각 된 경우라면 매각허가결정이 확정되었다고 하더라도 경매신청 되지 않은 독립한 부동산에 대한 매각허가는 무효로 간주되며 매수인은 소유권을 취득할 수 없다(《민사집행의 실무》, 윤경, 765쪽 참조).

위 경우 그 독립한 부동산이 다른 부동산과 함께 감정평가가 되었어도 무효로 간주된다.

# 2 | 강제경매와 임의경매

## ■1 강제경매란?

경매신청채권자가 있으면 법원이 채무자 소유의 부동산을 압류·환가한 후 그 매각대금으로 채권자의 금전채권에 대한 만족을 얻는 데 그 목적이 있는 강제집행절차이다.

## ■2 임의경매란?

저당권 등 담보물권이 설정된 후 담보권의 실행을 위한 경매를 임의경매라고 한다. 임의경매에는 담보물권의 실행을 위한 실질적 경매와 민법, 상법 및 기타 법률의 규정에 의하여 현금화를 위한 형식적 경매가 있다.

**형식적 경매의 종류**: ① 유치권에 의한 경매 ② 협의의 형식적 경매(공유물분할을 위한 경매, 자조매각, 단주의 경매, 타인의 권리를 상실시키는 경매, 청산을 위한 경매 등)

## ■3 임의경매와 강제경매의 차이

❶ 집행권원의 요부: 강제경매에 있어서는 집행권원의 존재를 요하며 그 정본에 집행문을 부여한 집행력 있는 정본에 기하여 실시된다.
임의경매는 피담보채권의 변제를 받기 위하여 경매의 신청권이 인정되므로(민법 제363조 1항) 집행권원의 존재를 요하지 않지만 담보권의 존재를 증명하는 서류를 제출하여야 한다.

❷ 공신적 효과 유무의 차이
• 강제경매: 강제경매는 국가가 강제집행권을 실행함으로써 실시되

므로 공신적 효과가 있다. 따라서 매각절차가 유효하게 완결된 경우라면 집행권에 표상된 실체상의 청구권이 원래부터 존재하지 않았거나 혹은 무효한 경우라도 그리고 그 청구권에 대한 변제가 있었다 하더라도 매수인은 매각목적물의 소유권을 취득하게 된다(《법원실무제요Ⅱ》, 636쪽 참조).

- 임의경매: 임의 경매는 공신적 효과가 없으므로 담보권이 존재하지 않거나 채권이 애초부터 발생한 것이 아니거나 또는 이미 소멸한 경우 경매개시결정을 할 수 없으며, 이를 간과한 채로 매각절차가 진행이 되어 매수인이 대금을 납부하였더라도 소유권을 취득할 수 없다. 하지만 저당권에 기하여 경매가 개시되었고 그 후 그 저당권의 피담보채권이 소멸·변제 되었더라도 이해관계인에 의한 경매개시결정에 대한 이의 또는 매각허가결정에 대한 항고가 없이 매수인이 대금을 완납하게 되면 소유권을 취득할 수 있다(《법원실무제요Ⅱ》, 363쪽 참조).

❸ 한국자산관리공사법의 적용 여부: 금융기관 부실자산 등의 효율적 처리 및 한국자산관리공사의 설립에 관한 법률(한국자산관리공사법)에는 몇 가지 매각절차상의 특례를 인정하고 있다. 그 중 송달특례에 관한 제45조의2는 임의경매절차에만 적용된다.

**제45조의2(경매에 대한 통지 또는 송달의 특례)**
① 법원이 다음 각 호의 1에 해당하는 자의 신청에 의하여 진행하는 민사집행법에 의한 경매절차(담보권 실행을 위한 경매절차에 한한다.)에 있어서의 통지 또는 송달은 경매신청 당시 당해 부동산의 등기부에 기재되어 있는 주소(주민등록법에 의한 주민등록표에 기재된 주소와 다른 경우에는 주민등록표에 기재된 주소를 포함하며, 주소를 법원에 신고한 때에는 그 주소로 한다.)에 발송함으로써 송달된 것으로 보며, 등기부 및 주민등록표에 주소가 기재되어 있지 아니하고 주소를 법원에 신고하지 아니한 때에는 공시송달의 방법에 의하여야 한다.
② 제1항의 규정에 의한 경매절차에 있어서 제1항 각 호의 1에 해당하는 자는 경매신청 전에 경매실행 예정 사실을 당해 채무자 및 소유자에게 부동산의 등기부에 기재되어 있는 주소(주민등록법에 의한 주민등록표에 기재된 주소와 다른 경우에는 주민등록표에 기재된 주소를 포함한다.)로 통지하여야 한다. 이 경우 발송함으로써 송달된 것으로 본다.

# 3 | 공동경매와 이중경매

## 1 공동경매

❶ 여러 명의 채권자가 자신의 채권을 변제받기 위하여 채무자의 동일 부동산에 대하여 동시, 순차 혹은 공동으로 경매신청 하는 것을 공동경매라고 한다.

❷ 동시에 경매신청을 한 경우 뿐만 아니라 아직 경매개시결정이 내려지기 전에 동일한 부동산에 대하여 다른 채권자들이 순차적으로 경매신청을 하면 먼저 신청한 경매신청을 병합하여 하나의 경매개시결정을 하는 것도 공동경매이다.

❸ 이때 여러 경매신청채권자는 공동의 압류채권자가 되고 그 집행절

차는 단독으로 경매를 신청한 경우의 규정을 준용하여 실시하게 된다.
❹ 매각절차는 각 채권자를 위하여 각각 진행되므로 각 채권자는 독립하여 그 이익을 취할 수 있고, 한 채권자에 대한 집행정지 혹은 취소 사유가 발생하거나 경매신청이 취하되더라도 다른 채권자에게 아무런 영향을 주지 않는다(《법원실무제요Ⅱ》, 83쪽 참조).

### 2 이중경매란?

❶ 강제경매절차 또는 담보권 실행을 위한 경매개시결정이 있은 후에 그 부동산에 대하여 또 다른 채권자가 경매신청을 하여 중복경매개시결정이 된 경우를 말한다. 이중경매신청은 매수인이 매각대금을 완납하기 전까지이다.
❷ 이미 경매개시결정을 한 부동산에 대하여 다른 채권자가 경매신청을 한 경우 법원은 다시 경매개시결정을 내리고 먼저 경매개시결정을 한 선행사건의 집행절차에 따라 진행한다.
❸ 선행사건의 경매가 취하되거나 그 절차가 취소되어도 이중경매신청 채권자가 그 채권액의 일부라도 변제받을 수 있다면 후행사건의 경매절차를 속행한다.
❹ 절차를 속행하는 경우 선행경매사건의 현황조사, 감정평가 등 유효한 범위에서 경매준비단계를 승계할 수 있다.
❺ 선행사건이 있음에도 후행사건의 경매개시결정에 의하여 경매절차를 진행한 경우 위법으로 간주되지만, 후행사건이 그대로 진행되어 매각허가결정이 확정되고 매각대금까지 매수인이 완납한 경우라면 매수인은 적법하게 소유권을 취득한 것으로 본다.
❻ 이중경매신청은 배당요구와 같은 것으로 간주하며, 그 효력은 경매

신청서 접수 시 발생하게 된다. 선행경매사건의 배당요구의 종기 내에 경매신청을 한 이중경매신청채권자는 선행경매사건의 배당에 참여할 수 있지만, 배당요구의 종기 이후에 이중경매신청을 한 채권자는 선행사건의 매각대금에서 배당받을 수 없다.

### 3 이중경매개시결정의 요건

❶ 이미 선행사건의 경매개시결정이 되어 있어야 한다. 단 효력이 발생하였는지에 대한 여부는 요건이 아니다.

**경매신청은 이미 있으나 경매개시결정이 없는 경우**
경매개시결정이 없는 경우 먼저 한 경매신청과 후에 경매신청 한 것을 병합하여 1개의 경매개시결정을 하는 공동경매로 진행된다.

❷ 부동산이 동일한 채무자의 소유여야 한다.
❸ 경매신청의 요건을 구비하고 있어야 한다.
❹ 이중경매개시결정이 있으면 이를 채무자에게 송달하여야 한다. 특히 선행사건으로 진행하는 경우가 아닌 후행사건으로 진행될 경우 반드시 채무자에게 송달되어야 한다. 송달이 되지 않았다면 매각절차는 무효가 된다.
❺ 집행법원은 이해관계인에게 이중경매신청이 있음을 통지하여야 한다. 하지만 이중경매개시결정의 효력 발생요건은 아니다.

## 4 | 새매각과 재매각

### 1 새매각

매각절차를 적법하게 진행하였으나 허가한 매수신고인이 없거나 최고가매수신고인에 대하여 매각불허 결정 등의 이유로 적법한 매수인이 결정되지 않았을 경우 새로운 매각기일을 정하여 매각절차를 진행하는 것을 새매각이라고 한다.

- 적법한 매수신고인이 없는 경우 저평가없이 최저매각가격을 저감하여 진행한다. 보통 한달 후에 최저매각가격을 20% 혹은 30% 저감하여 매각절차가 진행된다.
- 새매각기일에도 매수인이 정해지지 않으면 순차적으로 최저매각가격을 저감하여 새매각절차를 진행한다.
- 매각허가에 대한 이해관계인의 이의신청이나 법원의 직권으로 매각불허 결정이 난 경우나 매각허가결정에 대한 항고 등으로 취소결정이 난 경우의 새매각절차에서는 최저매각가격을 저감하지 않고 종전 매각기일의 최저매각가격으로 절차가 진행된다.
- 매수보증금은 특별매각조건을 제외하고 최저매각가격의 10%이다.

### 2 재매각

❶ 최고가매수신고인(차순위매수신고인이 있는 경우는 차순위매수신고인)이 매각대금을 납부하지 않은 경우 재매각을 실시한다. 이때 매수보증금은 최저매각가격의 20% 또는 경우에 따라 30%가 된다.

❷ 재매각으로 진행될 경우 전 매수인은 다시 입찰에 참여할 수 없으며 매수보증금도 돌려받지 못한다.

재매각이 결정되고 난 후 경매절차가 취소되거나 경매가 취하된 경우라면 매수보증금을 돌려받을 수 있다.

❸ 전 매수인이 재매각기일 3일 전까지 지연이자, 매각대금, 재경매공고 등의 비용을 납부하면 재매각은 취소된다.

## 5 | 공매

### 1 경매와 공매의 비교

❶ 공매: 금융기관이나 기업체가 가진 비업무용 재산과 국세·지방세의 체납으로 인한 압류재산을 처분하는 것으로 한국자산관리공사공매, 금융권공매, 예금보험공사공매, 공기업공매, 동산공매 등이 있다. 이 중 한국자산관리공사(KAMCO)의 공매가 대표적이다.

❷ 경매와 비교: 경매는 개인 사이의 거래로부터 발생한 부실채권을 처리하는 절차라면 공매는 개인과 국가기관과의 거래로부터 발생한 채권을 정리하기 위한 절차이다.

#### 경매와 공매의 구체적 비교

| 구분 | 경매 | 공매(압류재산일 경우) |
|---|---|---|
| 집행기관 | 집행법원 | 국가, 자치단체 등 |
| 근거법률과 집행권원 | 민사집행법(구 민사소송법)<br>강제경매:집행정본<br>임의경매:담보권원 | 국세징수법<br>집행권원 필요 없음 |
| 현황조사제도 | 있음 | 없음 (단 2012.1.1.부터 적용될 예정) |

| | | |
|---|---|---|
| 최초 매각가격 기준 | 일반적으로 감정평가액 | 감정평가액과 취득비용 |
| 매각방법 | 현장입찰, 우편입찰<br>-기일입찰, 기간입찰 | 인터넷입찰<br>-기간입찰 |
| 매수보증금액 | 최저매각가격의 10% | 입찰가격의 10% |
| 유찰률 | 보통 최저가의<br>20~30%씩 저감 | 감정가의 10%씩 저감<br>6회 차부터는 재감정 후 다시 저감 혹은 압류관세와 협의로 저감률 결정 |
| 전 매수인의 입찰<br>(매수신청) | 불가능 | 가능 |
| 매각허가결정제도 | 있음 | 없음 |
| 대금납부 기한 | 매각결정기일로부터<br>1개월 이내(일시납부) | 매매계약체결일로부터<br>1,000만 원 미만 - 7일 이내<br>1,000만 원 이상 - 60일 이내 |
| 대금미납 시 | 대금납부기한일로부터 연20%의 지연이자 혹은 재매각(입찰보증금은 몰수되어 배당에 편입) | 10일간 납부유예기간이 지나면 재매각(입찰보증금은 체납처분비,압류와 관계되는 국세, 가산금 순으로 충당하고 잔액은 체납자에게 지급. 2010.1.1. 개정) |
| 상계 및 인수제도 | 있음 | 없음 |
| 농지취득자격증명 또는 기타 서면제출 기한 | 매각결정기일까지 | 이전등기신청 시까지 |
| 토지거래허가 | 불필요 | 불필요(단 수탁재산인 경우 3회 이상 공매하였으나 유찰된 경우에 면제) |
| 인도명령제도 | 있음 | 없음 |
| 차순위매수신고제도 | 있음 | 없음 |
| 공유자우선매수신고제도 | 있음(매각기일 마감 시까지) | 있음(매각결정 전까지)<br>(2006.10.27. 신설) |
| 임차인의 최우선변제 요건 | 경매개시결정기입등기 전에 갖출 것 | 최초 공매공고일 이전에 갖출 것 |
| 배당요구 기한 | 배당요구의 종기까지 | 배분계산서 작성 시까지<br>(2012.1.1.부터 첫 입찰기간 개시 이전까지) |

## 2 공매로 매각되는 주요 대상

압류부동산, 비업무용 부동산, 부실채권기금에 의해 인수된 부동산, 한시적으로 매각의뢰가 된 명의신탁부동산 등

❶ 압류재산: 개인이나 기업 등이 세금을 체납한 경우, 국가기관 등이 체납된 세금을 회수하기 위하여 국세징수법에 따라 체납자 소유의 재산을 압류한 후 한국자산관리공사(KAMCO)에 매각을 의뢰한 부동산

❷ 유입자산: 금융기관의 구조개선을 위해 부실채권을 회수할 목적으로 한국자산관리공사가 부실채권정리기금을 이용하여 경매를 통해 취득한 재산 및 부실징후 기업체를 지원하기 위해 기업체로부터 취득한 재산을 다시 일반인에게 매각하는 부동산

❸ 수탁재산
- 일시적 1세대 2주택자가 양도소득세의 비과세 또는 중과 제외 혜택을 받기 위해 한국자산관리공사에 매각을 위임한 부동산
- 금융기관 또는 기업체가 소유하고 있는 비업무용 보유재산을 한국자산관리공사에 매각을 위임한 부동산
- 비사업용으로 전환예정인 토지소유자가 양도소득세의 비과세 또는 중과 제외 혜택을 받기 위해 한국자산관리공사에 매각을 위임한 부동산

❹ 국유재산: 국유재산은 원칙적으로는 매각이 금지되지만 예외적으로 국가소유 잡종재산의 관리와 처분을 한국자산관리공사가 위임받아

입찰의 방법으로 일반인에게 임대하는 부동산이다. 국유재산의 사용, 수익기간은 일반적으로 3년이다.

### ■3 압류재산을 구입하는 경우

인터넷 공매사이트인 온비드(www.onbid.co.kr)를 통하여 공고된 물건에 대해 지정된 입찰기간 동안 입찰서를 제출하고, 지정된 계좌로 보증금을 납부한다. 매각이 안 된 경우 입찰보증금은 입찰자가 기재한 환불계좌로 자동이체 된다. 압류재산은 유찰(수의)계약으로 구입할 수 없으며 매각결정통지서를 교부함으로써 계약체결에 갈음한다.

❶ 매각실시: 월요일 오전 10시부터 수요일 오후 5시까지
❷ 개찰: 목요일 오전 11시
❸ 대금납부기한: 1,000만 원 이상인 경우 매각결정일로부터 60일 이내, 1,000만 원 미만인 경우 매각결정일로부터 7일 이내

### ■4 유입자산 및 수탁재산을 구입하는 경우

❶ 공매를 통하여 구입하는 방법: 압류재산을 구입하는 경우와 동일한 방법이다.
❷ 유찰(수의)계약으로 구입하는 방법: 공개경쟁입찰을 실시하고도 매각되지 않고 유찰되었을 때 다음 공매공고 전까지 최종공매조건으로 누구나 자유로이 매수할 수 있는 제도를 유찰(수의)계약이라 한다. 유찰(수의)계약은 10% 계약보증금이 필요하다.

**수의계약**: 경쟁계약이 아닌 임의로 가장 유리한 조건을 제시한 자를 선정하여 체결하는 계약을 말한다.

❸ 할부구입 가능
- 유입자산인 경우엔 매매금액에 따라 1개월에서 최장 5년 기간 내 6개월 균등분할로 구입할 수 있고, 계약체결 후 1회에 한하여 계약 연장도 가능하다. 단 할부 시 기금채권발행금리에 해당하는 이자를 가산하여 납부하여야 한다.
- 수탁재산 중 금융기관 또는 기업체가 매각 위임한 부동산의 경우에는 위임기관에 따라 1개월에서 5년까지 분할로 구입할 수 있다.

❹ 매매대금 전액 납부 전 소유권 이전 가능
- 유입자산인 경우: 매매대금의 1/3이상을 선납하는 경우 소유권 이전 전이라도 입주사용이 가능하다. 단 공장인 경우 물건에 따라 조건이 다르다. 계약체결 후 매매대금의 1/2이상을 납부하고 근저당권을 설정하는 조건으로 소유권 이전을 요청하거나 매매대금에 상응하는 은행지급보증서 등 납부보장책을 제출하면 소유권 이전이 가능하다.
- 수탁재산인 경우: 계약체결 후 금융기관의 지급보증서예금, 적금증서, 국·공채나 금융채를 제출하면 매매대금완납 전이라도 소유권 이전이 가능하다.

❺ 할부로 매수한 경우 중도에 구입자 명의변경 가능
할부로 부동산을 매수한 경우 매매대금을 계속 납부할 수 없을 때는 위임기관의 승인을 받아 제3자가 계약을 이어받아 이행할 수 있는 명의변경이 가능하다.

### 5 권리분석

유입자산, 수탁재산인 경우 이미 법원의 경매로 모든 권리가 말소되고 소유권이 이전되어 권리상의 하자는 없으나 행정상의 규제, 공부와의 차이점과 현황 등은 매수인 자신이 파악하여야 한다.

### 6 명도의 책임

압류재산인 경우 명도는 매수인에게 책임이 있지만, 유입자산은 한국자산관리공사에, 수탁재산인 경우는 금융기관 또는 공기업에 있다(상황에 따라 매수인이 책임을 지는 경우도 있다).

### 7 공매공고 기간

유입자산, 수탁재산, 국유재산은 공고일로부터 10일 이내에 매각절차를 실시하고, 압류재산은 공고일로부터 10일 경과 후에 실시하는 것이 원칙이지만 입찰을 하고자 하는 사람들이 부동산에 대한 권리분석과 물건분석을 하는 시간을 주고자 4주 정도의 기간을 두고 실시하는 것이 보통이다.

## 8 압류재산, 국유재산, 수탁재산, 유입자산의 공매절차상 비교

| 구분 | 압류재산 | 국유재산 | 수탁재산 | 유입자산 |
|---|---|---|---|---|
| 소유권 구분 | 체납자 | 국가(기획재정부) | 금융기관, 공기업 | KAMCO |
| 권리분석 | 매수인 책임 | 매수인 책임 | 권리분석 필요 없음 | 권리분석 필요 없음 |
| 명도책임 | 매수인 | 매수인 | 매도인 책임(경우에 따라서는 매수인이 책임) | 매도인(KAMCO) (경우에 따라서는 매수인) |
| 대금납부 방법 및 기한 | 국세징수법에 정함(보증금 10%, 잔금 1,000만 원 미만 7일 이내, 1,000만 원 이상 60일 이내 납부) | 매각: 매매계약체결일로부터 60일 이내 대부: 연간대부료 전액 선납 원칙 (예외: 연간대부료 10만 원 초과 시 연4회 이내 분납) | 금융기관 및 공기업 제시조건(보증금 10%, 잔금 90%) | 일시급 또는 매각금액에 따라 최장 5년 기간 내에서 할부로 납부 가능 (6개월 균등분할 납부) |
| 계약체결 | 매각결정에 의함 | 매각 후 5일 이내 | 매각 후 5일 이내 | 매각 후 5일 이내 |
| 매수인 명의변경 | 불가능 | 불가능 (상속인 예외) | 위임기관 승인 후 가능 | 가능 |
| 대금완납 전 점유 사용 | 불가능 | 불가능 | 금융기관 승낙조건에 따른 점유사용료를 내거나 납부보장책을 제시하는 경우 가능 | 매매대금의 1/3 이상 선납하거나, 기계기구의 수리비가 매매대금의 1/3이상 소요되는 경우로써 매수인이 직접 수리 후 사용하고자 하는 경우 가능 |
| 유찰계약 (수의계약) | 불가능 | 2회차 유찰 이후 차기 공고까지 가능 | 다음 공매공고 전일까지 가능 (단 예외 있음) | 다음 공매공고 전일까지 가능 |

* 온비드 홈페이지참조(www.onbid.co.kr)

## 9 공매절차

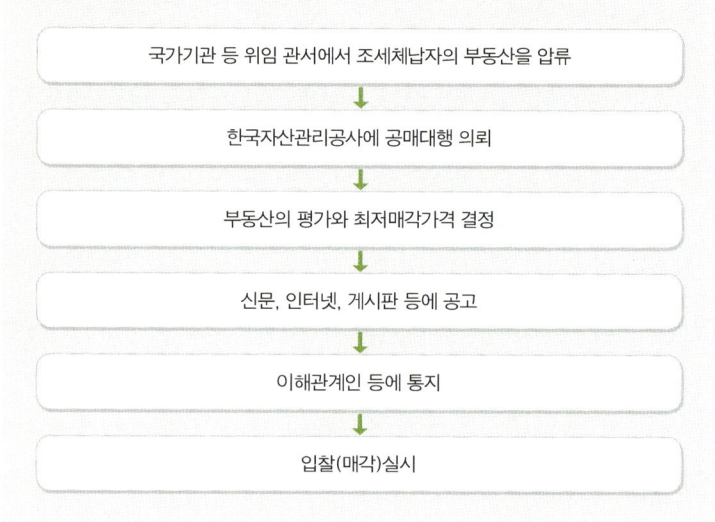

## 10 온비드(www.onbid.co.kr)를 통한 공매참가절차

● 온비드 회원가입

> **가입대상**
> - 개인 또는 개인사업자(단 개인사업자, 14세 미만 아동은 승인절차 필요)
> - 사업자등록증을 소지한 일반 법인, 법인격을 취득(설립등기)하지 아니하였으나 사단·재단으로 실체를 갖추고 있는 단체(고유번호증 소지)
> - 국내 또는 해외 거주 외국인(등록번호 보유 외국인: 자동승인, 등록번호 미보유 외국인: 승인절차 필요, 서류 접수 후 약 1일 소요)

> **제출서류**
> - 개인사업자: 회원가입신청서 및 사업자등록증
> - 만14세미만 회원: 회원가입동의서, 주민등록등본 또는 건강보험증(만 14세미만자 인명 기재)
> - 일반 법인: 법인명의 회원가입신청서, 사업자등록증 또는 고유번호증 사본, 법인인감증명서(고유번호증 사본인 경우에는 법인등기부등본 첨부)
> - 비법인단체: 대표자명의 회원가입신청서, 사업자등록증 또는 고유번호증 사본, 부동산등기용 등록번호등록증명서
>   (부동산 등기용 등록번호등록증명서가 없는 경우에는 정관 기타규약 및 대표자 또는 관리자를 증명하는 서면을 제출)
> - 외국인 경우: 해당국 사회보장카드 또는 운전면허증

❷ 공인인증서 등록: 인터넷 입찰을 위해서는 공인인증서 반드시 필요

> - 공인인증서가 없는 경우: 공인인증기관 또는 대행기관을 통하여 발급 받아야 함.
>   〈나의온비드〉-〈공인인증서관리〉-〈인증서안내/신청〉 코너를 이용하여 온비드전용인증서 및 전자거래범용인증서를 발급
> - 공인인증서가 있는 경우: 보유한 공인인증서를 〈나의온비드〉에서 등록.

❸ 물건검색

❹ 인터넷 입찰참가서 작성

- 물건정보화면 하단의 입찰정보 목록에서 〈입찰참가〉버튼을 누르면 〈인터넷입찰서 작성〉으로 이동
- 전자입찰서에 입금금액과 납부한 보증금을 환불받을 계좌번호를 입력(보증금납부계좌는 농협과 신한은행 둘 중 하나 선택), 전자보증서(보증보험증권)를 입찰보증금으로 납부할 경우 '전자보증서발급신청'을 누르면 '전자보증서발급신청'화면으로 이동.

❺ 입찰서제출: 입찰서제출 버튼을 누르면 입찰서가 제출됨

- 공동입찰, 대리입찰 및 미성년자입찰(민법상 만20세 미만)의 경우에는 정해진 기한까지 관련서류를 입찰집행기관(부점) 담당자 앞으로 제출하여야 함.
- 기한
  ① 한국자산관리공사입찰
     - 수탁재산, 유입(유동화유입)자산, 국유재산 물건: 입찰기간 중
     - 압류재산: 인터넷입찰마감 1영업일 전까지(대리입찰 불가)
  ② 한국자산관리공사 외 이용기관 입찰
     - 입찰기간 중(기관별로 다를 수 있으므로 공고기관 담당자에게 문의해 볼것)
- 공동입찰참가신청서: 공동입찰참가신청서를 전자서명 방식을 이용하여 전자적으로 제출할 수 있음(공고기관이 허용한 경우)

❻ 보증금납부: 입찰마감시간까지 보증금을 납부

- 입찰금액 총액의 10% 이상의 입찰보증금을 인터넷공매입찰 마감 시간까지 전자입찰서에 입력하고, 납부요청하여야 함(공사가 지정하는 가상예금계좌에 납부하여야 하며 입찰보증금 납부에 따른 수수료도 부담하여야 한다.)
- 보증금을 현금으로 납부하는 경우: 인터넷뱅킹, 폰뱅킹, ATM, 은행창구입금 등을 할 수 있지만 금융기관별 서비스 이용 가능시간과 거래방법별 이체한도 등의 제한이 있으므로 주의해야 함
- 1,000만 원 초과하는 경우에만 분할납부가 가능(1,000만 원 이하인 경우 반드시 한 번에 입금해야 함)

❼ 낙찰자선정및 결과 확인

- 〈나의온비드〉코너의 〈입찰내역〉에서 확인할 수 있음

## 11 재산종류별 낙찰 후 절차

❶ 압류재산인 경우

### 1. 해당부점에서 매각결정통지서 수령
- 본인이 직접 해당부점을 방문하여 수령(방문전에 담당자와 통화하는 것이 좋다.)
- 준비물: 신분증과 도장(대리인 경우 인감증명서를 첨부한 위임장 지참)
- 전자교부를 신청한 경우: 온비드(나의온비드 〉 입찰내역관리 〉 입찰결과목록)에 접속하여 매각결정통지서 발급

### 2. 잔금납부
- 납부기한까지 매각결정통지서에 기재된 잔금납부계좌로 입금.

- 1천만 원 미만: 7일 이내
- 1천만 원 이상: 60일 이내(지연시 10일의 납부유예기간)

### 3. 소유권이전등기촉탁

잔금납부일로부터 60일 이내(기간이 경과하면 과태료가 부과될 수도 있음)에 필요한 서류를 모두 준비하고 등기청구서 및 수령요청서(온비드에서 다운로드)를 작성하여 한국자산관리공사의 해당부점에 제출하여야 한다(등기소 및 등기권리증 발송용 우표 2매와 등기필증 회송용 대봉투 1매도 함께 제출).

### 4. 해당부점에서 등기권리증 수령

한국자산관리 공사가 등기소로부터 등기권리증을 접수하여 매수자에게 교부: 등기필증을 직접 교부시 본인도장, 대리인일 경우 인감증명서와 위임장을 지참하여야 한다.

## ❷ 국유재산일 경우

### 1. 국유재산을 임대(대부)하는 경우

- 잔금납부: 낙찰일로부터 5일 이내에 한국자산관리공사의 지정계좌로 입금
  - 낙찰후 물건담당자와 협의하여 대부료 납부에 관한 내용 및 계약체결일자를 결정하게 된다.
- 임대(대부)계약체결: 낙찰일로부터 5일 이내(준비물: 주민등록등본 1통 및 신분증, 도장등)
  - 낙찰시 점유자가 있는 경우, 한국자산관리공사에서 명도를 하게 되며 임대(대부)계약 체결은 명도집행 완료일 이후로 결정된다.
- 임대(대부)계약서 발송: 피대부자 주소지로 대부계약서가 발송된다.

### 2. 국유재산을 매입하는 경우

- 매매계약체결: 낙찰일로부터 5일 이내(준비물: 주민등록등본 1통 및 도장)
- 잔금납부: 매매계약체결일로부터 60일 이내에 전액 납부(미납시 매매계약은 해지되고 입찰보증금은 국고로 귀속된다.)

- 소유권이전: 잔금 완납 후 해당부점 방문하여 소유권이전에 필요한 서류를 수령하여 매수자가 직접 등기소에 접수한다.
- 소유권이전에 필요한 서류: 매도자인감증명서, 위임장 등

### ❸ 수탁재산, 유입·유동화재산일 경우

#### 1. 매매계약체결
- 낙찰 후 5일이내에 본인 또는 대리인이 물건의 해당부점을 방문하여 매매계약체결
- 준비물: 주민등록등본 1통 및 신분증, 도장(대리인 경우 인감증명서를 첨부한 위임장)

#### 2. 중도금 및 잔금납부
- 매매계약서에 명시된 납부기일까지 중도금 및 잔금납부

#### 3. 소유권이전
- 해당부점에 방문하여 소유권이전에 필요한 서류를 수령한후 소유권이전등기신청
- 방문시 준비물: 신분증, 도장
- 소유권이전에 필요한 서류: 매도용인감증명, 등기권리증, 위임장 등

### 소유권이전시 필요한 서류들(발급한지 1개월 이내의 서류)

① **해당부점에서 발급받을 서류**
  1. 매각결정통지서 및 보증금 납입영수증 각1부(원본)
  2. 잔금 납입영수증 1부(원본)
     (무통장입금후 무통장입금증 지참. 예금주: 한국자산관리공사)

② **등기소 혹은 인터넷등기소(www.iros.go.kr)에서 발급받을 서류**
  1. 토지등기부등본 2통
  2. 건물등기부등본 2통

③ **관할 군, 구,시청의 세무과 혹은 재무과에서 발급받을 서류**
  1. 토지(임야)대장 1통
  2. 건축물대장 1통(공유자연명부포함)
  3. 취득세(대토인 경우 감면혜택있음) 및 등록면허세 영수증 발급
     - 발급시 지참서류: 매각결정서, 보증금·잔금납입영수증 사본
     - 취득세 영수증에 국민주택 채권 매입액 계산시 필요한 과세시가표준액을 기재받을 것
     - 등록면허세: 등기부등본 권리내용 말소건수×3,600원

④ **시, 군, 구, 읍(면)사무서에서 발급받을 서류**
  1. 본인 주민등록등(초)본 1통(주민센터)
  2. 농지인 경우 농지취득자격증명
     (도시계획내의 농지처럼 필요없는 경우: 토지이용계획확인원1통)

⑤ **은행에서 필요한 서류(우리,농협,신한,하나,기업은행)**
  1. 국민주택채권 매입필증영수증(농민이 농지취득할 경우 면제이며 대신 농지원부제출)
     - 등록세납부고지서상의 토지 및 건물 시가표준금액을 기준으로 매입함 (토지 500만 원 이상, 기타부동산 1000만 원 이상, 주택 2000만 원 이상인 경우에만)
  2. 등기신청수수료 납부(납부처: 신한은행, 농협중앙회)
     - 등기부등본상 제권리(압류,가압류,근저당 등)말소용
       소유권이전필지당 기본 14,000원(말소등록건당×3,000원)
     - 3만 원 이하일 경우 대법원수입증지로 납부 가능(단 합계가 10만 원 이상일 경우 현금납부)

## 공매용어

**수의계약**: 공개 매각과는 달리 매도인이 원하는 가격으로 계약하는 1:1 계약을 수의계약이라고 한다.

**교부청구**: 체납재산에 대한 경매나 공매 등이 개시되면 세무서장은 국세를 징수하기 위해서 공공단체, 집행공무원, 강제관리인, 집행법원, 파산관재인 또는 청산인에 대해 납기 전이라도 국세, 가산금, 체납처분비의 교부를 청구할 수 있다.

**회수철회**: 선 회차에서 매각이 되면 후 회차는 회수철회 된다. 최초 감정가격의 50%까지 저감된 경우만 공매 전체 과정을 온비드 인터넷상에 공고한다. 하지만 최초 감정가격의 50% 이하로 저감된 경우 절차 진행 여부는 의뢰기관의 의견을 물어 결정하여 공지한다.

**참가압류**: 과세관청이 국세징수를 위해 압류하고자 하는 재산이 이미 다른 기관에 의하여 압류되었을 때, 참가압류통지서를 이미 압류한 기관에 송달하여 후순위로 체납재산에 대한 압류에 참여하는 강제징수절차를 말한다. 민사집행법과 달리 국세징수법에서는 중복압류가 불가능하다. 참가압류는 가압류기관에 대하여 교부청구효력을 지니며 참가압류를 하면 배당요구의 효력과 시효중단의 효력이 발생하지만, 우선배분권 행사는 할 수 없다.

# 제3장 — 알쏭달쏭 OX문제

01 공매도 경매와 같이 인도명령제도가 있다. (   )

02 건물 단독으로도 경매신청 대상이 될 수 있다. (   )

03 미등기 토지는 경매대상이 될 수 없다. (   )

04 대지권의 목적으로 되어 있는 공유지분은 특별한 경우를 제외하고 건물과 분리하여 처분할 수 없다. (   )

05 저당권 설정자는 채권자를 가리키는 말이다. (   )

06 강제경매에는 공신적 효과가 있다. (   )

### 정답 및 해설

01  X 공매에는 인도명령제도가 없다.
02  O
03  X 미등기 토지도 경매대상이 될 수 있다. 그러나 토지대장, 수용증명서, 소유권확인판결 등을 제출하여 채무자 명의로 즉시 등기할 수 있음을 증명하여야 한다.
04  O
05  X 저당권자-채권자, 저당권설정자-자신의 부동산 등을 담보로 제공하는 자(예: 채무자, 소유자)
06  O

## 제3장 — 주관식 문제

01 저당권 등 담보물권이 설정된 후 담보권의 실행을 위한 경매를 무엇이라고 하는가?

02 매각절차를 적법하게 진행하였으나 입찰불능, 혹은 매각불허가 등의 이유로 매수인이 결정되지 않은 경우, 새로운 기일을 정하여 경매를 진행하는 것을 무엇이라고 하는가?

03 공개매각과는 달리 매도인이 원하는 가격으로 계약하는 1:1 계약을 무엇이라고 하는가?

04 공매의 입찰보증금은 어떻게 되는가?

05 당사자의 소송(절차)상의 신청에 대하여 법원에서 부적법을 이유로 배척하는 재판을 무엇이라고 하는가?

06 금융기관의 구조개선을 위해 부실채권을 회수할 목적으로 한국자산관리공사의 부실채권정리기금을 이용하여 한국자산관리공사가 경매를 통해 취득한 재산 및 부실징후 기업체를 지원하기 위해 기업체로부터 취득한 재산을 다시 일반인에게 매각하는 부동산을 무엇이라고 하는가?

07 유입자산 및 수탁재산에 대한 공매에 있어서 명도의 책임은 누구에게 있는가?

---

### 정답 및 해설

01 임의경매
02 새매각
03 수의계약
04 입찰금액의 10%
05 각하
06 유입자산
07 한국자산관리공사-압류재산의 공매의 경우 명도는 매수자에게 책임이 있지만 유입자산 및 수탁재산의 경우는 한국자산관리공사에 있다(단 상황에 따라 매수인이 책임을 지는 경우도 있음).

## 제3장 — 정석 I 객관식 문제

**01** 다음 중 경매대상 목적물이 될 수 있는 것으로만 묶인 것은?

> ㄱ. 토지에 박힌 울타리
> ㄴ. 소유권 보존등기 된 입목
> ㄷ. 기둥은 있으나 지붕은 없는 천막
> ㄹ. 공장재단, 광업재단
> ㅁ. 공동 광업권자의 지분
> ㅂ. 선박, 자동차, 중기, 항공기
> ㅅ. 지상권
> ㅇ. 존속기간이 남은 전세권

① ㄱ, ㄴ, ㄷ, ㄹ, ㅇ
② ㄴ, ㄹ, ㅁ, ㅂ, ㅇ
③ ㄴ, ㄹ, ㅂ, ㅅ, ㅇ
④ ㄴ, ㄹ, ㅁ, ㅅ, ㅇ

정답 ▶ ③ 경매대상목적물이 되는 것은 ㄴ, ㄹ, ㅂ, ㅅ, ㅇ이다.

**02** 2002. 7. 1. 민사집행법이 제정·시행되면서 새로 통일된 경매용어가 잘못된 것은?

① 낙찰기일 → 매각결정기일
② 최저입찰가격 → 최저매각가격
③ 경매법원 → 집행법원
④ 입찰보증금 → 경매보증금
⑤ 입찰명령 → 매각명령

정답 ▶ ④ 입찰보증금(경매보증금)은 매수(신청)보증금으로 사용한다.

⟨03~05⟩ 아래의 문제를 보고 보기 중 해당하는 것을 고르세요.

> 가. 일괄매각    나. 공동경매    다. 개별매각

**03** 공동담보라 하더라도 해당 부동산의 위치나 이용관계 등을 고려할 때 분할매각할 경우 해당 부동산의 가치가 현저히 감소하거나, 동일인에게 매각하여야 고가로 매각할 수 있다고 판단될 때 이해관계인의 신청이나 법원의 직권으로 진행되는 경매는?

① 가        ② 나        ③ 다

정답 ▶ ① 일괄매각에 대한 설명이다. (일괄매각하는 것이 보다 높은 가격으로 매각 될 가능성이 있어도 이용상 견련성이 없으면 일괄매각이 허용되지 않는다.)

**04** 여러 명의 채권자가 동시에 경매신청을 하거나, 경매개시결정 전 동일 부동산에 대하여 다른 채권자로부터 경매신청이 있는 경우, 수개의 경매신청을 병합하여 하나의 경매개시결정을 하여 단독으로 경매신청을 한 경우에 준하여 실시되는 집행절차는?

① 가        ② 나        ③ 다

정답 ▶ ② 공동경매에 대한 설명이다.
cf. 이중경매는 강제경매절차 또는 담보권 실행을 위한 경매절차를 개시하는 결정을 한 부동산에 대하여 다른 (후행)강제경매의 신청이 있는 때에는 법원은 다시 경매개시결정을 하고 선행경매개시결정을 한 집행절차에 따라 경매하는 것을 말한다.
공동입찰은 하나의 물건에 2인 이상이 공동으로 입찰하는 것을 말한다.

**05** 여러개의 부동산이 동시에 경매가 진행되는데, 이때 각 물건마다 최저가격을 정하여 사건번호와 함께 물건번호를 붙여 개별적으로 진행되는 경매는?

① 가        ② 나        ③ 다

정답 ▶ ③

06 다음의 경매절차상 등장하는 주요 용어와 설명을 바르게 짝지어보시오.

① 각하 • • 가. 경매신청 채권자가 경매신청행위를 철회하는 것
② 취하 • • 나. 소송이나 이의제기에 이유 없다고 하여 배척하는 법원의 판결 또는 결정
③ 변경 • • 다. 매각으로 인하여 권리의 이전을 불가능하게 하는 사정이 명백한 경우, 집행법원이 직권으로 경매절차를 취소하는 것
④ 연기 • • 라. 당사자의 소송 또는 절차상의 신청에 의해 법원에서 부적법을 이유로 배척하는 재판
⑤ 취소 • • 마. 경매진행절차상 하자가 발생된 경우 또는 지정된 기일에 경매를 진행시킬 수 없을 때 법원의 직권으로 경매일정을 변경하는 것
⑥ 기각 • • 바. 채무자나 소유자 또는 이해관계인의 신청에 의해 경매신청채권자의 동의하에 다음 기일로 미루는 것

정답 ▶ ①-라, ②-가, ③-마, ④-바, ⑤-다, ⑥-나


07 경매절차에 대한 설명이 옳지 않은 것은?

① 기각에 대하여는 부적법의 원인이 된 흠결을 보정하여 다시 신청할 수 있으나, 각하에 대하여는 상소로서만 다툴 수 있다.
② 정지가 된 경우에도 채권자는 집행정지 사유의 소멸을 증명하여 경매절차의 속행을 신청할 수 있다.
③ 경매신청채권자는 매수신고가 있기 전까지는 임의로 경매신청을 철회할 수 있다.
④ 잉여의 가망이 없는 경우는 경매취소의 사유가 된다.
⑤ 경매신청권자는 2회에 한하여 매각기일을 연기할 수 있다.

정답 ▶ ① 각하에 대하여는 부적법의 원인이 된 흠결을 보정하여 다시 신청할 수 있으나, 기각에 대하여는 보정이 있을 수 없고 상소로서만 다툴 수 있다.

## 08 강제경매에 대한 설명으로 옳지 않은 것은?

① 강제경매는 집행력 있는 정본에 기하여 국가의 강제집행권의 실행으로 실시된다.
② 집행권원에 표시된 실체상의 청구권이 소멸되었다면, 매각절차가 유효하게 진행되고 매각대금을 완납했더라도 매수인은 부동산의 소유권을 취득할 수 없다.
③ 강제경매는 공신적 효과가 있다.
④ 채무자 또는 소유자의 부동산을 압류한 뒤 부동산을 매각하여 그 매각대금에서 금전채권의 만족을 얻는 강제집행절차이다.
⑤ 실체적 하자가 있을 경우에 불복하는 채무자라면 청구이의 소를 통해 주장이 가능하다

정답 ▶ ② 강제집행은 공신적 효과가 있다. 따라서 국가기관인 법원의 판결에 의한 강제집행이므로 경매절차가 유효한 상태에서 매각대금을 납부한 매수인은 목적물의 소유권을 취득할 수 있다.

## 09 임의경매에 대한 설명으로 옳지 않은 것은?

① 집행권원을 요하지 않으며 담보권의 존재를 증명하는 서류를 제출하면 된다.
② 담보목적물을 채권자의 신청에 의해 국가가 매각절차를 대행하는 것을 말한다.
③ 담보권에 이상이 있더라도 매각허가결정에 영향을 미치지 않는다.
④ 담보물권 실행을 위한 실질적 경매와 민법, 상법 및 기타 법률의 규정에 의하여 현금화를 위한 형식적 경매가 있다.
⑤ 원칙적으로 강제경매와 동일한 절차에 의하여 실시하도록 규정하고 있다.

정답 ▶ ③ 임의경매는 공신력이 없으므로, 담보권에 이상이 있으면 매각허가결정에 영향을 미친다.

10 부동산경매에서 해당 부동산이 매각되었으나 최고가매수인이 매각대금을 납부하지 않고, 차순위매수신고도 없는 경우, 법원의 직권으로 다시 매각을 실시하는 것을 무엇이라고 하나?

① 새매각   ② 재매각

정답 ▶ ② 최고가매수신고인이 대금납부기한 내에 대금납부를 하지 않으면 차순위매수신고인이 있을 경우 그 차순위매수신고인에게 매각을 허가하고 대금납부를 하게 한다. 차순위매수신고인도 대금납부를 하지 않을 경우 재매각이 실시되고 재매각 3일 전까지 대금을 먼저 납부한 자가 소유권을 취득하게 된다.

11 다음 중 일괄매각의 요건이 아닌 것은?

① 매각목적물 사이에 이용상의 견련성이 있어야 한다.
② 금전채권이 아니어야 한다.
③ 매각목적물의 소유자가 동일하지 않아도 된다.
④ 일괄매각은 과잉매각을 허용하지 않는 것을 원칙으로 한다.
⑤ 매각목적물의 채무자가 동일해야 한다.

정답 ▶ ⑤ 매각목적물의 채무자가 동일할 필요는 없다.

12 다음 중 경매신청의 대상이 될 수 있는 권리는?

① 지역권   ② 지상권
③ 부동산환매권   ④ 저당권

정답 ▶ ② 지상권은 부동산을 목적으로 하는 권리로서 경매신청대상이 될 수 있다.

13 이중경매의 경매진행절차에 대해 바르지 않은 것은?

① 매수신고가 있기 전 선행사건의 경매신청인이 경매를 취하하려는 경우에는 후행사건의 이중경매신청인의 동의를 받지 않아도 된다.
② 선행사건의 경매개시결정등기 이전에 설정된 근저당권의 근저당권자

가 후행사건 경매신청채권자인 경우 선행사건의 배당요구의 종기 이후에 이중경매를 신청하였다면 배당요구의 종기를 새로 정해야 한다.
③ 선행사건의 경매가 취하되어 후행사건의 경매절차를 속행하는 경우 선행경매사건의 현황조사, 평가 등의 경매준비단계를 승계할 수 있다.
④ 선행사건이 있음에도 후행사건의 경매개시결정에 의하여 경매절차를 진행한 경우 위법으로 간주되지만, 후행사건이 그대로 진행되어 매각허가결정이 확정되고 매수인이 매각대금을 완납한 경우라면 그 부동산의 소유권을 적법하게 취득한 것으로 본다.
⑤ 선행사건의 취하로 인하여 매각조건에 변동이 생길 경우 매수신고 후에 선행사건을 취하하기 위해서는 최고가매수신고인의 동의를 받아야 한다.

정답 ▶ ② 선행사건의 배당절차에 당연히 참여할 수 있는 채권자라면 선행경매사건의 배당요구의 종기 후에 이중경매신청을 하였더라도 배당요구의 종기를 다시 정할 필요 없이 후행사건에 기하여 경매절차를 속행할 수 있다.

## 14 다음 중 이중경매개시결정의 요건으로 볼 수 있는 것은?

① 선행사건이 경매신청은 되어있지만 경매개시결정전이라도 이중경매개시결정을 할 수 있다.
② 부동산이 반드시 동일한 채무자의 소유일 필요는 없다.
③ 경매신청의 요건을 구비하고 있어야 한다.
④ 이해관계인에게 이중경매신청이 있음을 통지한 후여야 한다.
⑤ 선행사건의 경매신청자보다 선순위권리자여야 한다.

정답 ▶ ③
① 선행사건의 경매개시결정이 되어 있어야 한다.
② 부동산이 동일한 채무자의 소유여야 한다.
④ 집행법원의 이해관계인에게 이중경매신청을 알리는 통지는 이중경매개시결정의 효력발생요건은 아니다.
⑤ 선행사건의 경매신청자보다 후순위권리자도 신청이 가능하다.

**15** 토지구획정리사업의 시행자가 그 사업에 필요한 재원을 확보하기 위해 환지계획에서 제외하여 유보한 땅을 무엇이라고 하는가?

① 나대지　　　　　　　　② 체비지
③ 환지　　　　　　　　　④ 유보지

정답 ▶ ② 체비지도 강제경매의 대상이 될 수 있다.

**16** 다음 중 일괄매각에 대한 설명이 아닌 것은?

① 여러 개의 부동산에 대하여 채권자가 채권담보의 목적으로 공동저당 또는 공동담보로 저당권을 설정한 경우 공동담보권자가 경매신청을 하게 되면 담보가 된 모든 부동산에 대하여 각각 경매가 진행된다.
② 분할(개별)매각을 하는 것보다 고가로 매각이 될 수 있다고 인정되는 경우와 같이 부동산 사이의 위치, 형태, 이용관계 등을 고려하여 이해관계인의 합의가 없어도 법원의 판단으로 일괄매각을 결정할 수 있다.
③ 이해관계인 전원의 합의가 있는 경우 법원은 이를 존중하여 일괄매각한다.
④ 압류채권자가 다르거나 소유자가 다른 경우도 일괄매각이 가능하며, 각 매각목적물에 대한 저당권 등의 권리자가 다른 경우나 그 순위가 다른 경우에도 일괄매각을 할 수 있다.
⑤ 개별매각을 원칙으로 하고 있지만 법정매각조건은 아니므로 집행법원의 재량으로 일괄매각을 결정할 수 있다.

정답 ▶ ① 분할(개별)매각에 대한 설명이다.

**17** 새매각에 대한 설명으로 바르지 않은 것은?

① 매각절차를 적법하게 진행하였으나 매각기일에 매수신고인이 없는 경우 법원은 최저매각가격을 낮추고 새로운 매각기일을 정한다.
② 입찰보증금은 최저매각가격의 20%이다.

③ 일괄매각이 아닌 여러 개의 부동산을 동시에 매각하는 경우, 일부의 부동산에 대하여 매수신고인이 없을 때에는 해당부동산에 대하여만 새 매각을 진행한다.
④ 최고가매수인에 대한 매각불허가결정으로 인하여 새매각을 하는 경우에는 최저매각가격의 저감없이 종전의 최저매각가격을 기준으로 새매각절차를 진행한다.
⑤ 매각 실시 후에 목적부동산이 현저히 훼손되었거나 권리관계가 변경되어 매각이 불허되거나 매각허가결정이 취소된 때는 그 부동산에 대하여 재평가를 하고 최저매각가격을 다시 정한 후 새매각절차를 진행한다.

정답 ▶ ② 특별매각조건이 아닌 경우 입찰보증금은 최저매각가격의 10%이다.

## 18 경매신청 대상이 되는 건물에 대한 설명이 바르지 않은 것은?

① 아직 완공되지 않아 사용승인 되지 않은 건물이라도 건물로서의 실질과 외관을 갖추고 지번·구조·면적 등이 건축신고내용과 동일하다고 인정되는 경우는 부동산 경매의 대상이 될 수 있다.
② 건물의 공유지분, 구분소유권도 독립하여 강제경매 대상이 될 수 있다.
③ 무허가 건물이나 미완성 건물은 매각대상이 아니지만 미완성 건물이라도 건축물의 골조가 완성된 상태라면 경매신청 대상이 될 수 있다.
④ 미등기 건물은 모두 경매신청대상이 될 수 있다.
⑤ 건물이 증축된 경우에 증축 부분의 기존 건물에 대한 부합 여부는 증축 부분이 기존 건물에 부착된 물리적 구조뿐만 아니라, 그 용도와 기능면에서 기존 건물과 독립한 경제적 효용을 가지고 거래상 별개의 소유권의 객체가 될 수 있는지의 여부와 증축부분의 소유자의 의사 등을 종합하여 경매신청대상이 될 수 있는지를 판단한다.

정답 ▶ ④ 미등기 건물이 모두 경매대상이 되는 것이 아니라 적법하게 건축허가를 받았지만 준공검사를 받지 아니한 건물에 한한다. 미등기 건물이 채무자 소유임을 증명하려면 건축물대장을 제출하면 된다.

19 임의경매에는 실질적 경매와 형식적 경매가 있다. 다음 중 형식적 경매로 볼 수 없는 것은?

① 유치권에 의한 경매
② 공유물분할을 위한 경매
③ 전세권에 의한 경매
④ 재산분리를 위한 상속재산의 경매
⑤ 변제자의 변제공탁을 위한 경매

정답 ▶ ③ 저당권, 질권, 전세권 등 담보권실행으로 인한 경매는 실질적 경매이다.

20 다음 중 일괄매각결정에 대한 설명으로 바르지 않은 것은?

① 일괄매각의 결정은 매각기일 이전까지 할 수 있다.
② 이해관계인의 일괄매각신청이 없는 경우 집행법원은 보통 현황조사보고서가 제출된 후 그 보고서를 바탕으로 일괄매각여부를 판단한다.
③ 매각목적물이 아닌 물건이 일괄매각 된 경우에는 매각허가결정이 확정된 후라도 경매대상이 아닌 독립된 부동산에 대하여는 매수인은 소유권을 취득할 수 없다.
④ 일괄매각이 결정되면 여러 개의 부동산 전체를 1개의 부동산으로 보고 일괄매각결정 된 전체 매각대상물을 기준으로 무잉여 판단을 하게 된다.
⑤ 일괄매각이 결정되면 해당 부동산 일부에 대한 공유자는 부동산 전체에 대하여 공유자우선매수청구권을 행사할 수 있다.

정답 ▶ ⑤ 일괄매각이 결정되면 매각목적물의 일부에 대한 공유자는 특별한 사정이 없는 한 부동산 전체에 대하여 공유자우선매수청구권을 행사할 수 없다.

21 이중경매에 있어서 그 송달 절차에 대한 설명이 옳지 않은 것은?

① 이중경매개시결정이 있으면 이를 채무자에게 송달하여야 한다.
② 선행사건으로 진행하는 경우 후행사건의 경매개시결정이 채무자에게 송달되지 않았더라도 이미 선행사건에 대하여 경매개시결정이 송달된 것으로 절차를 진행할 수 있다.

③ 후행사건으로 진행될 경우 반드시 채무자에게 경매개시결정이 송달되어야 한다. 송달되지 않았다면 후행사건의 매각절차는 무효가 된다.
④ 선행사건의 경매개시결정이 교부송달 되었을 경우, 후행사건의 경매개시결정이 송달 불능되었을 때 발송송달이 가능하다.
⑤ 선행 경매절차에서 경매채무자가 주소변경신고를 하였다면 선행절차가 취소되었더라도 그 주소의 변경신고는 후행절차에 의하여 속행된 경매절차에서도 효력이 있다.

정답 ▶ ④ 선행사건의 경매개시결정이 교부송달되었다면 후행사건의 경매개시결정이 송달불능되었을때 발송송달은 허용되지 않는다.

**여기서 잠깐!** **교부송달이란?**
서류송달의 한 방법으로 행정기관의 소속공무원이 송달해야 할 장소 또는 다른 장소에서 송달을 받아야 할 자에게 직접서류를 내어주는 것(국세기본법 제10조 제3항 참조).

## 22 경매신청 대상이 토지의 공유지분인 경우에 대한 설명이 옳은 것은?

① 토지의 공유지분도 경매신청 대상이 될 수 있지만 대지권의 목적으로 되어 있는 공유지분은 특별한 경우를 제외하고 건물과 분리하여 처분할 수 없다.
② 상속재산의 각 지분은 경매대상이 될 수 없다.
③ 1인의 공유지분 중 일부도 경매대상이 될 수 있다.
④ 조합원의 지분도 경매대상이 된다.
⑤ 사단의 재산은 경매대상이 될 수 있다.

정답 ▶ ①
② 상속재산의 각 지분은 상속인들과의 공유관계로 보아 경매대상이 될 수 있다.
③ 1인의 공유지분 중 일부에 대하여는 특별한 사정이 없는 한 경매대상이 될 수 없다.
④ 조합원의 지분은 경매대상이 될 수 없으며 다른 조합원의 동의 없이 양도할 수도 없다.
⑤ 사단의 재산은 지분권으로서 경매대상이 될 수 없다.

23 다음 중 재매각에 대한 설명으로 옳지 않은 것은?

① 최고가매수신고인이 매각대금을 납부하지 않고 또는 차순위매수신고인이 있는 경우 차순위매수신고인도 매각대금을 납부하지 않으면 재매각을 실시한다.
② 입찰보증금은 20% 또는 경우에 따라 30%가 된다.
③ 재매각으로 진행할 경우 전 매수인은 입찰에 참여할 수 없으며 보증금도 돌려받지 못한다.
④ 일단 재매각기일이 정해지면 전 매수인은 이제 매각대금을 납부할 수 없다.
⑤ 재매각 결정이 되고 난 후 경매절차가 취소되거나 경매가 취하된 경우라면 보증금을 돌려받을 수 있다.

정답 ▶ ④ 전 매수인이 재매각기일 3일 전까지 지연이자, 매각대금, 재매각 공고 등의 비용을 납부하면 재매각은 취소된다.

24 아래의 경매진행 사례를 보고 다음 중 옳지 않은 것을 고르시오.

|   | 입찰기일 | 최저매각금액 | 진행 |
|---|---|---|---|
|   | 2008. 1. 29. | 267,200,000 | 매각 |
| 가 | 낙찰 397,110,000 대금 미납<br>최고가매수인: 홍길동 | | |
| 나 | 2008. 7. 22. | 267,200,000 | 유찰 |
|   | 2008. 8. 26. | 213,760,000 | 유찰 |
|   | 2008. 9. 30. | 171,008,000 | 변경 |
| 다 | 2009. 12. 9. | 349,114,000 | 유찰 |
|   | 2009. 1. 13. | 279,292,000 | 유찰 |
|   | 2009. 2. 17. | 223,434,000 | 유찰 |
|   | 2009. 3. 24. | 178,747,000 | 매각 |
|   | 낙찰 223,000,000원-불허가<br>최고가매수인: 김대감 | | |
| 라 | 2009. 10. 12. | 312,394,400 | 유찰 |
|   | 2009. 11. 16. | 249,916,000 | 유찰 |
| 마 | 2009. 12. 21. | 199,933,000 | 진행 |

① '나'는 매수인의 대금미납으로 인해 재매각된 경우이다.
② '다'는 새매각을 하기 전 해당 부동산의 가격이 재평가가 이루어졌다.
③ '라'의 경우 매수신청보증금은 62,478,880원이 된다.
④ '가'의 최고가매수인 홍길동이 소유권을 취득하기 위해서는 2008. 7. 19.까지 매각대금 및 경매비용과 지연이자 등을 납부하면 된다.
⑤ '마'의 경우 입찰을 하기 위해선 매수신청보증금으로 19,993,300원을 내면 된다.

정답 ▶ ③ '라'의 경우 새매각이므로 매수신청보증금은 최저매각가격의 10%인 31,239,440원이다.

## 25 경매신청대상이 토지인 경우에 대하여 가장 바르지 않는 설명은?

① 토지에 정착된 공작물이면서 독립된 부동산으로 취급할 수 없는 부합물도 토지와 함께 경매대상이 된다.
② 토지대장, 수용증명서, 소유권확인판결 등을 제출하여 채무자명의로 즉시 등기할 수 있는 미등기 토지는 경매대상이 될 수 있다.
③ 등기가 안된 공유지분의 토지도 경매대상이 될 수 있다.
④ 명인방법을 갖춘 수목의 경우 수목의 가액을 경매대상 토지평가에 포함하여 최저매각가격을 정한다.
⑤ 대지권의 목적으로 되어 있는 공유지분은 건물과 분리하여 경매될 수 없다.

정답 ▶ ④ 명인방법을 갖춘 수목의 경우에는 독립하여 거래의 객체가 되므로 토지의 평가에 포함하지 않는다.

26 다음 중 일괄매각 할 수 있는 경우에 대한 설명이 옳지 않은 것은?

① 부동산과 동산 등 종류가 다른 재산도 일괄매각 할 수 있다.
② 매각목적물 각각에 대해 채무자 또는 소유자가 다른 경우도 일괄매각 할 수 있다.
③ 매각목적물 각각에 대해 압류채권자, 저당권자 등의 권리자가 다른 경우와 그 순위가 다른 경우도 일괄매각 할 수 있다.
④ 압류채권자가 따로 신청한 경매가 임의경매와 강제경매인 경우도 일괄매각 할 수 있다.
⑤ 경매사건의 관할법원이 서로 같을 때에만 일괄매각이 가능하다.

정답 ▶ ⑤
집행법원이 같은 법원에서 진행 중일 때에만 일괄매각이 가능한 것이 아니라 집행법원이 서로 다른 경우라도 어느 한 법원에서 일괄매각결정을 하면 이송하여 병합사건으로 진행하며 관할구역이 다른 여러 개의 재산에 대하여 일괄매각 할 수 있도록 한 법원에서 동시에 경매신청 할 수 있는 특례가 적용된다(《민사집행의 실무》, 윤경, 참조).

27 다음 중 일괄매각의 결정없이 당연히 일괄매각(경매)을 해야 하는 경우를 모두 고르세요.

> 가. 대지권등기가 되어 있는 집합건물
> 나. 〈공장 및 광업재단저당법〉에 의한 저당권의 실행으로 인한 공장 저당물건
> 다. 민법 제365조에 따른 토지와 건물의 매각

① 가 ② 나, 다
③ 가, 다 ④ 가, 나, 다

정답 ▶ ④ 가, 나, 다 모두 당연히 일괄매각을 해야 하는 경우이다.

28 민법 제365조에 따르면 토지를 목적으로 저당권을 설정한 후 그 설정자가 그 토지에 건물을 축조한 때에는 저당권자는 토지와 함께 그 건물에 대하여도 경매를 청구할 수 있다고 하였다. 이에 따른 일괄매각의 요건에 대하여 바르지 않은 것은?

① 토지에 저당권설정 당시 지상에 건물이 없어야 한다.
② 토지에 저당권을 설정한 후 저당권설정자가 그 토지에 건물을 축조하여야 한다.
③ 경매신청 당시 토지소유자와 건물소유자가 동일해야 한다.
④ 토지의 저당권자는 토지의 매각신청시에 건물을 함께 일괄매각신청을 하여야 하며 추가신청은 허용되지 않는다.
⑤ 건물이 저당권설정자(건물주)에 의해 축조되지 않았다 하더라도 이후 저당권설정자가 그 건물에 대하여 소유권을 취득한 경우라면 일괄경매청구권이 인정된다.

정답 ▶ ④ 토지의 저당권자는 토지에 대해서만 경매를 신청한 후 토지의 매각기일 공고시까지에 한하여 그 지상의 건물에 대해서도 일괄매각의 추가 신청을 할 수 있다.

**여기서 잠깐!** **저당권설정자란?**
자신의 물건(부동산)을 채무의 담보로 제공한 사람(예: 채무자, 소유자)
cf) 저당권자: 채권자

29 다음 중 옳지 않은 것은?

① 대지권등기가 되어 있는 집합건물에 대해 경매신청이 있으면 전유부분에 대한 매각대금으로 채권자의 채권 전액이 변제될 수 있어도 대지사용권과 함께 일괄매각을 한다.
② 농지가 공장저당물의 목적물이 된 경우, 그 농지위에 공장에 속하는 건물이나 공용물 등이 설치되어 있지 않더라도 그 농지에 대하여는 일괄매각한다.
③ 공장저당 목적물의 일부가 소유자가 각각 다르다 해도 일괄매각하여야 한다.

④ 토지에 저당권이 설정될 당시에 이미 건물이 존재한 경우라면 그 건물이 토지소유자의 건물일지라도 토지 저당권자의 일괄경매청구권을 인정하지 않는다.
⑤ 나대지에 근저당권이 설정된 후 건축된 건물의 일부가 인접한 다른 대지에 걸쳐있는 경우에 건물의 상당부분이 근저당권이 설정된 대지위에 있고 그 건물자체가 불가분의 일체로서 소유권의 객체를 이루고 있다면 대지의 근저당권자는 건물전부에 대하여 경매를 신청할 수 있다.

정답 ▶ ② 농지가 공장저당물의 목적물이 된 경우 그 농지위에 공장에 속하는 건물이나 공용물 등이 설치되어 있지 않다면 그 농지에 대하여는 일괄매각 하지 않는다.

## 30 다음 중 경매신청의 취하에 대한 설명이 바르지 않은 것을 고르시오.

① 경매신청인은 매수인의 매각대금 지급전까지 경매신청을 취하할 수 있다.
② 매수신고가 있기 전에는 다른 채권자의 동의 없이 경매신청인 임의로 취하가 가능하다.
③ 매각기일에 매각이 실시되어 최고가매수신고인이 있는 경우, 매수신고 이후에 경매를 취하하기 위해서는 최고가매수신고인과 배당요구한 채권자들의 동의가 필요하다.
④ 임의경매의 경우 경매신청채권자가 피담보채무액을 모두 변제받아 근저당권을 말소하여 준 경우는 매수인의 동의 없이 경매절차를 취소시킬 수 있다.
⑤ 근저당권이 채권과 함께 대위변제에 의하여 이전된 경우는 종전의 경매신청인이 한 취하는 효력이 없다.

정답 ▶ ③ 매각기일에 매각이 실시되어 최고가매수신고인이 있는 경우, 매수신고이후에 경매를 취하하기 위해서는 최고가매수신고인의 동의는 필요하나 이해관계인의 동의는 필요하지 않다.

## 31. 아래의 설명이 올바르게 짝지어진 것은?

> 가. 개인이나 기업 등이 세금을 체납한 경우, 국가기관 등이 체납된 세금을 회수하기 위하여 국세징수법에 따라 체납자 소유의 재산을 압류한 후 한국자산관리공사(KAMCO)에 매각을 의뢰한 부동산
> 나. 국가소유 잡종재산의 관리와 처분을 한국자산관리공사(KAMCO)가 위임받아 입찰의 방법으로 일반인에게 임대하는 부동산
> 다. 금융기관의 구조개선을 위해 부실채권을 회수할 목적으로 한국자산관리공사의 부실채권정리기금을 이용하여 한국자산관리공사가 경매를 통해 취득한 재산 및 부실징후 기업체를 지원하기 위해 기업체로부터 취득한 재산을 다시 일반인에게 매각하는 부동산

① 가-압류재산, 나-유입자산, 다-국유재산
② 가-유입자산, 나-국유재산, 다-압류재산
③ 가-수탁재산, 나-유입자산, 다-압류재산
④ 가-압류재산, 나-국유재산, 다-유입자산

정답 ▶ ④

## 32. 다음은 무엇에 관한 설명인가?

> · 일시적 1세대 2주택자가 양도소득세의 비과세 또는 중과제외 혜택을 받기 위해 한국자산관리공사(KAMCO)에 매각 위임한 부동산
> · 금융기관 또는 기업체가 소유하고 있는 비업무용 보유재산을 한국자산관리공사(KAMCO)에 매각 위임한 부동산
> · 비사업용으로 전환 예정인 토지소유자가 양도소득세의 비과세 또는 중과제외 혜택을 받기 위해 한국자산관리공사(KAMCO)에 매각 위임한 부동산

① 압류재산   ② 유입자산   ③ 수탁재산   ④ 국유재산

정답 ▶ ③

33 다음은 온비드를 통한 압류재산의 입찰방법이다. 옳지 않은 것은?

① 월요일 오전 10시부터 수요일 오후 5시까지 매각이 실시된다.
② 개찰은 목요일 오전 11시에 한다.
③ 압류재산의 대금납부기한은 1,000만원 미만인 경우는 매각결정일로부터 7일 이내이다.
④ 따로 매매계약체결 없이 매각결정통지서를 교부받음으로써 계약체결을 대신한다.
⑤ 압류재산은 대리입찰과 수의계약 모두 가능하다.

정답 ▶ ⑤ 압류재산은 대리입찰과 수의계약 모두 불가능하다.

34 압류재산의 공매 절차를 순서대로 나열한 것은?

> 가. 한국자산관리공사에 공매대행 의뢰
> 나. 등기소에 소유권이전촉탁
> 다. 국가기관 등 위임관서에서 조세체납자의 부동산 압류
> 라. 한국자산공사의 위임받은 부동산 평가
> 마. 공매의 공고
> 바. 매각 후 매각결정
> 사. 매각예정가격결정
> 아. 매각대금 납부

① 다-가-라-사-마-바-아-나
② 가-다-라-사-마-아-바-나
③ 다-가-라-마-사-바-아-나
④ 가-다-라-마-사-나-바-아

정답 ▶ ①

35 경매와 압류재산 공매에 대한 비교 설명이 옳지 않은 것은?

| | 항목 | 경매 | 공매 |
|---|---|---|---|
| ① | 적용 법률 | 민사집행법 | 국세징수법, 국세기본법 |
| ② | 집행기관 | 집행법원 | 국가, 자치단체 등 |
| ③ | 매각방법 | 기일입찰 혹은 기간입찰 | 기간입찰 |
| ④ | 매수신청보증금 | 최저매각가격의 10% | 최저매각가격의 10% |
| ⑤ | 전매수인의 입찰 | 입찰불가 | 입찰 가능 |

정답 ▶ ④ 공매의 매수신청보증금은 입찰금액의 10%이다.


36 국유재산의 공매절차에 대한 설명으로 바르지 않은 것은?

① 계약체결은 매각 후 5일 이내에 해야 한다.
② 상속인을 제외하고 매수인의 명의변경은 불가하다.
③ 권리분석과 명도의 책임은 상당부분 매수인에게 있다.
④ 연간 대부료는 전액선납이 원칙이지만 10만 원이 초과할 경우 연 4회 이내로 분납이 가능하다.
⑤ 유찰계약은 불가하다.

정답 ▶ ⑤ 2회 유찰 이후는 다음 매각공고일 전까지 최종공매조건으로 매입이 가능하다.


37 경매에는 있지만 공매에는 없는 제도가 아닌 것은?

① 공유자 우선매수신고제도
② 차순위매수신고제도
③ 인도명령제도
④ 차액지급(상계신청)제도

정답 ▶ ① 경매와 공매 모두 공유자 우선매수신고제도가 있다.
(2006.10.27.에 신설된 국세징수법 제 73조의 2에 의해 공매도 공유자우선매수신고제도가 있다.)

38 국세징수법에 따른 압류재산의 매각에 대해 올바르게 설명한 것은?

① 압류재산에 대한 매각예정가격은 감정인이 정한다.
② 낙찰자(매수인)가 매수계약을 체결하지 않으면 입찰 보증금은 체납처분비, 압류와 관계되는 국세, 가산금 순으로 충당하고 잔액은 국고에 귀속된다.
③ 체납자와 세무공무원은 간접적으로 압류재산을 매수할 수 있다.
④ 여러사람의 공유자가 공유자우선매수신고를 한 경우 특별한 협의가 없으면 비율에 따라 압류재산을 매수하게 된다.
⑤ 송달절차를 거치지 않고도 진행될 수 있다.

정답 ▶ ④
① 압류재산에 대한 매각예정가격은 세무서장에 의해 결정되며 세무서장이 결정하기 어려운 경우 감정인에게 평가를 의뢰하여 참고하기도 한다.
② 잔액은 체납자에게 지급한다. 〈국세징수법 제65조 2010. 1. 1 개정 참조〉
③ 체납자 또는 세무공무원은 직·간접을 불문하고 압류재산을 매수할 수 없다. 〈동법 제66조〉
⑤ 압류재산의 공매도 송달이 중요하다. 송달이 적법하게 되지 않으면 공매가 취소될 수 있다.

39 다음은 수탁재산(금융기관/ 기업소유의 비업무용자산)의 공매절차이다. 아래의 절차 중 계약부터 대금납부 사이에 매수인이 할 수 있는 것으로 잘못된 것은?

① 위임기관의 승인 후 명의변경이 가능하다.
② 대금완납 전에는 점유·사용이 허용되지 않는다.
③ 계약체결은 매수인 본인이 주민등록 1통, 신분증 도장을 지참하여 5일 이내 직접방문하여 계약을 체결한다.
④ 위임기관에 따라 1개월에서 5년까지 분할로 대금납부가 가능하다.

정답 ▶ ② 금융기관 승낙조건에 따른 점유사용료를 내거나 납부보장책을 제시하는 경우 점유사용이 가능하다.

40 다음 중 유입자산의 구입에 대한 설명이 바르지 않은 것은?

① 공매에서 유찰되었을 경우 10% 보증금을 내면 수의계약이 가능하다.
② 매매금액에 따라 1개월에서 최장 5년 기간 내 6개월 균등분할로 구입이 가능하며, 할부시에는 기금채권발행금리에 해당하는 이자를 가산하여 납부해야 한다.
③ 계약체결 후 1회에 한하여 계약연장이 가능하다.
④ 할부로 매수한 경우 중도에 구입자 명의 변경이 불가능하다.
⑤ 계약체결 후 매매대금의 1/2이상을 납부하고 근저당권을 설정하는 조건이나 매매대금에 상응하는 은행지급보증서 등 납부보장책을 제출하면 소유권이전이 가능하다.

정답 ▶ ④ 할부로 부동산을 매수한 경우 매매대금을 계속 납부할 수 없는 경우 등에는 위임기관의 승인이 있다면 제 3자가 계약을 이어 받아 이행할 수 있는 명의변경이 가능하다.

# 제4장
# 경매진행절차 세부 사항

제4장은 경매진행절차의 세부사항들에 대한 설명이다. 전반적으로 이해를 해둔다면 투자할 때 많은 도움이 될 것이다. 하지만 다소 범위가 많으므로 상황에 맞게 내용을 찾아보는 것도 좋다. 제4장은 경매신청단계에서부터 매각실시 전(입찰단계 전) 단계인 매각물건명세서의 비치까지의 내용이며, 매각기일에 입찰하는 방식에서 명도단계까지의 내용은 《독학 경매 2》 제5장에서 다루어진다(집행법원이 진행하므로 본 장은 주로 《법원실무제요》를 중심으로 참조·인용하였다).

## 요약정리

**집행법원의 경매진행절차**

경매신청서 접수 → 미등기 건물 조사명령 → 경매개시결정과 압류등기의 촉탁 → 경매개시결정문의 송달 → 현황조사명령 및 평가명령 → 배당요구의 종기 결정 및 공고·고지 → 배당요구의 종기 → 채권신고의 최고 → 최초 매각기일·매각결정기일의 지정·공고 및 이해관계인들에게 통지 → 매각물건명세서의 작성, 사본 및 현황조사보고서, 평가서 사본의 비치 → 최초 매각기일 → 새매각 또는 재매각 기일의 지정 및 게시(또는 신문공고), 이해관계인의 통지 → 새매각 또는 매각기일 → 배당요구의 통지 → 매각 실시 → 매각기일조서 및 보증금 등의 인도 → 매각결정기일 → 매각허부결정의 선고 → 차순위매수신고인에 대한 매각결정기일의 지정, 이해관계인에의 통지 → 차순위매수신고인에 대한 매각결정기일 → 대금지급기한의 지정 및 통지 → 대금지급기한 → 인도명령 → 배당기일의 지정·통지 및 계산서 제출의 최고 → 배당기일 → 배당표 원안의 작성 및 비치 → 배당표의 확정 및 배당 실시 → 배당기일조서의 작성 → 배당액의 공탁 또는 계좌입금 → 소유권이전등기촉탁 → 기록인계

### 1. 경매신청

① 강제경매신청: 강제경매는 경매를 신청할 권한이 없는 자가 판결문을 받아 국가의 강제집행권의 실행으로 실시되며 반드시 집행을 받을 사람(채무자)에게 송달한 경우에만 개시할 수 있다.

② 임의경매신청: (근)저당권, 담보가등기 등 담보권 실행을 위한 신청방법으로 이미 경매신청권한이 있는 채권자에 의해 실시된다. 임의경매에는 현금화를 위한 형식적 경매도 포함된다.

### 2. 경매개시결정과 압류등기의 촉탁

① 강제경매와 임의경매개시결정: 경매신청이 접수되면 법원은 심사를 한 후 신

청이 적법하다고 인정되면 경매개시결정을 하게 된다.
② 부동산에 대한 조사: 매각목적물이 채무자의 소유인지의 여부는 서류를 통해 확인하게 된다.
③ 경매개시결정에 의한 압류의 효력과 촉탁: 법원이 경매개시결정을 하면 등기관은 등기부에 그 사유를 촉탁하게 된다.
④ 강제경매개시결정의 이의: 집행절차상의 이의사유가 있을 경우 이해관계인은 경매개시결정에 대한 이의신청을 할 수 있다. 이의신청기간은 매각대금 완납시까지이다. 하지만 집행채권의 소멸 등 실체적 권리관계는 이의사유가 될 수 없다.
⑤ 임의경매개시결정의 이의: 임의경매개시결정의 이의는 절차상의 사유 이외에 담보권의 부존재, 저당채무의 변제 등(실체적 하자)으로 이의신청을 할 수 있다.
⑥ 즉시항고: 이의신청에 관한 재판에 대하여 이해관계인은 즉시항고를 할 수 있다.
⑦ 부동산 멸실 등에 의한 경매절차의 취소: 법원이 정한 최저매각가격으로 경매비용 등을 제외하고 남는 것이 없는 무잉여경매이거나 부동산이 멸실된 경우 법원은 매각절차를 취소할 수 있다.

### 3. 경매개시결정문의 송달
① 송달: 경매개시결정의 효력은 반드시 경매개시결정의 정본이 채무자나 소유자에게 송달되어야 발생한다.
② 보충송달: 정본을 채무자나 소유자에게 교부할 수 없는 경우 보충적 방법으로 송달하게 되는데, 밀접한 관계에 있는 자로서 그에게 소송서류를 교부하면 곧 본인에게 도달될 것으로 기대되는 사람을 법으로 정하여 송달하는 제도를 말한다.
③ 공유자에 대한 통지: 공유부동산의 지분에 관하여 경매개시결정이 된 경우 법원은 다른 공유자에게 통지하여야 한다. 단 다세대주택 등 구분소유적 공유의 경우는 해당되지 않는다.

## 요약정리

### 4. 배당요구의 종기 결정 및 공고

① 배당요구의 종기 결정: 매각대금으로부터 변제받는 채권자 중 반드시 배당요구를 해야 하는 채권자는 배당요구의 종기까지 배당요구를 하여야 하는데 법원은 첫 매각기일 이전에 배당요구의 종기를 정하여야 한다.

② 공고 및 고지: 법원은 배당요구의 종기가 정해지면 경매개시결정을 한 취지 및 배당요구의 종기를 압류의 효력이 생긴 때부터 1주 이내에 공고하여야 하며 배당요구를 하여야만 배당받을 수 있는 채권자에게 배당요구의 종기를 고지해야 한다.

### 5. 집행관의 현황조사

① 집행관의 현황조사: 법원은 경매개시결정일로부터 3일 이내에 집행관에게 현황조사 명령을 하게 되고 집행관은 2주 이내에 조사보고서를 제출하게 된다. 이 현황조사보고서를 바탕으로 매각물건명세서가 작성이 된다. 현황조사보고서에는 부동산의 현상 및 점유관계, 임대차관계 등이 기재된다.

② 농지에 대한 집행법원의 사실조회: 매각목적물인 토지가 농지법 제2조의 소정의 농지인지 조사하게 된다. 이때 농지취득자격증명을 발급받아야 하는 농지인지의 여부도 조회하게 된다.

### 6. 채권신고의 최고

① 채권신고의 최고: 법원은 첫 경매개시결정등기 전에 등기된 가압류채권자, (근)저당권, 전세권 그 밖의 우선변제권을 행사할 수 있는 채권자와 임차권등기를 경료한 임차인 등과 세무서·시·군·구·관세청장 등에게 배당요구의 종기까지 법원에 통지하여 줄 것을 최고하게 된다.

② 가등기담보 등에 관한 법률 16조 1항에 의한 최고: 법원은 가등기권리자에게 그 가등기가 담보가등기인지에 대해 신고할 것을 최고하게 된다.
담보가등기인 경우 담보가등기의 내용과 채권의 존부, 원인 및 액수를 담보가등기가 아닌 경우 그 내용을 신고하게 한다.

### 7. 이해관계인들에게 최고

법원은 잉여의 가망이 있는지 여부를 확인하고 적정한 매각조건을 정하기 위해 이해관계인들에게 최고하게 된다.

### 8. 부동산의 평가 및 최저매각가격의 결정

① 매각부동산의 평가: 최저매각가격을 정하기 위해 법원은 감정인으로 하여금 경매부동산을 평가하게 한다.
② 평가방법: 경매부동산을 평가하기 위해 먼저 감정인을 선임하고 그 감정인은 2주 이내에 평가서를 제출하여야 한다. 감정인은 부동산의 위치, 형상, 주위의 환경, 건물의 구조 등을 참작하여 감정평가를 하여야 하며 이 감정가격은 최저매각가격의 출발점이 된다.
③ 평가의 대상: 감정평가의 대상은 장차 매수인이 그 부동산과 함께 취득할 모든 물건 및 권리에 미친다. 여기에 매각부동산의 구성성분, 천연과실, 종물 등도 포함된다.
④ 최저매각가격의 결정: 감정인의 평가액을 참작하여 법원은 최저매각가격을 정하며 한 번 결정된 최저매각가격은 쉽게 변경될 수 없다. 최저매각가격결정에 대한 이의신청은 매각기일까지만 할 수 있다.

### 9. 매각물건명세서의 작성과 비치

① 매각물건명세서의 작성과 비치: 법원은 매각물건명세서를 작성하여 사본을 각 매각기일 1주일 전까지 일반인이 열람할 수 있도록 비치하여야 한다.
② 매각물건명세서에 중대한 하자가 있을 경우: 매각허가에 대한 이의 및 매각허가결정에 대한 즉시항고의 사유가 될 수 있다.

**매각실시(입찰) 전까지의 경매진행절차**

**❶ 경매(매각)신청**

↓

**❷ 경매개시결정과 압류등기의 촉탁**

↓

**❸ 경매개시결정의 송달**

↓ 기입등기촉탁과 동시에 채무자와 소유자에게 송달

**❹ 배당요구의 종기 결정 및 공고**

↓ 배당요구의 종기는 압류의 효력이 생긴 후 1주일 이내 결정

**❺ 집행관의 현황조사**

↓ 경매개시결정 3일 이내 현황조사 명령

**❻ 관공서에 통지**

↓ 배당요구의 종기까지 법원에 통지

**❼ 이해관계인들에게 최고**

↓

**❽ 부동산의 평가 및 최저매각가격의 결정**

↓ 경매개시결정 후 3일 이내 감정인에 의한 평가

**❾ 매각물건명세서의 작성과 비치**

사본을 매각기일 1주일 전 법원에 비치(일반인 열람가능)

# 경매(매각)신청

## 1 | 경매(매각)신청

경매신청은 임의경매신청과 강제경매신청 두 가지 방법이 있으며 2002. 7. 1. 이전의 사건은 민사소송법으로 진행되고 그 이후의 사건은 민사집행법으로 진행된다.

임의경매신청은 담보권((근)저당권, 가등기담보권, 전세권 등)이 존재하여야 한다. 강제경매신청은 판결문이나 집행증서인 집행력 있는 정본이 있어야 하며 채권이 변제기에 도래하여야 한다.

## 2 강제경매신청

### ▮1 강제경매신청의 방법

❶ 강제경매는 채무자 또는 소유자의 부동산을 압류한 뒤 부동산을 매각하여 그 매각대금으로 채권자의 금전채권의 만족을 얻고자 하는 강제집행절차이다.

❷ 집행력 있는 정본이 존재하는 경우에 한하여 국가가 강제집행권을 실행함으로써 실시되므로 공신적 효과가 있다.

❸ 신청서 기재사항: 채권자·채무자·법원의 표시, 대상 부동산의 표시, 변제를 받고자 하는 채권과 그 청구금액, 대리인의 표시

❹ 첨부할 서류: 집행력 있는 정본 등의 제출(집행권원의 송달증명서, 집행문 및 증명서의 송달증명서, 담보제공의 증명서와 그 등본의 송달증명서, 집행불능증명서 등), 등기부등본, 경매개시결정등기 등록세, 영수필통지서 및 영수필확인서, 위임장, 자격증명서, 부동산 목록 10통 등

### ▮2 집행력 있는 정본 등의 제출

❶ 집행력 있는 정본은 강제집행신청의 일반적 요건이다.
경매신청을 함에 있어서는 집행권원의 집행력 있는 정본을 법원에 제출하여야 하며 집행법원은 그 정본의 사본을 근거로 하여서는 강제경매절차를 개시할 수 없다(대결 1968.12.30. 68마912 참조).

❷ 집행권원의 송달증명서
  • 강제집행은 집행권원을 집행개시 전 또는 집행개시와 동시에 집행

을 받을 사람(채무자)에게 송달한 때에 한하여 개시할 수 있다(민집 제39조 1항).
- 강제경매의 경우에는 법원이 집행기관이므로 동시 송달이 없다.
- 채권자는 집행권원이 채무자에게 송달되었다는 것을 증명하는 서면을 집행법원에 제출하여야 한다.
- 공정증서의 경우는 송달증명을 요하지 않는 경우가 대부분이다. 공정증서 정본 등의 송달방법은 증서의 정본 또는 등본을 교부받은 자에 대하여는 그 증서의 정본 또는 등본의 송달이 있는 것으로 본다.

**집행권원 송달 없이 한 집행행위**
집행권원 송달 없이 한 집행행위에 관하여 부동산강제경매와 전부명령의 경우에 무효로 취급된다(대판 1973.6.12. 71다1252, 대판 1987.5.12. 86다카2070 참조). 따라서 경락 후 송달이 제대로 되지 않음을 이유로 이해관계인이 매각결정취소신청을 하기도 한다.

❸ 집행문 및 증명서의 송달증명서
- 일반적으로 집행에 있어서는 집행권원의 송달만으로 족하고 집행문을 송달할 필요는 없다.
- 집행에 조건이 붙어 있는 경우: 집행문 및 조건성취를 증명하는 증명서의 등본을 채무자에게 송달하여야 한다.
- 승계집행문이 부여된 경우: 승계집행문을 채무자에게 송달하여야 한다.
- 경매신청 시에 그 송달사실을 증명하는 서면을 법원에 제출하여야 한다(민집 제39조 2항, 3항).

### 3 담보제공의 증명서와 그 등본의 송달증명서

❶ 담보제공을 조건으로 한 가집행선고 시에는 채권자는 담보를 제공한 증명서류를 제출하고, 그 등본을 채무자에게 송달하여야 집행을 개시할 수 있다(민집 제40조 2항).
❷ 담보제공 없이 실시한 집행은 무효로 간주된다.

### 4 반대급부의 제공과 집행불능조서

❶ 반대급부의 제공없이 한 집행행위는 무효이며, 반대급부의 이행이 불가능하면 집행도 불가능하게 된다.
❷ 집행불능조서- 민사집행법 제41조(집행개시의 요건)
- 반대의무의 이행과 동시에 집행할 수 있다는 것을 내용으로 하는 집행권원의 집행은 채권자가 반대의무의 이행 또는 이행제공을 하였다는 것을 증명하여야만 개시할 수 있다.
- 다른 의무의 집행이 불가능한 때에 그에 갈음하여 집행할 수 있다는 것을 내용으로 하는 집행권원의 집행은 채권자가 그 집행이 불가능하다는 것을 증명하여야만 개시할 수 있다.

### 5 민사집행법 제81조의 첨부 서류

❶ 채무자의 소유로 등기된 부동산에 대하여는 등기부등본: 가능한 경매신청 전 1개월 이내에 발부된 것
❷ 채무자의 소유로 등기되지 아니한 부동산에 대하여는 즉시 채무자 명의로 등기할 수 있다는 것을 증명할 서류.
❸ 그 부동산이 등기되지 아니한 건물, 건축허가나 신고를 마친 뒤 사용승인을 받지 못한 미등기 건물일 경우에는 그 건물이 채무자의 소유

임을 증명할 서류, 그 건물의 지번·구조·면적을 증명할 서류 및 그 건물에 관한 건축허가 또는 건축신고를 증명할 서류

## 6 그 밖의 첨부 서류

❶ 자격증명서: 채권자, 채무자가 행위무능력자인 경우 또는 법인인 경우에는 무능력자의 법정대리인, 법인 대표자의 자격을 증명하는 서면〔가족관계증명서, 상업등기부등·초본(법인등기부등·초본)〕

❷ 위임장
- 소송대리인에 의한 경매신청의 경우: 그 대리권을 증명하기 위하여 소송위임장을 붙여야 한다.
- 집행권원이 판결인 경우: 그 판결의 소송대리인으로 표시된 자가 강제경매신청을 하는 경우는 위임장을 첨부할 필요가 없다.

❸ 경매개시결정등기 등록세 영수필통지서 및 영수필확인서

❹ 부동산 목록 10통

**임차권자의 동시이행의 판결에 기한 강제경매신청인 경우**
① 임차인이 임차주택에 대하여 보증금반환청구소송의 확정판결 그 밖에 이에 준하는 집행권원에 기한 경매를 신청하는 경우에는 반대의무의 이행 또는 이행의 제공을 증명하는 서면을 제출할 필요가 없다(주택임대차보호법 제3조의2 1항, 상가건물임대차보호법 제5조 1항).
② 건물의 명도와 동시이행으로 보증금 지급을 명하는 판결주문이 있어도 이행제공 여부를 묻지 않고 경매개시결정을 할 수 있다.
③ 임차인이 강제경매를 신청하였더라도 배당금을 수령할 때는 명도확인서를 제출하여야 한다.

# 3 | 임의경매의 신청

### ■1 임의경매신청

❶ (근)저당권, 담보가등기 등의 담보권 실행을 위한 실질적 경매와 민법, 상법 그 밖의 법률 규정에 의한 현금화를 위한 형식적 경매가 있다.

담보권 실행을 위한 경매에 있어서 경매를 신청할 수 있는 자는 (근)저당권자 및 전세권자 등 담보권을 가지는 자이다.

❷ 담보목적물을 채권자의 신청에 의하여 국가가 강제적으로 매각하는 것이다.
❸ 신청서 기재사항: 채권자·채무자·법원의 표시, 대상 부동산의 표시, 담보권과 피담보채권의 존재의 소명, 청구금액 등의 표시
❹ 첨부할 서류: 채무자 또는 담보권설정자의 소유를 증명하는 서류(보통 등기부등본), 담보권 존재를 증명하는 서류, 경매개시결정등기 등록세영수필통지서 및 영수필확인서, 위임장, 자격증명서, 부동산 목록 10통 등

### ■2 임의경매신청 가능 여부

❶ 저당권설정계약만을 체결하고 아직 저당권설정등기를 경료받지 못한 자는 경매신청을 할 수 없다.
❷ 저당권부채권의 양도를 받았으나 저당권이전의 부기등기를 경료받지 못한 자는 경매신청을 할 수 없으며 부기등기를 경료받아도 채권양도에 관한 소명자료가 없는 경우에도 경매신청 할 수 없다.

저당권부채권이 법률의 규정에 의하여 이전하는 경우는 경매신청을 할 수 있다.(등기선례 2-386)

❸ 저당권부채권이 질권의 목적으로 되어 있고 저당권등기에 질권의 부기등기까지 경료하였다면 질권자는 질권의 행사로서의 저당권 실행을 위하여 경매신청을 할 수 있다.(민법 제348조 참조).
❹ 담보권 실행의 일부 행사로 인해 담보권이 소멸된 경우라면 그 잔액에 대해선 경매신청을 할 수 없다.

담보권의 실행이 아닌 강제집행으로 실시된 경우 잔액에 대해 경매신청을 할 수 있다.

### 3 저당권 공유자가 경매신청을 하는 경우

❶ 동순위의 다수 저당권자, 저당권의 공유자도 자기의 지분에 비례한 권리를 가지고 있으므로 각자 단독으로 경매신청을 할 수 있다.
❷ 조합재산인 저당권에 기하여 경매신청을 하는 경우에는 조합원 전원이 공동신청 하여야 한다.

### 4 대위변제한 근저당권자가 경매신청을 한 경우

❶ 근저당권의 피담보채권을 전액 대위변제한 대위변제자도 채권자를 대위하여 경매를 신청할 수 있다.

변제할 정당한 이익이 없는 자가 채무자를 위해 변제한 경우에는 변제와 동시에 채권자의 승낙을 얻어 채권자를 대위할 수 있고, 채권양도와 똑같은 대항요건을 갖추어야 한다(민법 제480조 참조).

❷ 일부만 대위변제한 경우라면 대위변제자가 단독으로 경매신청을 할

수 없다.

채권자와 일부 대위변제자 사이에 저당권 단독실행을 허용하는 약정이 있는 경우는 가능.

## ▇▇5 저당권이 소멸한 경우는 어떻게 되는가?

❶ 등기부상 형식적으로 저당권이 존재하는 경우 매각절차를 개시하지 않는 것이 원칙이다.

**저당권이 형식적으로 존재하는 경우란?**
저당권설정계약의 부존재 혹은 무효인 경우나 이미 저당권이 소멸된 경우 등을 말한다. 하지만 피담보채권은 소멸하였으나 다른 채권의 담보를 위하여 유용하기로 약정한 경우에는 유용약정 시 이전에 등기부상 이해관계 있는 제3자가 나타나 있지 않는 한 저당권설정등기는 유효하므로 채권자는 그 저당권에 기하여 경매신청을 할 수 있다(대판 1963.10.10. 63다583, 대판 1974.9.10. 74다482 참조).

❷ (근)저당설정등기가 원인 없이 소멸한 경우: (근)저당설정등기가 원인 없이 소멸하였는데 미처 회복등기를 하지 못하였다면 매각절차에서 (근)저당권자가 실제 배당받을 수 있었던 금액에 대해 그 금액을 배당받은 자에 대하여 부당이득반환청구를 할 수 있다(대판 1998.10.2. 98다27197 참조).

❸ 저당권자가 저당매각부동산의 소유권을 취득한 경우: 저당권자가 소유권을 취득한 경우에는 혼동에 의하여 저당권은 소멸하게 된다. 하지만 후순위저당권자가 존재하여 그 선순위저당권이 소멸되지 않는 경우에는 그 선순위저당권자는 자기 소유의 부동산에 대하여 경매신청을 할 수 있다.

**혼동**: 채권·채무와 같이 서로 대립하는 두 개의 법률상 지위가 동일인에게 귀속되는 것을 말한다. 혼동일 경우 자신의 권리는 원칙적으로 소멸하게 된다.

## 6 후순위저당권자에 의한 경매신청 시 유의사항(형식적으로 남아 있는 선순위 저당권이 있는 경우)

선순위저당권이 있음에도 후순위저당권자가 경매를 신청한 경우 이미 선순위저당권자의 피담보채권이 변제되고 소멸된 경우가 있으므로 유의해야 한다. 후순위저당권자에 의해 경매신청이 되었어도 선순위저당권이 말소기준권리가 되고 매각으로 함께 소멸된다. 하지만 선순위저당권은 등기가 형식적으로 남아있는 경우라면 말소기준권리가 될 수 없어 인수하게 될 권리나 임차인이 생길 수도 있으므로 유의해야 한다.

## 7 공유지분에 대해서도 임의경매신청을 할 수 있는가?

❶ 단독 1인의 토지에 (근)저당권이 설정되었는데 (근)저당권자가 토지의 일부 지분에 대하여만 경매신청을 하는 것은 허용되지 않는다.

단 일부 지분에 대해서만 경매신청을 하여야 한다는 소명을 한 경우는 예외이다.

❷ 두 사람이 2분의 1씩 토지를 공유하고 있는데 각자의 각 지분마다 (근)저당권이 설정된 경우 혹은 토지 전체를 대상으로 1개의 (근)저당권설정계약을 체결하고 (근)저당권설정등기를 한 경우, 한 사람의 지분 2분의 1을 대상으로 경매신청은 가능하다.

## 8 토지와 건물에 대해 일괄경매를 신청한 경우 알아두어야 할 사항들

❶ 토지의 (근)저당권자가 건물에 대해서도 일괄경매를 신청한 경우 (근)저당권설정자가 건물을 축조하여 소유하고 있는 경우에 한하여 경매를 신청할 수 있다.

> **민법 제365조(저당지상의 건물에 대한 경매청구권)**
> 토지를 목적으로 저당권을 설정한 후 그 설정자가 그 토지에 건물을 축조한 때에는 저당권자는 토지와 함께 그 건물에 대하여도 경매를 청구할 수 있다. 그러나 그 건물의 경매대가에 대하여는 우선변제를 받을 권리가 없다.

❷ 건축된 건물의 일부가 다른 대지에 걸쳐 있는 경우라도 건물 전부에 대하여 경매신청을 할 수 있다.

근저당권이 설정된 후 건축된 건물의 일부가 인접한 다른 대지에 걸쳐 있는 경우라면 건물의 상당 부분이 근저당권이 설정된 대지 위에 건립되어 있고 그 건물 전체가 불가분의 일체로서 소유권의 객체를 이루고 있다면 위 대지의 근저당권자는 건물 전부에 대하여 민법 제365조에 의한 경매청구권을 행사할 수 있다(대판 1985.11.12. 85다카246 참조).

❸ 토지와 건물에 (근)저당권이 설정된 후 건물이 철거 되고 이후에 새로 신축된 경우라도 일괄경매신청을 할 수 있다.

채무자가 대지와 건물에 대하여 근저당권을 설정한 후 건물을 철거하고 대지상에 새로운 건물을 신축한 경우에도 채권자는 위 신축건물에 대하여 민법 제365조에 의한 일괄경매신청을 할 수 있다(대결 1998.4.28. 97마2935 참조).

### 9 (근)저당권자는 부동산의 일부에 대해 경매신청을 할 수 있는가?

한 개의 부동산의 일부분에 대해 (근)저당권자가 경매를 신청하기 위해서는 분할등기를 하여야 한다.

한 개의 부동산의 일부분에 대하여 경매신청을 하고자 할 때에는 그 부분에 대한 분할등기를 한 후에 그 저당권 등의 목적이 된 부분에 관해서만 경매신청을 하여야 하며, 분할등기 하지 않은 채 전체에 관하여 한 경매신청은 각하된다(대결 1973.5.31. 73마283 참조).

### 10 임의경매신청 시 채무자·소유자의 표시는 어떻게 하는가?

❶ 채무자와 소유자가 동일인 경우: 채무자 겸 소유자로 표시되며 저당부동산의 소유권을 취득한 자(제3취득자)가 있으면 그가 소유자로 표시된다. 채무자·소유자가 법인인 때에는 그 대표자가 표시된다.

**채무자:** 경매신청의 기본이 되는 저당권의 피담보채권의 채무자를 말하며, 소유자란 저당부동산의 소유자를 말한다. 따라서 한 물건에 소유자와 채무자가 동일한 경우도 있고 소유자와 채무자가 다른 경우도 있다. 소유자와 채무자가 다른 경우 확인해보아야 할 것은 채무자의 가족이 임차인으로 신고된 경우이다. 소유자의 가족이 임차인으로 신고한 경우 허위일 가능성이 있지만 채무자의 가족이 임차인일 경우 적법한 임차인일 가능성이 많으므로 유의해야 한다(《법원실무제요 II》, 641쪽 참조).

❷ (근)저당권설정등기 후 경매신청 전에 채무자·소유자가 사망한 경우: 그 상속인이 채무자·소유자로 표시된다.

### 11 경매개시결정 전에 이미 채무자가 사망한 경우 경매는 어떻게 되는가?

❶ 강제경매일 경우: 경매개시결정 당시에 이미 소유자 혹은 채무자가

사망하였음에도 이를 간과하고 경매절차가 진행되다가 경매개시결정 이후 사망사실이 밝혀지게 되었다면 경매개시결정은 취소되고 또한 강제경매신청도 각하된다.

❷ 임의경매일 경우: 임의경매가 개시되기 전 또는 경매진행 중에 채무자 또는 소유자가 사망한 경우 이를 간과하고 경매개시결정을 한 때에는 그 소유자의 표시를 경정하고 절차는 계속 진행된다. 법인의 대표자가 사망한 경우에도 매각절차는 중단 되지 않는다.

**채무자·소유자가 이미 사망한 사실을 경매신청인이 알지 못하였다면?**
소유자의 사망사실 및 상속인들의 적법한 상속포기신고사실이 확인될 경우에는 상속재산관리인을 상대로 하지 않는 이상 사망자나 상속인들을 상대로 한 경매신청은 부적법한 것으로 본다(대판 1998.10.27. 97다39131 참조).

# 2

# 경매개시결정과 압류등기의 촉탁

## 1 | 경매개시결정

### 1 강제경매개시결정

❶ 경매신청이 법원경매계에 접수되면 신청서의 기재 및 첨부 서류에 대하여 일반적으로 형식적인 심사(보통 서면심사)를 한 후, 신청이 적법하다고 인정되면 경매개시결정을 하게 된다. 경매개시결정은 접수일로부터 2일 이내에 하여야 한다.

**심리, 조사하는 사항**
- 신청방식에 대한 조사
- 관할의 조사
- 집행력 있는 정본에 대한 조사
- 강제집행개시의 요건에 대한 조사
- 부동산에 대한 조사

❷ 강제경매 요건의 부합 여부는 경매개시결정허가 당시를 기준으로 한다.
❸ 경매신청이 기각되거나 각하된 재판에 대해 즉시항고를 할 수 있다.
❹ 법원이 경매개시결정을 하게 되면 등기관에게 압류등기를 촉탁하게 하여 채무자 소유의 부동산에 압류를 명하게 된다.
❺ 만약 경매신청의 흠결이 있을 경우 보정이 명해지거나 경매신청이 각하된다. 경매비용을 예납하지 않은 경우에도 경매신청은 각하된다.

### 2 임의경매개시결정

❶ 경매신청이 있으면 집행법원은 그 신청서의 기재와 그 첨부 서류에 의하여 경매신청의 형식적 요건 및 실질적 요건에 대하여 직권으로 심사한다.

**심사되는 형식적 요건**: 당사자 능력, 대리권의 흠, 인지의 불첩용, 첩용 부족, 신청서 기재사항의 흠, 첨부 서류의 미비 등

**심사되는 실질적 요건**: 저당권 실행의 요건 – 저당권과 피담보채권이 존재하고 피담보채무가 이행지체의 상태인지에 대한 심사

❷ 심사결과 신청의 형식적·실질적 요건이 흠결된 때에는 결정으로 경매신청이 각하된다. 보완이 가능한 경우는 보정이 명해진다.
❸ 경매신청 시 피담보채권의 존재나 그 채무가 이행지체의 상태에 있다는 것이 입증될 필요는 없지만, 이행기가 아직 도래하지 않았음이 밝혀진다면 신청이 각하될 수도 있다.
❹ 각하결정에 대해서는 즉시항고를 할 수 있다.

# 2 | 매각부동산에 대한 조사

### 1 부동산소유권에 대한 조사

매각부동산은 채무자의 소유여야 하며 매각부동산이 채무자의 소유인지 여부를 서류상으로 조사하는 것 일뿐 부동산의 현황을 직접 조사하는 것은 아니다. 다만 매각절차 중에 매각부동산이 멸실되어 존재하지 않을 경우 매각절차는 취소된다.

**부동산의 채무자와 소유자가 다른 경우**
소유자가 채무자를 위해 보증을 제공했는데 채무자가 채무를 변제 못하여 채권자가 보증을 제공한 소유자의 부동산에 경매신청을 한 경우이다. 하지만 매수인이 권리행사를 하는 데에는 아무런 제한이 없다.

### 2 구분(소유)건물에 대하여 토지별도등기가 있는 경우

구분(소유)건물에 토지별도등기가 있으면 집행법원은 토지(별도)등기부를 제출하게 한다.

집행법원은 토지의 저당권자 등에게 채권신고를 하게 하는 최고서를 보내고 채권신고를 하였을 경우 매각으로 소멸시키는 것으로 경매절차를 진행시킨다. 매수인에게 토지별도등기를 인수시킬 경우 매각물건명세서에 '토지별도등기 있음', '토지별도등기의 권리인 근저당권을 매수인의 인수조건부로 경매함'이라는 특별매각조건을 표시한다.

### 3 구분(소유)건물에 대하여 대지권등기가 없는 경우

구분건물의 전유부분과 공용부분 및 대지사용권은 분리하여 처분할 수 없으므로 대지사용권에 대한 표시가 없다면 법원은 현황조사 명령을 할 때 대지사용권 유무 등에 대하여 조사하도록 한다.

### 4 압류금지부동산일 경우 법원의 조치

법률의 규정에 의하여 압류가 금지되는 부동산일 경우 경매할 수 없다.

❶ 학교법인이 학교교육에 직접 사용하는 교지·교사 등의 재산 그리고 국가유공자 등 예우 및 지원에 관한 법률에 의한 대부금으로 취득한 부동산은 매도하거나 담보제공 할 수 없으며, 이런 재산은 강제집행의 대상이 아니다.

단 사립학교법 시행 전 설정된 (근)저당권 실행은 가능하다.

❷ 주무관청의 허가가 필요한 부동산은 허가를 받지 못하면 매각허가를 받을 수 없다.

단 주무관청의 허가를 반드시 사전에 받아야 하는 것은 아니고 매매 등 계약 성립 후에 감독청의 허가를 받았다면 그 계약은 유효한 것으로 본다.

❸ 매각부동산이 공장재단·광업재단일 경우 개별집행이 금지되어 있으므로 경매신청은 각하된다.

### 5 선행경매개시결정이 있는 부동산인 경우

이미 경매개시결정이 되어 있는 부동산에 또 다른 경매신청으로 이중경매개시결정이 된 부동산을 말하며 집행절차는 이미 경매개시결정을 한 선행집행절차에 따라 진행하게 된다.

### 6 가압류등기·환매특약의 등기가 있는 부동산에 대한 조사

제3자를 위한 가압류등기나 환매특약의 등기가 있어도 경매신청이 가능하다.

## ▰ 7 체납처분(공매)에 의한 압류등기가 있는 부동산에 대한 조사

❶ 체납처분에 의한 압류등기가 있는 부동산도 경매개시결정을 할 수 있다.

❷ 체납처분(공매)은 공법상 채권인 조세채권의 실현을 목적으로 하고 강제집행(법원경매)은 사법상 청구권의 실현을 목적으로 하고 있다.

❸ 경매와 공매의 양 절차는 각기 다른 법령과 집행기관에 의하여 독립된 절차로 진행되기 때문에 동일한 목적물에 대하여 체납처분과 강제집행이 경합하는 경우가 발생할 수 있다. 이와 같은 경우는 각각 절차를 별도로 진행하고, 양쪽 매수인 중 먼저 매각대금을 납부한 자를 진정한 소유자로 확정한다.

이런 경우 일반적으로 공매의 납부일이 빠르므로 공매의 낙찰자가 먼저 대금을 납부하는 경우가 많다.

## ▰ 8 회생절차 및 개인회생절차의 개시결정, 파산선고가 있는 부동산

회생절차 및 개인회생절차의 개시결정이 있는 부동산, 그리고 파산선고가 있는 부동산에 대한 강제집행은 금지된다.

**예외**: 파산절차에서 별제권을 가지는 저당권자에 의한 임의경매신청에 대해선 경매개시 장애 사유로 보지 않으며, 회생절차나 개인회생절차의 개시결정이 있는 부동산에 대한 임의경매는 금지되나 개인회생절차에서 변제계획인가결정이 있으면 임의경매는 가능하다.

**별제권**: 파산재단에 속한 재산을 다른 채권자보다 우선하여 변제받을 수 있는 권리

### 9 지적불부합토지에 대한 조사

지적도면과 실제 경계가 일치하지 않아 경계복원측량으로 실지 경계를 복원하는 일이 불가능하므로, 지적불부합이 행정청의 등록사항 정정에 의하여 해제될 때까지 매각절차가 정지된다.

**지적불부합토지**: 지적도상의 경계, 면적, 위치가 실제 현황과 일치하지 않는 토지

### 10 토지거래허가구역 내의 토지

경매로 진행이 되는 토지는 토지거래허가구역 내에 있어도 토지거래허가제의 적용을 받지 않는다. 따라서 경매로 토지거래허가구역 내의 토지를 매수하는 자는 따로 토지거래허가를 받지 않아도 된다.

**토지거래허가제**: 토지의 투기적인 거래가 성행하거나 성행할 우려가 있는 지역과 지가가 급격히 상승하거나 상승할 우려가 있는 지역을 토지거래 허가구역으로 지정하여 계약 전에 허가를 받도록 한 제도를 말한다. 이런 구역에서 토지를 거래하려면 사전에 시장·군수·구청장으로부터 토지거래계약허가를 받아야 한다.

### 11 상속등기를 하지 않은 부동산

채무자가 상속을 하였지만 아직 상속등기를 마치지 않은 경우라도 대위에 의한 상속등기를 한 다음 상속인에 대해 강제경매신청을 할 수 있다. 이 경우 상속등기비용은 집행비용으로 산입될 수 있다.

**대위원인을 증명하는 서면**: 집행력 있는 정본 혹은 (근)저당권이 설정된 등기부등본

# 3 | 경매개시결정에 의한 압류의 효력과 촉탁

## ■1 경매개시결정에 대한 압류의 효력은 언제 발생하는가?

❶ 강제경매개시결정 시 압류의 효력: 결정이 채무자에게 송달된 때 또는 경매개시결정의 기입등기가 된 때에 발생한다.

❷ 임의경매개시결정 시 압류의 효력: 결정이 소유자에게 송달된 때에 발생하지만 경매개시결정의 기입등기가 송달보다 먼저 된 때에는 그 기입등기 시에 발생한다. 채무자와 채권자에겐 고지만으로도 족하지만 실무에서는 채무자, 채권자 등에게도 이를 송달한다(《법원실무제요 Ⅱ》, 667쪽 참조).

## ■2 압류에는 어떤 효력이 있는가?

❶ 압류에는 처분금지효력이 있으나, 상대적 효력만 있고 처분금지에 위반되는 채무자의 처분행위는 경매신청채권자에 대해서는 대항할 수 없다. 하지만 압류채권자의 경매신청의 취하나 매각절차가 취소되면 채무자의 처분행위는 유효하게 된다.

❷ 채무자의 처분행위가 있어도 경매신청채권자는 이를 무시하고 매각절차를 진행할 수 있다. 또한 채무자는 매각에 의한 새로운 매수인이 소유권을 취득할 때까지 부동산의 교환가치를 감소시키지 않는 한 매각목적물을 관리·사용·수익 할 수 있다.

**경매개시결정에 대한 등기촉탁 후에 제3자가 매각목적물에 대한 권리를 취득한 경우**: 경매개시결정 전에 권리를 취득한 제3자가 경매신청 사실을 몰랐다면 압류채권자에게 대항할 수 있고, 사전에 경매신청 사실을 알았다면 압류채권자에게 대항할 수 없다(민집 제92조 1항 참조).

### 3 압류의 효력은 언제 소멸되는가?

매각대금의 교부 또는 배당으로 집행이 종료되는 시점에 압류의 효력은 소멸된다. 경매신청이 취하된 경우나 매각목적물이 멸실된 경우 혹은 채무자가 소유권을 상실한 경우 등에도 경매절차는 취소되고 압류의 효력도 소멸된다. 경매절차의 취소는 확정되어야 효력이 생긴다.

### 4 경매개시결정등기의 촉탁과 시기

❶ 법원이 경매개시결정을 하게 되면 경매신청서의 접수일로부터 2일 내로 그 사유를 등기부(갑구)에 기입하도록 등기관에게 촉탁하게 된다.

경매개시결정기입등기가 경료되기 전에 채무자에게 경매개시결정 정본을 송달하면 채무자가 즉시 매각부동산을 타인에게 처분할 수도 있으므로 실무에서는 기입등기를 촉탁하고 그로부터 1주일 정도의 기간이 지난 후에 정본을 송달하게 된다(《법원실무제요 II》, 50쪽 참조).

❷ 부동산의 공유지분에 대하여 경매개시결정을 한 경우에도 경매개시결정기입등기를 촉탁하게 된다.

## 4 | 강제경매개시결정의 이의신청

### 1 강제경매개시결정에 대한 이의

❶ 집행절차상의 이의사유에 해당하여야 한다.

실체상의 이유로 이의신청을 할 경우는 이의의 소를 제기하여야 한다.

❷ 이의사유는 원칙적으로 경매개시결정 전의 것이어야 한다. 경매개시결정 후의 절차상의 위법, 즉 최저입찰가격의 결정, 매각기일의 공고·통지 등의 위법은 강제경매의 이의사유가 될 수 없다.

하지만 집행권원이 청구이의의 소 등의 절차에서 실효되었을 때에는 비록 개시결정 후에 실효되었다 하더라도 개시결정에 대한 이의사유가 될 수 있다(《법원실무제요Ⅱ》, 97쪽 참조).

❸ 이해관계인은 매각대금을 완납할 때까지 경매개시결정에 대한 이의신청을 할 수 있다.
❹ 제3자는 이의의 소를 제기하여 집행력 있는 승소판결을 얻어야 가능하다.

### 2 이의사유가 될 수 있는 것

❶ 경매신청요건의 흠, 경매개시요건의 흠 등 개시결정에 관한 절차상 하자에 대한 이유로 이의를 할 수 있다.
❷ 경매신청방식의 적부, 신청인의 적격 여부, 대리권의 존부, 매각부동산 표시의 불일치, 집행력 있는 정본의 불일치, 집행채권의 기한 미도래 등도 이의사유가 된다.

집행채권의 소멸 등 집행권원의 실체적 권리관계에 관한 사유는 강제경매개시결정에 대한 이의사유가 될 수 없다(대결 1991.2.6. 901676 참조).

### 3 이의신청

❶ 이의신청은 집행정지의 효력이 없다.

하지만 집행법원은 이의에 대한 재판에 앞서 집행을 일시 정지하도록 명하거나, 채권자에게 담보를 제공하게 하고 그 집행을 계속하도록 명하는 등 잠정처분을 할 수 있다(민집 제86조 2항, 제16조 2항). 이 결정에 대해서는 불복이 허용되지 않는다(《법원실무제요Ⅱ》, 98쪽 참조).

❷ 법원이 집행을 일시 정지하도록 명하는 결정을 한 경우에는 그와 동시에 직권으로 집행정지에 필요한 조치를 취하게 된다.
❸ 이의신청인은 법원의 직권발동을 촉구하는 의미에서 정지신청을 할 수 있을 뿐 이해관계인이 이를 신청할 권한은 없다.

## 5 | 임의경매개시결정에 대한 이의

### 1 임의경매개시결정에 대한 이의

❶ 절차상의 사유 외에 담보권의 부존재 또는 소멸 등 실질적 사유로도 가능하다.
❷ 저당채무의 변제, 저당권이 유효하게 성립된 여부 등의 이유로도 이의신청을 할 수 있다.
❸ 경매개시결정의 이의신청을 할 수 있는 시기는 매각대금 완납 시까지이다.

### 2 이의사유가 될 수 있는 것

임의경매개시결정에 대한 이의는 절차상의 하자뿐만 아니라 실체상의 하자에 대해서도 이의사유로 주장할 수 있다(민집 제265조 참조).

❶ 절차상의 이의사유
- 경매신청의 형식적 요건에 대한 흠결이 있는 경우: 경매신청방식의 적부, 신청인 적격의 유무, 대리권의 존부, 매각부동산 표시의 불일치 등
- 경매개시결정 자체의 형식적 효력의 흠결이 있는 경우

하지만 개시결정 후의 절차상의 위법, 즉 매각부동산의 가격평가절차나 최저매각가격 결정절차 또는 매각준비단계에 있어서의 매각기일 공고·통지 등에 관한 위법사유는 개시결정에 대한 이의사유로 삼을 수 없다(대결1971.7.14. 71마 467 참조).

❷ 실체상의 이의사유
- 저당권의 부존재·무효(저당권설정등기의 원인무효), 피담보채권의 불성립, 무효 또는 변제, 변제공탁 등에 의한 소멸, 피담보채권의 이행기 미도래 또는 이행기의 유예(연기) 등

압류 후의 변제, 변제기 미도래, 변제기 유예 등의 사유는 대금납부 전까지 개시결정에 대한 이의신청을 해야 하며 대금납부 후에는 실체상의 이의를 할 수 없다. 이행기 미도래는 절차상의 이의사유가 된다는 견해도 있다.

- 경매개시결정 전의 담보권의 소멸과 개시결정 후 매각대금의 납부 시까지 발생한 담보권의 소멸
- 피담보채무에 대한 이행제공을 하였지만 채권자가 수령 거절을 한 경우 등

### 3 피담보채권의 변제로 인한 이의의 경우 그 변제범위는?
❶ 채무자 겸 근저당권설정자인 경우: 채무전액을 변제하여야 한다.

채무자의 채무액이 근저당권의 채권최고액을 초과하는 경우, 채무의 일부인 최고액과 지연이자 및 집행비용을 변제하더라도 채무전액을 변제할 때까지 근저당권의 효력이 잔존 채무에 미치므로 일부 변제만으로는 근저당권의 말소를 구할 수 없다(대판 1981.11.10. 80다2712 참조). 따라서 채권최고액의 변제만으로는 개시결정에 대한 이의를 신청할 수 없다(《법원실무제요Ⅱ》, 103쪽 참조).

❷ 채무자 아닌 근저당권설정자(물상보증인): 채권최고액과 집행비용의 변제만으로 이의를 신청할 수 있다.
❸ 제3취득자: 채권최고액과 집행비용을 변제하여야 한다.

### 4 이의신청과 함께 매각절차의 집행정지를 구하는 방법

집행정지의 효력이 없는 이의신청만으로 매각절차의 집행을 막을 수 없다. 따라서 매수인의 대금납부 전까지 매각절차의 일시정지를 명하는 가처분 결정을 받아야 한다.

경매개시결정에 대한 이의신청이 제기되었다 하더라도 그 매각절차의 진행이 정지되지 않고 그대로 진행된 결과 매수인이 대금지급기한까지 대금납부를 하면 그 이후에 있어서는 이의사유의 존부에 불구하고 개시결정을 취소할 수 없게 되며 그 이의신청은 부적법하게 되므로(대결 1965.12.7. 65마955, 대결 1979.9.12. 79마246 참조), 매수인의 대금납부를 저지하기 위해서는 매각절차의 일시정지를 명하는 가처분(잠정처분)결정을 받아야 한다(《법원실무제요Ⅱ》, 104쪽 참조).

# 6 | 즉시항고

### ■1 신청권자

❶ 이의신청에 관한 재판에 대하여 이해관계인은 즉시항고를 할 수 있다(민집 제86조 3항).

### ■2 즉시항고 기간

❶ 이의신청에 관한 재판을 고지(선고 또는 송달)받은 날부터 1주의 불변기간 이내에 제기하여야 한다(민집 제15조 2항).
❷ 즉시항고는 원심법원(집행법원)에 항고장을 제출하여야 한다(민집 제15조 2항).
❸ 항고장에 항고 이유를 적지 않은 경우 항고장을 제출한 날로부터 10일 이내에 항고이유서를 제출하여야 한다. 항고 이유가 기재되지 않은 경우 즉시 항고는 각하된다(민집 제15조 5항 참조).

### ■3 즉시항고의 효력

❶ 즉시항고에는 집행정지의 효력이 없다.
❷ 경매개시결정을 취소하는 결정에 대하여 즉시항고가 제기된 경우 그 취소결정은 확정되어야 효력이 있으므로(민집 제17조 2항), 이에 대하여 항고가 있으면 그 취소결정이 확정될 때까지는 이론상 그 집행을 계속할 수 있다(《법원실무제요Ⅱ》, 99쪽 참조).
❸ 이의신청을 기각하거나 각하하는 결정에 대하여 즉시항고가 제기된 경우에는 항고에 관계없이 법원은 그 집행을 계속할 수 있다.

# 7 | 무잉여 또는 부동산 멸실 등에 의한 경매절차의 취소

## 1 무잉여경매 취소

❶ 법원이 정한 최저매각가격으로 경매신청채권자의 채권에 우선하는 부동산상의 모든 부담과 경매비용을 변제하면 남는 것이 없는 무잉여 경매일 경우, 법원은 이를 압류채권자(경매신청권자)에게 통지하고 경매절차를 취소할 수 있다(민집 제102조).

> **민사집행법 제102조 (남을 가망이 없을 경우의 경매 취소)**
> ① 법원은 최저매각가격으로 압류채권자의 채권에 우선하는 부동산의 모든 부담과 절차비용을 변제하면 남을 것이 없겠다고 인정한 때에는 압류채권자에게 이를 통지하여야 한다.
> ② 압류채권자가 제1항의 통지를 받은 날부터 1주 이내에 제1항의 부담과 비용을 변제하고 남을 만한 가격을 정하여 그 가격에 맞는 매수신고가 없을 때에는 자기가 그 가격으로 매수하겠다고 신청하면서 충분한 보증을 제공하지 아니하면, 법원은 경매절차를 취소하여야 한다.
> ③ 제2항의 취소 결정에 대하여는 즉시항고를 할 수 있다

❷ 최저경매가격과 최고입찰가격이 무잉여에 해당됨에도 불구하고 법원이 무잉여 경매임을 간과하고 매각허가결정을 선고하였는데 선순위채권자 혹은 경매신청채권자가 즉시항고를 하지 않는다면 매각허가결정은 확정된다. 즉 매각대금을 완납한 매수인은 적법하게 소유권을 취득하게 된다.

## 2 부동산의 멸실

❶ 경매대상 부동산이 멸실되면 경매절차를 취소하여야 한다.

부동산이 없어지거나 매각 등으로 권리를 이전할 수 없는 사정이 명백하게 된 때에는 법원은 강제경매의 절차를 취소하여야 한다(민집 제96조 1항). 집행법원이 절차를 취소하여야 할 사정이 명백함에도 불구하고 취소결정을 하지 아니할 때에는 민사소송법 제504조에 정한 집행에 관한 이의에 의하여 불복을 신청할 수 있다(대결 1997.11.11. 자 96164 참조).

❷ 경매개시결정 후 매각부동산의 현상이 다소 다르더라도(예컨대, 구조·면적 등에 다소 차이가 있는 경우) 절차의 진행을 방해할 사유가 되는 것은 아니지만 그 정도가 부동산의 동일성을 잃은 정도이면 경매절차가 취소될 수도 있다.

❸ 감정결과 평가를 명한 건물의 전부 또는 일부가 멸실된 경우: 감정결과 평가를 명한 건물의 전부 또는 일부가 멸실된 것으로 나타나거나 건물의 동일성이 없다고 인정되어도 곧바로 경매절차가 취소되는 것은 아니다. 법원은 채권자에게 그 부분에 대하여 신청을 취하하도록 하거나 동일성을 인정할 수 있는 자료를 제출하게 하였는데도 채권자의 아무런 조치가 없으면 경매절차를 취소하게 된다(《법원실무제요Ⅱ》, 55쪽 참조).

❹ 소유자의 고의로 부동산이 멸실되었는지에 대한 여부나 취소사유에 대한 경위 등에 대해서는 법원은 묻지 않고 절차를 취소한다.

### ■3 채무자의 소유권 상실

매각부동산이 제3자의 소유라면 경매개시결정을 할 수 없다.

**경매신청 시 제출된 등기부등본의 작성일 이후에 제3자에게 소유권이전등기가 경료된 경우**
제3자가 소유권을 취득할 당시에 이미 경매신청이 있었다는 사실이나 압류의 효력이 발생하였다는 사실을 알았을 경우에는 실체상으로 제3자는 소유권 취득으로써 압류채권자에게 대항할 수 없으나(민집 제92조 1항) 절차적인 면에서는 경매개시결정등기의 촉탁 시 소유권이전등기가 되어버렸다면 등기관은 등기불능을 이유로 등기촉탁을 각하할 수밖에 없다. 이 경우 집행법원은 등기관의 등기촉탁각하결정등본을 받으면 경매절차를 취소할 수밖에 없다(《법원실무제요 Ⅱ》, 59쪽 참조).

### ■4 가등기에 기한 본등기가 이루어진 경우

이미 가등기가 되어 있는 부동산에 경매개시결정이 되고 이후 그 가등권자가 본등기를 하게 되면 그 효력이 가등기 때로 소급하게 되므로 등기관은 그 경매개시결정등기를 직권말소하겠다는 취지를 법원에 통지하고 직권말소의 취지 통지를 받은 법원은 경매절차를 취소하게 된다. 하지만 매수인이 대금납부를 한 후 본등기가 된 경우에는 절차가 취소되지 않는다.

### ■5 1, 2순위의 근저당권 사이에 소유권이전청구권 보전의 가등기가 경료된 부동산

제2순위의 근저당권자가 경매를 신청한 경우 혹은 제1순위 근저당과 가등기가 경료된 부동산에 대해 일반 채권자가 경매를 신청한 경우 매각허가결정 선고 전에 가등기에 기한 본등기가 경료 되었다면 경매절차는 취소되어야 한다.

집행법원이 이러한 본등기 사실을 모른 채 경매절차가 그대로 진행되어 매각허가결정이 확정되고 매수인이 매각대금을 완납하면 우선순위로서 그때까지 유효하게 존재하고 있던 제1순위 근저당권이 그 낙찰로 인하여 소멸하고, 그보다 후순위인 가등기 및 그에 기한 본등기의 효력도 상실되므로, 대금납부 이후에는 경매절차를 취소할 수 없다(대결 1997.1.16. 96마231 참조).

## 6 가처분권자의 본안 승소판결에 기한 등기가 이루어진 경우

가처분권자가 아직 승소판결을 받지 못하고 가처분등기만 되어 있는 상태에서는 경매절차의 취소사유에 해당하지 않는다. 하지만 경매개시결정이 이루어진 후 가처분권자의 본안 승소판결에 기한 소유권이전등기가 이루어지면 경매절차는 취소되어야 한다.

### 경매투자자 입장에서 유의해야 하는 사항
매각대금 납부 후에 가등기권자나 가처분권자 앞으로 소유권이전등기가 경료됨으로써 매수인이 소유권을 상실하게 된 경우에는 경매절차의 취소결정을 받을 수 없고, 민법 제578조, 제576조를 유추적용 하여 담보책임을 추급할 수 있을 뿐이다(대결 1997.11.11. 96그64 참조). 하지만 아직 배당이 실시되기 전이라면 매수인은 집행법원에 대하여 경매에 의한 매매계약을 해제하고 납부한 대금을 반환해줄 것을 청구해 볼 수 있다.

# 3 경매개시결정문의 송달

## 1 | 경매개시결정문의 송달

### 1 경매개시결정문은 채무자에게 반드시 송달되어야 한다

❶ 경매개시결정 정본을 채무자에게 송달하는 것은 경매절차 진행의 유효조건이다.
❷ 반드시 경매개시결정 정본이 송달되어야 한다.
❸ 송달되지 않을 경우 경매를 진행할 수 없다.
❹ 소유자나 채무자에게 송달이 이루어지지 않고 경매가 진행이 된다면 매각불허가사유에 해당된다. 채무자뿐만 아니라 이해관계인도 송달의 흠으로 매각허가결정에 대한 항고사유로 삼을 수 있다.

### 2 송달시기

강제경매는 등기필증접수일로부터 3일 안에, 임의경매는 개시결정일로부터 3일 안에 채무자 또는 소유자에게 송달하여야 한다(재민 91-5).

실무에선 강제경매일 경우 등기촉탁이 이루어지고 보통 1주일 정도가 지난 후에야 경매개시결정 정본을 송달한다. 이는 경매개시결정에 대한 기입등기가 이루어지 전에 개시결정 정본을 채무자에게 송달하면 채무자가 즉시 해당 부동산을 타인에게 처분할 우려가 있기 때문이다.

### 3 송달방법

❶ **이사불명으로 송달불능 된 경우**: 경매개시결정정본이 이사불명으로 송달불능이 된 경우 법원은 채권자에게 주소보정을 명한다. 하지만 보정된 주소로도 송달이 되지 않고 송달할 장소도 알 수 없는 경우 당사자의 신청 또는 직권으로 공시송달을 하게 된다.

- 채무자가 법인인 경우: 법인등기부상 법인 주소지와 대표이사 개인 주소지 두 곳 모두 송달이 되지 아니하는 경우에만 공시송달을 할 수 있다(《법원실무제요Ⅱ》, 64쪽 참조).
- 주소보정명령에 불응한 경우: 경매신청채권자가 채무자 혹은 소유자의 주소보정에 불응할 경우 경매개시결정은 취소되고 경매 신청은 각하된다.

**공시송달의 방법**(민사소송법 제195조, 196조 참조)
공시송달은 법원사무관 등이 송달할 서류를 보관하고 그 사유를 법원게시판에 게시하거나, 그 밖에 대법원규칙이 정하는 방법에 따라 하여야 한다. 첫 공시송달은 공시송달을 실시한 날부터 2주가 지나면 효력이 발생하며 같은 당사자에게 하는 그 뒤의 공시송달은 실시한 다음날부터 효력이 생긴다.

❷ **주소불명, 외국거주의 경우**: 채무자의 주소불명이나 외국에 있는 경우에도 반드시 송달하여야 한다. 외국에 있는 경우에는 외국송달의 특례가 적용된다.

**당사자가 외국에 주소를 두고 있는 경우**

국제민사사법공조법, 동 규칙 및 예규가 정하는 바에 따른다. 당사자가 대한민국 국민으로서 '헤이그송달협약에 가입한 외국'에 거주하고 있는 경우에는 그 외국에 거주하는 대한민국 영사에게 촉탁한다. 공시송달의 효력은 게시 후 2개월이 지난 때에 발생한다(《법원실무제요 Ⅱ》, 65쪽 참고).

## 4 채무자에 대한 송달은 매각절차진행의 유효요건

경매개시결정은 압류의 효력이 있으나 채무자에게 고지되지 않으면 효력이 발생하지 않는다. 따라서 따로 경매개시결정의 고지 없이는 유효하게 매각절차를 속행할 수 없다(대결 1991.12.16. 91마239 참조).

집행법원이 경매개시결정을 채무자에게 송달하지 않고 매각절차를 진행하였다면 경매개시결정의 효력은 발생되지 않았으므로 매수인이 매각대금을 납부하였어도 소유권을 취득할 수 없다(대판 1994.1.28. 93다9477 참조).

## 5 법인에 대한 송달

❶ 송달장소는 대표자의 주소·거소·영업소·사무소로 한다.
❷ 채무자가 법인인 경우 법인등기부상 법인주소지와 대표이사 개인 주소지 두 곳 모두 송달이 불능된 경우에 한해서만 공시송달을 하게 된다.
❸ 법인에 대한 송달은 대표자에게 교부함이 원칙이지만 그 대표자를 만나지 못한 때에는 사무원이나 고용인으로서 사물을 변식할 지능이 있는 자에게 서류를 교부할 수 있는 것이고, 이 경우 송달은 사무원 등에게 서류를 교부한 때 완료되어 그 효력이 생긴다(대판 1992.2.11. 91누5877 참조).

### 6 채권자에 대한 송달

경매개시결정은 채권자에 대하여도 고지의 방법으로 그 정본을 송달하게 된다. 그러나 송달에 의하지 않고 적당한 방법으로 고지하여도 무방하며 채권자에게 송달하지 않고 절차를 진행하여도 매각허가의 효력에 아무런 영향이 없다(대결 1969.6.10. 69마231 참조).

## 2 | 보충송달

### 1 보충송달이란?

보충송달이란 송달받을 사람 본인에게 소송서류를 교부할 수 없는 경우에 보충적 방법에 의해 송달이 이루어지게 하는 것을 말한다. 근무장소 외의 송달할 장소에서 본인을 만나지 못한 경우 그 사무원·피용자 혹은 동거인으로서 사리를 분별할 지능이 있는 사람에게 서류를 교부하는 송달방법이다(민소 제186조 참조).

> **제186조(보충송달·유치송달)**
> ① 근무장소 외의 송달할 장소에서 송달받을 사람을 만나지 못한 때에는 그 사무원, 피용자 또는 동거인으로서 사리를 분별할 지능이 있는 사람에게 서류를 교부할 수 있다.
> ② 근무장소에서 송달받을 사람을 만나지 못한 때에는 제183조 제2항의 다른 사람 또는 그 법정대리인이나 피용자 그 밖의 종업원으로서 사리를 분별할 지능이 있는 사람이 서류의 수령을 거부하지 아니하면 그에게 서류를 교부할 수 있다.
> ③ 서류를 송달받을 사람 또는 제1항의 규정에 의하여 서류를 넘겨받을 사람이 정당한 사유 없이 송달받기를 거부하는 때에는 송달할 장소에 서류를 놓아둘 수 있다(유치송달).

❶ 보충송달을 받을 수 있는 동거자의 의미는?
민사소송법 제186조 제1항 소정의 동거자라고 함은 송달을 받을 자와 동일 세대에 속하여 생활을 같이 하는 자를 말한다. 그러나 수송달자(송달받을 사람)가 동일 송달장소에 거주하더라도 세대를 달리하는 사람(예: 가사도우미)은 동거자라고 할 수 없다(대판 1981.4.14. 80다1662, 1978.2.28. 77다2029 참조).

### 송달받을 자가 없는 경우 보충송달을 한 사례 1
피고의 주소지에서 피고의 동거자인 사리를 변식할 수 있는 딸에게 한 송달은 그 후 실제로 전달되지 아니하였다 하더라도 적법한 송달로서의 효력이 있다(서울고법 1978.8.25.선고 78나949 제5민사부 판결 참조).

### 송달받을 자가 없는 경우 보충송달을 한 사례 2
민사소송법 제172조 제1항(현행 제186조 제1항) 소정의 보충송달을 받을 수 있는 '동거자'란 송달을 받을 자와 동일한 세대에 속하여 생활을 같이 하는 자를 말하는 것으로서, 반드시 법률상 친족관계에 있어야 하는 것은 아니므로 이혼한 처라도 사정에 의하여 사실상 동일 세대에 소속되어 생활을 같이 하고 있다면 여기에서 말하는 수령대행인으로서의 동거자가 될 수 있다(대결 2000.10.28. 자2000마5732 참조).

❷ 사무원이 송달받은 경우: 보충송달을 받을 자가 아닌 사람이 송달서류를 받았으나 그 후 그 서류가 전전하여 제때에 그 사무원의 신분을 가진 사람에게 전달되었다면 보충송달로서 유효하다(대판 1979.1.30. 78다2269 참조).

### 보충송달에 있어 수령대행인이 될 수 있는 '사무원'의 의미
민사소송법 제186조 제1항이 정한 보충송달에 있어서 수령대행인이 될 수 있는 사무원이란 반드시 송달받을 사람과 고용관계가 있어야 하는 것은 아니고 평소 본인을 위하여 사무 등을 보조하는 자이면 충분하다(대결 2009.1.30. 자2008마1540 참조).

❸ 보충송달의 송달장소는?

송달은 원칙적으로 송달을 받을 자의 주소·거소·영업소 또는 사무소 등의 '송달장소'에서 하여야 한다. 다만 법정대리인에게 할 송달은 본인의 영업소나 사무소에서도 할 수 있다(민법 제183호 제1항). 또한 그 장소가 송달받을자의 주민등록상의 주소지가 아니어도 가능하다.

#### 민사소송법 제183조 제1항이 정한 송달장소가 아닌 곳에서 송달된 경우

송달은 원칙적으로 민사소송법 제183조 제1항에서 정하는 송달을 받을 자의 주소, 거소, 영업소 또는 사무실 등의 '송달장소'에서 하여야 하는바, 송달장소에서 송달받을 자를 만나지 못한 때에는 그 사무원, 고용인 또는 동거자로서 사리를 변식할 지능이 있는 자에게 서류를 교부하는 보충송달의 방법에 의하여 송달할 수는 있지만, 이러한 보충송달은 위 법조항에서 정하는 '송달장소'에서 하는 경우에만 허용되고 송달장소가 아닌 곳에서 사무원, 고용인 또는 동거자를 만난 경우에는 그 사무원 등이 송달받기를 거부하지 아니한다 하더라도 그곳에서 그 사무원 등에게 서류를 교부하는 것은 보충송달의 방법으로서 부적법하다(대결 2001.8.31. 자2001마3790 참조).

#### 수송달자의 주민등록상의 주소지가 아닌 곳으로 송달된 경우

민사소송법 제183조 제1항은 "송달은 이를 받을 자의 주소·거소·영업소 또는 사무소에서 한다."라고만 규정하고 있을 뿐 특별히 송달할 장소를 주민등록상의 주소지만으로 한정하고 있지는 아니하므로 민사소송법 제183조 제1항 소정의 보충송달의 장소가 송달을 받을 자의 주민등록상의 주소지가 아니라고 하여 그 송달을 부적법한 것이라고 할 수는 없다(대결 2000.10.28. 자 2000마5732 참조).

### 2 발송송달(우편송달)

❶ 등기우편에 의한 발송송달은 원칙적 송달방법인 교부송달은 물론이고 민사소송법 제186조에 의한 보충송달과 유치송달도 할 수 없는 경

우에 할 수 있다.

민사소송법 제187조는 "민사소송법 제186조의 규정에 따라 송달할 수 없는 때에는 법원사무관 등은 서류를 등기우편 등 대법원 규칙이 정하는 방법으로 발송할 수 있다."라고 규정되어 있으며, 민사소송규칙 제51조는 위 규정에 따른 서류의 발송은 등기우편으로 하도록 규정하고 있는바, 위 규정에 따른 등기우편에 의한 발송송달은 송달받을 자의 주소 등 송달하여야 할 장소는 밝혀져 있으나 송달받을 자는 물론이고 그 사무원, 고용인, 동거인 등 보충송달을 받을 사람도 없거나 부재하여서 원칙적 송달방법인 교부송달은 물론이고 민사소송법 제186조에 의한 보충송달과 유치송달도 할 수 없는 경우에 할 수 있는 것이고, 여기에서 송달하여야 할 장소란 실제 송달받을 자의 생활근거지가 되는 주소·거소·영업소 또는 사무소 등 송달받을 자가 소송서류를 받아볼 가능성이 있는 적법한 송달장소를 말하는 것이라고 할 것이다(대결 2003.10.30. 자 2003마1355 참조).

❷ 송달 받을 사람이 장기 부재중이어서 보충송달이 처음부터 불가능한 경우에는 우편송달을 할 수 없다.

일반적으로 민사소송법 제186조 제1항에 의한 보충송달의 경우 송달받을 사람이 가출·항해·해외유학 등으로 장기부재 중인 경우에는, 송달장소에 수령대행인이 될 만한 사람이 있더라도 그가 송달에 관한 위임을 받은 경우가 아닌 한 그에게 보충송달이나 유치송달을 할 수 없다.

민사소송법 제187조의 우편송달(발송송달)은 같은 법 제186조에 의한 보충송달 또는 유치송달이 가능함을 전제로 하여, 그와 같은 방법으로도 송달할 수 없는 경우에 한하여 하는 것이고, 송달받을 사람이 가출·항해·해외유학 등으로 장기 부재중이어서 보충송달이 처음부터 불가능한 경우에는 우편송달(발송송달)도 할 수 없다(부산지법 2007.11.9.선고 2006나7386판결 참조).

❸ 등기우편에 의한 발송송달의 요건으로서 민사소송법 제185조 제2항에 정한 '달리 송달할 장소를 알 수 없는 경우'는 기록에 현출되어 있는 자료로 송달할 장소를 알 수 없는 경우를 말한다.

민사소송법 제185조 제2항에서 말하는 '달리 송달할 장소를 알 수 없는 경우'라 함은 상대방에게 주소보정을 명하거나 직권으로 주민등록표 등을 조사할 필요까지는 없지만, 적어도 기록에 현출되어 있는 자료로 송달할 장소를 알 수 없는 경우에 한하여 등기우편에 의한 발송송달을 할 수 있음을 뜻한다(대결 2009.10.29. 자2009마1029 참조).

## 3 | 공유자에 대한 통지

### 1 통지

❶ 공유부동산의 지분에 대해 경매개시결정이 되면 다른 공유자에게 그 경매개시결정이 있다는 것을 통지하여야 한다(민집 제139조 1항 참조).
❷ 공유자에게 매각기일과 매각결정기일을 통지하지 않았을 경우 매각허가결정에 대한 항고사유가 될 수 있다.

> **민사집행법 제139조 1항**
> ① 공유물지분을 경매하는 경우에는 채권자의 채권을 위하여 채무자의 지분에 대한 경매개시결정이 있음을 등기부에 기입하고 다른 공유자에게 그 경매개시결정이 있다는 것을 통지하여야 한다. 다만, 상당한 이유가 있을 때에는 통지하지 아니할 수 있다.

## ▰▰▰2 공유자에게 통지하지 않는 경우는?

**(민집 제139조 1항 단서의 상당한 이유가 될 수 있는 경우)**

❶ 공유물분할판결에 기하여 공유물 전부를 경매에 붙여 그 매각대금을 분배하기 위한 현금화의 경우

❷ 아파트, 상가 또는 다세대주택 등 구분소유적 공유의 경우

# 4. 배당요구의 종기 결정 및 공고

## 1. 배당요구의 종기 결정 및 공고

### 1. 배당요구의 종기 결정 및 공고

❶ 배당요구의 종기가 정해지면 인터넷 대법원 홈페이지 또는 법원 게시판에 게시된다.

❷ 민사집행법 이후(2002. 7. 1. 이후), 법원은 절차에 필요한 기간을 감안하여 배당요구를 할 수 있는 종기를 첫 매각기일 이전으로 정하여 공고한다(그 경매개시결정 전에 다른 경매개시결정이 있었던 경우는 제외).

❸ 배당요구의 종기를 결정하는 시기는 경매개시결정에 따른 압류의 효력이 생긴 후 1주일 이내에 하여야 하며 일반적으로 종기는 첫 매각기일의 1개월 이내로 정해진다.

보통 배당요구의 종기 결정은 등기필증접수일로부터 3일 안에 하도록 규정하고 있으며 그 종기는 첫 매각기일 이전으로 정해지지만 적어도 감정평가나 현황조사가 완료되어 매각물건명세서가 작성될 수 있는 이후로 정해지게 된다.

❹ 배당받을 수 있는 권리자도 배당요구의 종기 이내에 배당요구를 하여야 배당받을 수 있다. 단 배당요구하지 않아도 되는 채권자는 예외이다.

### ▰▰2 배당요구의 종기를 정하는 취지는?

매수인이 인수하게 될 권리가 있는지 혹은 무잉여 경매가 될 것인지 미리 판단하기 위해서 배당요구의 종기를 정하는 것이다.

- 배당요구의 종기까지 반드시 배당요구를 하여야 하는 채권자(등기부에 등기되지 않은 채권자): 주택·상가임차인, 선순위전세권자, 경매개시결정기입등기 후의 가압류권자와 임차권등기권자, 국세 등의 교부청구권자, 집행력 있는 정본을 가진 채권자 등
- 배당요구의 종기까지 배당요구를 하지 않아도 되는 채권자(등기부에 등기된 채권자): 경매개시결정기입등기 전에 설정된 (근)저당권자, 압류·가압류권자, 임차권등기권자, 후순위전세권자 등

### ▰▰3 배당요구의 종기를 연기할 수 있는가?

❶ 배당요구의 종기는 이해관계인에게 커다란 영향을 줄 수 있으므로 특별한 경우가 아니면 배당요구의 종기를 연기할 수 없다.

경매법원은 감정평가나 현황조사가 예상보다 지연되는 경우, 혹은 채무자에게 경매개시결정의 송달이 이루어지지 않은 사유 등이 있을 때 배당요구의 종기를 연기할 수 있다.

❷ 배당요구의 종기를 연기하는 경우, 법원은 이를 공고하고 최선순위 전세권자나 배당요구하여야만 배당받을 수 있는 채권자에게 고지하여야 한다.

### 4 배당요구의 종기 이후 배당요구를 철회할 수 있는가?

배당요구에 따라 매수인이 인수하여야 할 부담이 바뀌는 경우, 배당요구를 한 채권자는 배당요구의 종기가 지난 뒤에는 이를 철회하지 못한다.

## 2 | 배당요구의 종기에 대한 공고 및 고지

### 1 공고

법원은 배당요구의 종기가 정하여진 때에는 경매개시결정을 한 취지 및 배당요구의 종기를 공고하여야 하고, 그 공고는 경매개시결정에 따른 압류의 효력이 생긴 때부터 1주 이내에 하여야 한다(민집 제84조 2항, 3항).

### 2 고지

❶ 배당요구를 하여야만 배당받을 수 있는 채권자에게 법원은 배당요구의 종기에 대해 고지하여야 한다(민집 제84조 2항).

배당요구를 하지 않아도 배당받을 수 있는 채권자에게는 채권신고의 최고를 하게 된다.

❷ 최선순위 전세권자에 대한 고지: 최선순위 전세권자는 선택적으로 매수인에게 전세권을 인수시킬 수도 있고 배당요구를 하여 배당을 받을 수도 있으므로 법원은 배당요구의 종기를 고지하여 그 기간 안에 선택의 기회를 부여하게 된다.

# 5 채권신고의 최고

## 1 | 채권신고의 최고

### 1 채권신고를 최고하는 이유는?

법원이 채권신고의 최고를 하는 이유는 우선변제(청구)권이 있는 채권의 유무와 그 금액에 관하여 신고를 받아 남을 가망이 있는지 여부를 확인하여 그 매각목적물의 매각조건을 결정하고, 그들에게 배당요구(또는 교부청구)를 할 수 있는 기회를 부여하여 채권회수나 조세징수를 용이하게 하려 함에 그 목적이 있다. 하지만 반드시 지켜야 할 규정은 아니므로 채권신고를 하지 않은 이유로 매각이 불허되거나 매각허가결정에 대한 항고사유가 되는 것은 아니다(《법원실무제요Ⅱ》, 115쪽 참조).

### 2 최고의 방법과 시기는?

① 방법: 서면 외에 구두(전화 포함)로도 할 수 있지만 통상 서면으로 하고 있다.

❷ 시기: 배당요구의 종기결정일로부터 적어도 3일 이내에 최고하도록 되어 있지만 일반적으로 배당요구의 종기결정과 동시에 최고를 한다.

## 2 | 최고의 상대방

### 1 민사집행법 제148조 3호, 4호의 채권자

❶ 첫 경매개시결정등기 전에 등기된 가압류채권자(민집 제148조 3호)
❷ 저당권·전세권, 그 밖의 우선변제청구권으로서 첫 경매개시결정등기 전에 등기되었고 매각으로 소멸하는 것을 가진 채권자(민집 제148조 4호)

첫 경매개시결정등기 전에 임차권등기를 경료한 임차인은 전세권자에 준하여 채권신고최고서를 발송한다.

> **제148조(배당받을 채권자의 범위)**
> 1. 배당요구의 종기까지 경매신청을 한 압류채권자
> 2. 배당요구의 종기까지 배당요구를 한 채권자
> 3. 첫 경매개시결정등기전에 등기된 가압류채권자
> 4. 저당권·전세권, 그 밖의 우선변제청구권으로서 첫 경매개시결정등기전에 등기되었고 매각으로 소멸하는 것을 가진 채권자

### 2 공과금을 주관하는 공공기관

❶ 공공기관에 대한 최고: 국세 등의 교부청구채권자는 배당요구로 배당받을 수 있는 채권자이지만 조세징수의 편의를 위해 채권신고를 최고하게 한다.

❷ 최고대상 공무소
- 부동산 소유자의 주소지를 관할하는 세무서
- 부동산소재지의 시(자치구가 없는 경우), 구(자치구), 군, 읍, 면
- 공장저당법상 저당권자의 신청에 의한 임의경매사건인 경우와 집행채무자(임의경매에 있어서는 소유자)가 회사인 경우에는 관세청장(송민 82-1).

❸ 공과주관 공무소
부동산에 관한 경매개시결정등기 이전에 체납처분에 의한 압류등기 또는 국세징수법 제24조 2항에 의한 보전압류의 등기를 하지 않는 한 배당요구의 종기까지 배당요구로서 교부청구를 하여야만 배당을 받을 수 있다(대판 2001.5.8. 2000다21154 참조). 하지만 채권신고서만 배당요구의 종기이전에 제출하고 따로 교부청구를 하지 않는 경우일지라도 원인 사실 및 액수 등을 그 채권서를 통해 알 수 있는 경우라면 배당을 받을 수 있다.

# 3 | 가등기담보 등에 관한 법률 제16조 1항에 의한 최고

## 1 담보가등기가 경료된 부동산에 대하여 경매가 개시된 경우

법원은 가등기권리자에 대하여 그 가등기가 담보가등기인 때에는 그 내용 및 채권(이자 그 밖의 부수채권을 포함한다.)의 존부, 원인 및 액수를, 담보가등기가 아닌 경우에는 그 내용을 법원에 신고할 것을 상당

한 기간을 정하여 최고하여야 한다(가등기담보법 제16조 1항). 그 이유는 담보가등기는 저당권과 달리 채권신고의 최고기간까지 채권신고를 한 경우에만 배당을 받을 수 있기 때문이다.

실무에서는 간혹 최고기간이 지났지만 담보가등기권리자가 배당기일까지 배당요구를 한 경우 법원은 배당을 해주기도 한다. 하지만 원칙적인 것은 아니다.

### 2 가등기가 되어 있는 부동산에 대하여 경매개시결정이 있는 경우

등기부상 소유권 이전에 관한 가등기가 되어 있는 경우, 그 가등기가 담보가등기인지 아니면 소유권이전등기청구권 보전을 위한 가등기인지 집행법원은 알 수 없다. 따라서 가등기권리자에게 최고를 하여 담보가등기라면 채권신고를 하게 하고 채권신고가 없으면 그 가등기를 순위보전을 위한 가등기로 보고 매각절차를 진행시킨다.

입찰자 입장에서는 채권신고를 하지 않은 가등기권자가 선순위일 경우 그 가등기가 담보가등기인지 여부를 파악하는 것이 관건이 될 것이다.

## 4 | 이해관계인들에게 최고

### 1 이해관계인들에게 최고하는 이유

❶ 이해관계인들에게 최고하는 이유는 잉여의 가망 여부를 확인하고, 적정한 매각조건을 정하기 위해서이다.

❷ 이해관계인은 민사집행법 제90조에 열거된 자에 한하여 이해관계인으로 본다. 이에 해당하지 않는 자는 이해관계가 있어도 경매절차상의 권리를 행사할 수 없다.

## 2 이해관계인들(민집 제90조)

❶ 경매신청을 한 채권자: 압류채권자
❷ 채무자 및 소유자: 경매개시결정 당시 부동산의 소유자
❸ 등기부에 기입된 부동산 위의 권리자: 전세권자, 임차권등기권자, 지상권자, 압류등기 전에 등기한 환매권자, 공유지분경매에서 다른 공유자
❹ 집행정본에 의한 배당요구를 한 채권자
❺ 부동산 위의 권리자로서 그 권리를 증명한 사람: 제3자에게 대항할 수 있는 물권 또는 채권을 가진 부동산 위의 권리자로 법정지상권자, 유치권자, 점유권자, 주택 임차인, 상가임차인, 토지임차인, 경매개시결정등기 후의 권리자 제3취득자, 담보권자, 용익권을 취득한 자 등

## 3 이해관계인에 해당하지 않는 자

❶ 임의경매에서 경매신청이 되지 아니한 저당권의 피담보채권의 채무자
❷ 압류 후에 소유권을 양도한 소유자(소유권 이전과 동시에 이해관계인의 지위도 상실된다)
❸ 압류 후에 소유권이전등기를 마친 제3자(단 권리를 증명하게 되면 이해관계인이 된다)
❹ 임차권등기를 하지 아니한 토지임차인
❺ 가압류권자
❻ 가처분권자
❼ 예고등기권자
❽ 재매각을 실시하는 경우 전의 매수인 등

### 4 이해관계인의 요건

권리를 가지고 있다는 것만으로 이해관계인이 될 수 없고 집행법원에 스스로 그 권리를 증명한 자만을 이해관계인으로 본다. 권리의 증명은 배당요구의 종기까지 해야 한다. 채무자 이외의 이해관계인에게는 경매개시결정 정본을 송달할 필요가 없다. 이해관계인이 사망하여 절차에 관여할 수 없게 되더라도 그로 인해 매각절차가 중단되지는 않는다.

### 5 이해관계인의 권리

❶ 집행에 관한 이의신청권
❷ 부동산에 대한 침해방지신청권
❸ 경매개시결정에 대한 이의신청권
❹ 배당요구신청 또는 이중경매신청이 있으면 법원으로부터 그 통지를 받을 수 있는 권리
❺ 매각기일과 매각결정기일을 통지받을 수 있는 권리
❻ 매각기일에 출석하여 매각기일 조서에 서명날인 할 수 있는 권리
❼ 최저매각가격 외에 매각조건의 변경에 관하여 합의할 수 있는 권리
❽ 매각결정기일에 매각허가에 관한 의견을 진술할 수 있는 권리
❾ 매각허가 여부의 결정에 대하여 즉시항고를 할 수 있는 권리
❿ 배당기일의 통지를 받을 권리
⓫ 배당기일에 출석하여 배당표에 관한 의견을 진술할 수 있는 권리
⓬ 배당기일에 출석하여 배당에 대한 합의를 할 수 있는 권리

# 6 집행관의 현황조사

## 1 | 집행관의 현황조사

### 1 현황조사를 하는 이유는?

법원이 적정한 매각조건을 결정하고 입찰희망자에게 경매목적물에 대한 정보를 제공하여 예측하지 못한 손해를 방지하기 위해서이다.

따라서 입찰을 하고자 하는 사람은 매각물건명세서와 현황조사보고서 사본을 열람해 보는 것이 중요하다.

### 2 집행관의 현황조사방법

● 경매개시결정 후 3일 이내(강제경매일 경우 경매개시결정 등기의 등기 필증 접수일로부터 3일 이내)에 법원은 집행관에게 부동산의 현황, 점유 관계, 임대차보증금과 차임에 관한 조사와 권리관계 및 기타 현황에 대하여 조사하게 한다. 조사 시 파악된 임차인에 대하여 배당요구의 종기까지 권리신고 및 배당요구할 것을 통지하게 된다.

❷ 집행관은 2주 이내에 조사보고서를 제출해야 한다.

집행관의 현황조사보고서는 매각물건명세서 작성의 기본이 되며 임차인의 우선변제권, 대항력 유무 등을 파악하는 데 있어 중요한 자료가 된다. 현황조사에서 점유자의 점유권원의 유무 또는 매수인에게 대항할 수 있는 여부를 가리는 것은 아니다. 하지만 현황조사 시기 등의 기간을 감안하여 이 기간에 유치권자가 점유하고 있었는지를 파악할 수 있는 중요한 근거자료가 되기도 한다.

### 3 현황조사 사항들은?

❶ 부동산의 현상 및 점유관계: 부동산의 위치 및 현황, 부동산의 내부구조, 사용용도, 부동산 점유자의 사용권원 등
❷ 임대차관계: 임차목적물, 임차인, 임대차 내용(보증금, 임대차기간 등), 주민등록 전입 여부와 그 일자, 확정일자 여부 및 그 일자 등
❸ 기타 현황: 공장에 설치한 기계·기구 등 부속물 설치상황이나 감정평가에 중대한 영향을 미칠 수 있는 부합물, 종물, 구성성분 등

### 4 집행관의 현황조사 시 유의사항들《법원실무제요Ⅱ》, 130쪽 인용)

❶ 현황조사 시 건물의 현황과 등기부상 표시가 현저히 다른 결과 조사 대상 건물이 멸실되고 다른 건물이 신축되어 있는 경우에는 관계인의 진술을 청취하여 그 내용을 현황조사보고서에 기재하되, 신·구 건물의 동일성에 대한 집행관의 의견을 부기하며, 구 건물에 대한 멸실등기가 경료 되었으면 그 등기부등본을 붙여야 한다(재민 97-8 제2조 참조).
❷ 현황조사의 대상인 토지·건물에 부합물·종물·구성부분이 될 수 있는 물건이 있고, 그로 인하여 경매·입찰 목적물의 감정평가에 중대한 영향을 미칠 것이라고 판단되는 경우(예컨대 고가의 정원석, 상당한 규모의 제시 외 건물, 지하굴착공사에 의한 콘크리트 구조물, 건축 중인 건물

등)에는 이를 현황조사보고서에 적어야 한다.(재민 97-8제 3조).

❸ 현황조사의 대상이 주택인 경우에 임대차관계의 확인을 위하여 경매·입찰 목적물 소재지에 주민등록전입신고 된 세대주 전원에 대한 주민등록 등·초본을 발급받고, 임대차계약서 사본도 가능한한 취득하여 현황조사보고서에 붙여야 한다(재민 97-8 제4조).

❹ 집행관의 조사보고는 현실로 존재하는 임대차의 실체를 있는 그대로 보고하면 족하고, 그 임대차가 제3자에게 대항할 수 있는 것인가 여부의 법률적 판단까지 할 필요는 없다.

❺ 집행관은 등기부상의 지목이 전, 답, 과수원에 해당되는 경매목적물에 대한 현황조사 시에는 그 현황 및 이용상황을 객관적으로 조사하여 이를 정확히 기재한 현황조사보고서에 현장사진 및 도면을 첨부하여 집행법원에 제출하여야 하고, 등기부상의 지목은 전, 답, 과수원에 해당하지만 그 현황 지목이 농지법 제2조 소정의 농지에 해당하는지 여부에 대하여 의문이 있는 경우에는 이를 즉시 집행법원에 보고하여야 한다(재민 97-1 제2조).

## 5 집행관은 현황조사시 어떤 권한이 있는가?

❶ 부동산을 출입할 수 있다.

❷ 채무자 또는 그 부동산을 점유하는 제3자에게 질문하거나 문서 제시를 요구할 수 있다(민집 제85조 2항, 제82조 1항).

❸ 필요한 때에는 부동산에 출입하기 위하여 잠긴 문을 여는 등 적절한 처분을 할 수 있다(민집 제85조 2항, 제82조 2항).

❹ 조사과정에서 점유자의 저항이 있을 경우에는 경찰 또는 국군의 원조를 요청할 수 있다(민집 제5조 2항).

## 6 법원이 현황조사의 추가명령, 재조사명령을 하는 경우는?

❶ 이중경매개시결정을 한 경우: 선행사건에 의한 현황조사가 뒤의 압류 후 행해진 경우 등을 제외하고는 다시 현황조사를 하여야 한다.

❷ 선행사건의 매각절차가 정지된 경우: 다시 현황조사를 하지 않고 원칙적으로 변동사항만을 조사하게 된다.

❸ 현황조사보고서가 제출된 경우: 법원은 이미 제출된 조사보고서상의 조사결과에 관하여 다시 보충조사를 할 필요가 있는 경우 추가조사를 하거나 재조사를 명할 수 있다.

## 7 집행법원에 의한 심문

집행관의 조사보고 내용이 충분하지 않고 추가조사명령 또는 재조사명령에도 점유관계나 매각목적물의 동일성 등에 대해 확실하게 파악할 수 없다면, 집행법원은 심문기일을 정하여 채무자나 점유자, 이해관계인 등 참고인을 불러 심문(심문절차에서 검증 등을 하기도 함)을 할 수 있으며 경우에 따라 변론을 열어 압류채권자로부터 증거신청을 받아 증거조사도 할 수 있다.

## 8 현황조사는 이의의 대상이 아니다

집행관의 현황조사 자체는 집행에 관한 이의의 대상이 아니다. 다만 최저매각가격의 결정이나 일괄매각결정 등에 대하여 집행에 관한 이의를 신청하거나, 매각허가 이후에는 매각허가에 대한 이의 또는 매각허가결정에 대한 항고로 다툴 수 있을 뿐이다.

### 9 현황조사보고서 사본의 비치

❶ 법원은 현황조사보고서의 사본을 매각물건명세서 및 평가서의 사본과 함께 비치하여 누구든지 볼 수 있도록 하여야 한다(민집 제105조 2항).

❷ 비치는 매각기일(기간입찰의 방법으로 진행하는 경우에는 입찰기간의 개시일)마다 그 1주 전까지 해야 하며, 입찰하고자 하는 사람은 이 기간 내에 민사집행과 사무실에 방문하여 현황조사보고서 사본을 열람할 수 있다.

❸ 법원은 상당하다고 인정하는 때에는 현황조사보고서의 기재내용을 전자통신매체로 공시함으로써 그 사본의 비치에 갈음할 수 있다.

## 2 | 농지에 대한 집행법원의 사실조회

### 1 농지취득자격증명의 발급 여부

❶ 농지를 취득하고자 하는 자는 원칙적으로 농지취득자격증명을 발급받아야 하며 매매는 물론이고 경매, 입찰, 공매, 명의신탁해지의 경우에도 해당된다(농지법 8조 1항 참조).

**예외**: 도시계획구역 내의 농지인 경우 농지취득자격증명을 받을 필요가 없다.

❷ 농지취득자격증명은 등기요건이자 경매절차에서는 매각허가요건이 된다.

농지취득자격증명을 발급받을 수 있는지에 대한 여부는 입찰 전 해당 부동산의 관할청에 문의해보면 도움이 될 것이다.

## 2 어떤 토지가 농지법 소정의 농지인지의 여부는?

공부상의 지목에 따라 정해지는 것이 아니라 토지의 사실상의 현상에 따라 정해지며, 비록 지목이 전으로 되어 있지만 사실상 대지로 사용되고 있다면 최고가매수신고인이 농지법 소정의 농지취득자격증명을 제출하지 않았다 하더라도 매각이 불허되지 않는다(대결 1987.1.15. 86마1095 참조).

## 3 최고가매수신고인이 농지취득자격증명을 제출하지 않은 경우

법원은 최고가매수신고인이 매각결정기일까지 농지취득자격증명을 제출하지 않은 경우 최고가매수신고인에게 매각을 허가하지 않으며 매수신청보증금은 몰취된다. 하지만 부득이한 사정으로 농지취득자격증명을 발급받을 수 없었음을 소명한다면 보증금을 반환받을 수도 있다(더 자세한 내용은 《독학 경매 2》의 '제10장 토지경매' 편에서 다루었다).

# 부동산의 평가 및 최저매각가격의 결정

## 1 | 부동산의 평가 및 최저매각가격의 결정

법원은 경매개시결정이 이루어지면 3일 내에 감정인으로 하여금 경매부동산을 평가하게 하고, 그 평가액을 감안하여 최저매각가격을 정한다. 이 금액에 미달하는 응찰에 대해서는 매각이 허가되지 않는다. (대결 1967.9.26. 67마796 참조).

### 1 감정인의 매각부동산의 평가

❶ 집행법원은 최저매각가격을 결정하기 위하여 감정인으로 하여금 경매부동산을 평가하게 한다.
❷ 처음 최저매각가격을 정한 후 오랜 기간 시일이 지났다고 해서 경매부동산의 가격을 재평가하는 것은 아니다.
❸ 평가는 평가 당시의 현황을 기준으로 하고 부동산의 부합물도 평가 대상이 된다. 단 그 부합물이 타인의 부동산일 경우, 그리고 다른 약정

이 있는 경우에는 평가대상이 되지 않는다.
❹ 건물이 증축되었을 경우, 그 증축 부분도 평가되어야 한다.
❺ 감정사의 감정 당시의 적정가격과 현격한 차이가 있는 평가로 인하여 손해가 발생한다면 감정평가사는 손해배상의 책임을 질 수도 있다(대판 1988.9.22. 97다36293, 1999.5.25. 98다 56416 참조).

## 2 최저매각가격은 어떻게 정해지는가?

❶ 최저매각가격이란? 매수신청인이 매각기일에서 그 가격 만큼 혹은 그 이상으로 매수해야 하는 기준이 되는 가격을 말한다.
❷ 집행법원은 감정인에게 매각부동산을 평가하게 하고 그 평가액을 참작하여 최저매각가격을 정하게 된다.
❸ 최저매각가격조건은 법정매각조건이며 이해관계인 전원의 합의에 의하여도 바꿀 수는 없다(민집 제110조 1항 참조).

## 3 최저매각가격을 정하는 기타 이유

❶ 이는 부동산이 실제 시세보다 현저히 낮은 가격으로 매각이 되면 이해관계인의 이익을 해치게 되는 것으로 공정 타당한 가격으로 매각이 이루어지게 함이다(대결 1994.11.30. 94마1673, 대결 1995.7.29. 95마540 참조).
❷ 잉여의 여부와 과잉매각 여부를 파악하기 위해서이다.

# 2 | 매각부동산의 평가절차

## 1 감정인의 선임은 어떻게 하는가?

일반적으로 감정인 선정전산프로그램에 의해 선정하게 되며 감정인으로 감정평가사가 선임되는 것이 원칙이다. 이렇게 선정된 감정인은 집행법원의 집행보조자가 된다.

## 2 감정인의 평가서 제출기간은?

평가서 제출기간은 2주 이내이다.

## 3 감정가격

감정가격은 최저매각가격의 기초가 된다.

평가서에는 최소한 감정가격의 결정을 뒷받침하고 매수신고인의 이해를 도울 수 있도록 감정가격산출근거(특히 집합건물을 제외한 건물의 부지나 나대지 등의 토지의 경우에는 표준지를 표시하고 그 공시지가를 밝히도록 한다.), 평가요항표(토지, 건물, 집합건물별로 감정인들이 사용하는 소정양식), 위치도, 건물내부구조도, 사진 등을 붙이도록 되어 있는데, 매수희망자는 이 서류를 통해 해당 부동산에 대한 정보를 보다 자세히 확인할 수 있다.

## 4 평가명령의 시기

❶ 임의경매일 경우: 경매개시결정일부터 3일 이내
❷ 강제경매일 경우: 등기필증접수일부터 3일 이내

**예외적인 경우**: 매각부동산의 법률관계가 복잡하여 법원이 감정인에 대하여 특별한 지시를 할 필요가 있는 경우에는 등기관의 통지 및 현황조사보고서가 도착한 후에 평가명령을 발한다.(《법원실무제요 II》, 139쪽 참조)

## 5 평가는 어떤 방법으로 하는가?

❶ 객관적 평가의 방법: 감정인은 매각부동산의 위치, 형상, 주위의 상황, 건물의 구조, 자재 등 제반 사정을 참작하여 객관적으로 공정하고 타당성 있는 방법으로 감정평가 하여야 하므로, 감정인이 감정평가업자일 경우에는 〈지가공시 및 토지 등의 평가에 관한 법률〉의 규정에 따라야 하며 또 동법 제22조의 위임에 의하여 정해진 감정평가에 관한 규칙에 따라야 한다.

❷ 감정대상 물건의 실지조사에 의한 평가방법: 감정평가사가 평가를 할 때 신뢰할 수 있는 근거자료가 있는 경우를 제외하고 해당 목적물에 대해 실지조사를 한 후 평가하여야 한다. 하지만 반드시 공인감정평가사가 하여야 하는 것은 아니고 업무를 신속, 원활하게 할 사정이 있는 경우에는 감정자료의 조사능력이 있는 보조자에 의하여 행할 수 있다(대판 1993.5.25. 92누18320).

❸ 건물평가를 현상대로 한 것이 아니라 등기부상의 표시에만 의존하여 평가한 경우: 건물을 평가함에 있어서 현상대로 하지 아니하고 등기부상의 표시에만 의존하여서 한 경우에는 그 평가는 위법한것으로 간주한다(대결 1968.8.26. 자 68마798 참조).

## 6 평가를 하게 되는 감정인은 어떤 권한이 있는가?

❶ 감정인은 평가를 위하여 건물에 출입할 수 있다.
❷ 채무자 또는 건물을 점유하는 제3자에게 질문하거나 문서를 제시할 것을 요구할 수 있다.

❸ 감정인은 집행관과 달리 부동산을 출입하기 위해 강제력을 행사할 수 있는 것은 아니다.

### 7 법원이 재평가를 하는 경우는?

❶ 최저매각가격이 결정된 후 시일이 상당히 경과되어 부동산가격이 변동되었다 할지라도 감정인이 평가 시 당연히 고려하여 평가하여야 할 부분을 배제하고 평가하였거나 합리적 근거를 바탕으로 평가하지 않았다는 것을 법원이 인정하지 않는 한 법원은 재평가를 명하지 않는다(대결 1998.10.28. 98마1817 참조).

단 첫 매각기일 이후 어떤 사유로 집행절차가 장기간 정지되어 있었다면 평가시점에 비해 부동산가격이 현저히 변동된 경우라면 재평가를 명하기도 한다(《법원실무제요Ⅱ》, 142~143쪽 참조).

❷ 만약 재평가 사유가 있음에도 재평가를 하지 않고 매각절차가 진행된 경우라면 매각기일 전이라면 집행에 관한 이의를 신청할 수 있고, 매각허가 이후라면 매각허가에 대한 이의 또는 매각허가결정에 대한 항고를 할 수 있다.

경매부동산에 대한 감정인의 평가상의 잘못으로 최저매각가격이 잘못 결정된 것이 경락 이의사유가 된다고 본 사례
대법원 1993.9.15.자 93마1065결정 참조【부동산경락허가결정】

【판시사항】
경매부동산에 대한 감정인의 평가상의 잘못으로 최저경매가격이 잘못 결정된 것이 경락 이의사유가 된다고 본 사례

【판결요지】

감정인이 경매부동산 중 창고의 가액을 평가함에 있어서 그 면적을 실제의 면적인 1,449$m^2$로 사정하여야 할 것을 등기부상의 면적인 1,403.96$m^2$로 사정하여 이를 기준으로 산정함으로써 결과적으로 실제보다 금 11,034,800원이 낮은 가격으로 평가하고, 이를 기초로 경매부동산의 전체 가액을 평가한 보고서를 경매법원에 제출하였고, 경매법원은 감정인의 이러한 평가상의 잘못을 발견하지 못한 채 감정인이 평가한 가액을 그대로 최저경매가격으로 결정하여 경매를 진행시켰다면 경매법원의 조처에는 민사소송법 제728조, 제633조 6호 소정의 위법사유가 있다.

## 3 | 감정평가의 대상

평가의 대상은 매각부동산 및 매수인이 그 부동산과 함께 취득할 모든 물건 및 권리에 미친다. 따라서 매각부동산의 구성부분, 천연과실, 종물 등도 평가의 대상이 된다(《법원실무제요Ⅱ》, 147쪽 참조).

매수인이 취득할 물적 범위= 압류의 효력이 미치는 물적 범위

### 1 부동산 자체에 대한 평가

당시의 현황을 기준으로 평가하게 된다.

현황과 공부상의 표시에 차이가 있는 경우에도 현황에 따라 평가하게 된다.

### 2 과수의 열매, 곡물 등 천연과실도 평가에 포함이 되는가?(미분리의 천연과실)

● 물건의 용법에 의하여 수취하는 산출물을 천연과실이라 한다.

❷ 미분리의 천연과실도 토지의 구성부분으로 보아 평가의 대상이 된다.

단 명인방법을 구비하여 제3자에게 양도된 경우는 평가대상이 되지 않으며 매각허가 결정 시까지 수확기에 달하여 채무자에 의하여 수취될 것이 예상되거나 채굴이 예상되는 경우에는 평가의 대상에서 제외된다(민집 제83조 2항 참조). 임의경매로 진행되는 경우는 항상 천연과실을 고려하여 평가하게 된다.

> **민법 제359조(과실에 대한 효력)**
> 저당권의 효력은 저당 부동산에 대한 압류가 있은 후에 저당권설정자가 그 부동산으로부터 수취한 과실 또는 수취할 수 있는 과실에 미친다. 그러나 저당권자가 그 부동산에 대한 소유권, 지상권 또는 전세권을 취득한 제3자에 대하여는 압류한 사실을 통지한 후가 아니면 이로써 대항하지 못한다.

### 3 법정과실은 무엇이며 법정과실도 평가대상이 되는가?

❶ 물건의 사용대가로 받는 금전 기타의 물건을 법정과실이라 한다. 대표적인 법정과실로는 지료, 임료(집세) 등이 있다.

❷ 법정과실은 압류 및 저당권의 효력이 미치지 않으므로 평가의 대상이 되지 않는다.

### 4 공유지분은 어떻게 평가되는가?

공유지분에 대한 평가는 공유물 전체에 대해 평가한 다음 그 지분비율에 따른 가격을 산출한다. 하지만 이 산출법이 어렵거나 정확하지 않을 경우 다른 방법으로 평가하기도 한다.

### 5 구분소유적 공유지분에 대한 평가

구분소유적 공유일 때는 토지의 지분에 대한 평가가 아닌 특정 구분소유 목적물에 대한 평가를 하게 된다.

### 6 온천공

온천권 또는 온천수이용권으로 간주되는 온천공은 별도의 경매의 대상이 되지 않는다. 다만 온천공이 경제적 가치가 있는 경우 토지에 부착된 용익적 권리에 준하여 토지를 평가하게 된다.

### 7 지상권이나 법정지상권 등의 존재로 부동산상의 부담이 생길 수도 있는 부동산에 대한 평가는 어떻게 하는가?

토지에 지상권 또는 토지 위에 법정지상권이 성립하는 건물이 존재할 경우 또는 법정지상권이 매각으로 발생할 경우 등으로 향후 매수인이 토지를 사용하는 데 제약이 따를 경우에 손해액 상당의 금액과 지료를 받게 될 점을 참작하여 최저매각가격을 정하게 된다(《법원실무제요Ⅱ》, 154쪽 참조).

단 매수인이 인수하여야 할 유치권과 같은 담보권이 있는 경우나 매수인에게 대항할 수 있는 용익권 등이 존재하더라도 실무에서는 이를 참작하지 않고 부동산을 평가하여 최저매각가격을 정하게 된다.

### 8 공법상의 제한 또는 환지예정지 지정이 있는 경우

토지의 사용에 공법상 제한이 있는 경우 그것을 참작하여 평가하여야 하며 그 취지를 평가서에 기재하게 되어 있다. 환지예정지 지정이 있는 경우 그 예정지의 위치, 평수, 형상 그 밖의 사정도 종전 토지의 평가 시에 참작되어야 한다(대결 1983.9.26. 83마카33, 대결 1973.9.3. 73마762 참조).

### 9 과수원이 있는 경우

과수원에 대한 평가에 있어 지상 과목에 대한 수종, 수령, 그루 수, 시설물 등을 실상대로 개별적으로 평가하여 그 지가에 대해 평가하게 된다(재민 74-2 참조).

### 10 부동산이 멸실, 훼손된 경우의 평가

평가대상인 부동산이 전부 멸실되었을 경우 감정인은 법원에 이 사실을 알려야 하며 평가절차는 중단되어져야 한다. 하지만 일부 멸실이나 훼손된 부분이 있는 경우 그 부분에 대해 고려하여 평가를 하게 된다.

### 11 여러 개의 부동산이 일괄매각 될 때 부동산의 평가방법은?

여러 개의 부동산이 일괄매각 될 경우 개별적 평가뿐만 아니라 일괄평가도 하게 된다. 이 경우 어느 것을 기준으로 하여 최저매각가격을 정하느냐는 법원의 재량에 맡겨진다.

### 12 그 외의 평가 대상들

❶ 부합물(토지의 부합물, 건물의 부합물), ❷ 종물, ❸ 대지권, ❹ 공장저당의 목적이 된 부동산과 이에 설치된 기계, 기구, 그 밖의 공용물 등

《독학 경매 2》의 '제11장 기타'에서 자세히 다루었다.

# 4 | 평가서의 기재사항과 첨부 서류

법원은 감정인으로 하여금 매각목적물에 대해 평가하게 하는데 그때 평가서에 기재되어야 하는 사항들이 있다. 이런 감정평가서나 현황조사서 또는 매각물건명세서에서 얻을 수 있는 정보를 간혹 다른 곳에서 찾으려고 하는 사람들이 있는데 법원에서 조사해놓은 정보자료를 가장 먼저 참조하는 것이 도움이 될 것이다.

### 1 평가서에는 어떤 것들이 기재되는가?

평가서의 기재사항(민집규 제51조 참조)
❶ 사건의 표시·부동산의 표시
❷ 부동산의 평가액과 평가일
❸ 부동산이 있는 곳의 환경
❹ 토지에 관한 기재사항(평가 목적물이 토지인 경우)
❺ 평가의 참고가 되는 사항
❻ 건물에 관한 기재사항
❼ 평가액의 산출과정
❽ 추가적 기재사항

### 2 평가서의 첨부 서류에는 어떤 내용이 포함되는가?

평가서에는 부동산의 모습과 그 주변의 환경을 알 수 있는 도면·사진 등을 붙이도록 되어 있어 현장사진을 볼 수가 있다.

유치권 성립유무를 판단 할 때 이 평가서의 사진이 도움이 될 때가 많다.

### 3 평가서를 통해 주의 깊게 검토해야 할 사항들

❶ 평가서 상의 부동산 표시가 등기부와 일치하는지 여부를 살피고 공부상 면적과 실제면적이 상이한 경우가 있는지 확인
❷ 매각대상이 농지일 경우 도시계획구역안의 주거·상업·공업 지역 내의 농지 및 도시계획시설의 예정지로 결정된 농지에 해당하는지 여부 확인(첨부된 도시계획확인원을 참조)
❸ 제시 외 미등기 건물이 목적부동산의 부합물 또는 종물인지 여부에 대한 확인
❹ 법정지상권 등의 부담을 받는 토지인지에 대한 여부 확인
❺ 집합건물일 경우 평가서와 현황의 호수가 다른 경우의 확인 등

## 5 | 감정평가의 기타 사항들

### 1 감정평가업자의 부실감정으로 인하여 손해를 입게 된 경우

감정평가업자의 부실감정으로 인하여 손해를 입게 된 감정평가의뢰인이나 선의의 제3자는 토지평가법상의 손해배상책임과 민법상의 불법행위로 인한 손해배상책임을 함께 물을 수 있다(대판 1998.9.22. 97다36293, 대판 1999.5.25. 98다56416 참조).

### 2 감정평가업자가 자의적으로 감정평가 한 경우

감정평가업자인 감정인이 토지평가법과 감정평가규칙의 기준을 무시하고 자의적인 방법에 의하여 감정평가 하는 경우에는 고의 또는 이에 가까운 중과실에 의한 부당감정이라고 할 수 있다(대판 1997.5.7. 96다

52427 참조).

### ■3 감정평가를 현지에 나가지 않고 형식적 감정만을 한 경우

감정평가를 현지에 나가지 않고 공시지가나 토지가격확인원 등 공부에 의한 형식적 감정을 하는 경우 그 감정은 위법한 것으로 본다(대결 1968.8.26. 68마798 참조).

### ■4 폐문부재라는 이유로 부동산의 현황을 육안으로 확인하지 않은 경우

평가서에 폐문부재라는 이유로 부동산의 현황을 육안으로 확인하지 아니하고 감정가액을 산출한 것이면, 부동산의 현황을 육안으로 확인하고 재조사하여 감정하도록 법원은 보정을 명하게 된다.

# 8
# 매각물건명세서의 작성과 비치

## 1 매각물건명세서

매각물건명세서는 경매입찰자에게 아주 중요한 자료가 되므로 매각물건명세서를 꼼꼼히 열람하는 습관을 갖는 것이 좋다. 대법원 경매 사이트나 정보 사이트에서 매각물건명세서를 열람할 수 있지만, 매각기일 1주일 전부터 비치되는 사본을 직접 법원의 민사집행과를 방문하여 열람하는 것이 좋다. 간혹 온라인상에 올라가 있지 않는 사항이 기재되어 있는 경우도 있다.

### 1 매각물건명세서의 작성과 비치

❶ 법원은 매각물건명세서를 작성하고, 사본을 각 매각기일의 1주일 전까지 법원에 비치하여 일반인이 열람할 수 있도록 하고 있다.
❷ 기간입찰인 경우는 입찰기간의 각 개시일의 1주일 전까지이며 법원이 인정하는 경우, 매각물건명세서의 기재내용을 전자통신매체로도

공시하여 사본의 비치에 갈음할 수 있다(민집규 제55조 단서).

❸ 매각물건명세서를 작성하여 비치하는 것은 목적물 부동산에 대한 현황과 권리관계를 공시하여 입찰하고자 하는 사람이 예측하지 못한 손해를 입는 것을 막고 입찰의 참여를 유도하기 위함이다(대결 2004.11.9. 2004마94 등 참조).

❹ 법원은 매각물건명세서를 작성함에 있어서 필요한 경우에는 이해관계인과 그 밖의 참고인(예컨대, 임차권을 주장하고 있는 자로서 그 점유취득시기 등이 불명확한 자, 현황조사를 실시한 집행관 등)을 심문할 수 있다(민집규 제2조).

### 비치기간과 열람

매각물건명세서 사본은 매각기일(기간입찰의 방법으로 진행하는 경우에는 입찰기간의 개시일)마다 그 1주일 전까지 비치하게 되며 매각대금이 납부되면 적당한 방법으로 이를 폐기하게 된다. 비치기간 중의 또 집무시간 내에는 누구라도 언제나 무료로 자유로이 열람할 수 있지만 비치문서의 복사권은 인정되지 않는다. 다만 타인의 열람에 방해가 되지 않는 한 자비로 복사하는 것은 열람방법의 연장으로서 인정한다.

## 2 매각물건명세서의 기재사항

(재판예규 제1119호 부동산에 대한 경매절차 처리지침(재민 2004-3) 제8조 제3항 인용)

❶ 부동산의 표시: 등기부상의 부동산 표시를 그대로 기재한다. 표시와 현황이 다른 경우에 그 현황도 함께 기재하게 된다. 미등기 건물이 있는 경우는 미등기 건물이 있음을 표시한 경우에 매각에 포함되는 것으로 보게 되므로 미등기 건물이 매각에서 제외될 경우는 반드시 그 취지를 표시하여야 한다.

❷ 현황조사보고서와 감정인의 평가보고서 등에 의해 부동산의 점유관계와 관계인의 진술을 기재

### 기재사항
㉠ 해당 부동산의 점유자와 그 점유권원(임차권, 전세권 설정 등)
㉡ 임차인의 임대차보증금, 임대차기간 그리고 배당요구 여부와 그 일자
㉢ 임차인의 전입신고일자 및 확정일자의 유무와 그 일자

전입일은 1994. 7. 1. 이전은 변동일이 전입신고일이 되고, 그 이후는 전입일이 전입신고일이 된다.

❸ 소멸되지 않는 등기부상의 권리: 저당권, 압류채권, 가압류채권에 대항할 수 있는 지상권, 지역권, 전세권 및 등기된 임차권, 가처분

- 전세권과 임차권등기인 경우: 배당요구 한 전세권은 기재사항이 아니지만 배당요구 하지 아니한 최선순위의 전세권의 경우 매수인이 인수해야 하므로 그 취지는 기재되어야 한다. 매수인에게 대항할 수 있는 등기된 임차권등기명령권자의 임차권도 임차인의 보증금 중 전액 변제되지 않으면 말소되지 않으므로 그 내용을 "매수인에게 대항할 수 있는 임차인 있음"등으로 기재되어야 한다.
- 가처분의 경우: 매각으로 그 효력이 소멸되지 않는 가처분일 경우 매수인이 인수하는 것으로 매각물건명세서에 기재되어야 한다. 하지만 가처분의 내용과 집행연월일이 기재될 뿐 피보전권리까지 기재되는 것은 아니다. 가처분의 경우 토지소유자가 건물의 소유자를 상대로 건물을 철거하고 토지를 인도하라는 내용을 피보전권리로 하는 가처분일 경우 말소기준등기 이후의 것이라도 말소되지 않으므로 반드시 매각물건명세서에 기재되어야 한다.

❹ 유치권에 대한 기재 여부: 유치권은 등기된 부동산에 관한 권리가 아니므로 점유자로 기재하지만 실무에선 보통 '유치권신고자' 또는 '유치권신고서 제출', '유치권신고 있음'이라고 기재한다.

❺ 최선순위저당권설정일자 또는 가압류등기일자: 최선순위저당권설정일자 또는 가압류등기일자를 매각물건명세서에 기재하는 이유는 그 일자를 기준으로 임차인의 매수인에 대한 대항력 여부가 결정되기 때문이다. 만약 그 일자보다 빠른 전입일의 임차인이 있을 경우 매수인이 인수할 경우가 있으니 주의해야 한다는 내용이 기재된다.
토지와 건물의 최선순위 저당권 설정일자가 다른 경우 토지와 건물의 그 설정일자를 모두 기재하여야 한다.

❻ 매수인이 부담하게 될 지상권이나 법정지상권 유무에 대한 기재 여부: 토지 또는 건물만 매각이 될 경우 지상권을 부담하게 되는 경우나 지상권을 취득하게 되는 경우 모두가 기재된다. 법정지상권의 성립 유무에 대한 기재를 하고 만약 불확실한 경우 "법정지상권이 성립할 여지가 있음"이라고 기재된다.

토지의 일부에 대해서만 법정지상권이 성립하는 경우라도 그 뜻을 기재할 뿐 그 범위를 특정하여 표시하지는 않는다.

### 3 매각물건명세서는 비치 후에도 정정할 수 있는가?

매각물건명세서에 잘못 기재된 내용이 있거나 중대한 하자가 있는 경우 비치, 열람 후라도 직권으로 정정할 수가 있다. 정정이 매각기일 1주일 전이라면 그대로 매각절차를 진행하기도 하지만 정정된 내용이 매수인에게 중대한 영향을 미치는 경우이면 매각기일을 변경하게 된다. 매각물건명세서에 중대한 하자가 있거나 비치기간이 지켜지지 않았다면 매각허가에 대한 이의사유가 되거나 매각불허가 사유가 될 수도 있다.

정정·변경이 매각물건명세서 사본이 비치된 이후에 이루어졌고, 정정·변경이 된 내용이 매수신청에 영향을 미칠 수 있는 사항(예컨대, 대항력 있는 임차인의 추가)이면 매각기일을 변경하여야 한다. 다만 정정·변경이 매각물건명세서 사본이 비치되기 전에 이루어져 당초에 통지·공고가 된 매각기일에 매각을 실시하는 경우에도 집행관은 매각기일에 매각실시 전에 정정·변경이 된 내용을 고지하여야 한다(재민 2004-3, 제9조).

### 4 매각물건명세서에 중대한 하자가 있는 경우

중대한 하자가 있는 경우 매각허가에 대한 이의사유가 되거나 매각불허가사유가 되는데 어느 정도 중대한가에 대한 여부는 매수희망자에게 매수가격을 결정하는 데 있어 어떤 영향을 주었는지를 감안하여 결정하게 된다. 하지만 매각물건명세서의 중대한 하자가 매각허가에 대한 이의 및 매각허가결정에 대한 즉시항고의 사유가 되지만 매각물건명세서의 작성에 의하여 매각조건이 결정되거나 권리관계에 영향을 주는 것이 아니므로 공신적 효력이 있는 것은 아니다.

**중대한 하자가 있는 경우의 예**
- 전입신고가 되어 있는 선순위임차인이 있음에도 전입신고 된 임차인이 없음이라고 기재된 경우
- 농지취득자격증명의 필요 유무를 반대로 기재한 경우
- 토지와 건물의 선순위(근)저당권설정일자가 상이함에도 이를 기재하지 않은 경우
- 후순위임차인을 선순위임차인이 있는 것으로 기재한 경우
- 선순위임차인의 보증금 칸에 아무런 표시가 없이 비워둔 경우 등

## 5 매각물건명세서는 또 어떤 기능을 하는가?

이중경매의 경우, 먼저 개시결정 한 매각절차가 정지된 때 뒤의 매각절차에 따라 속행할 것인가에 대한 표준이 된다.

매각물건명세서의 기재는 이중경매의 경우, 먼저 된 매각절차가 정지된 때 뒤의 매각절차에 따라 속행할 것인가의 표준이 된다. 즉, 먼저 개시결정 한 매각절차가 정지된 때에 그 매각절차가 취소되면 민사집행법 제105조 1항 3호의 기재사항(등기된 부동산에 대한 권리 또는 가처분으로서 매각으로 효력을 잃지 아니하는 것)이 바뀔 때에는 동법 제87조 2항(먼저 개시결정한 경매신청의 취하 또는 그 절차의 취소와 뒤에 개시결정한 매각절차의 속행 규정)에도 불구하고 뒤의 경매개시결정에 의하여 절차를 속행하여서는 안 된다(민집 제87조 4항 참조).

## 제4장 — 알쏭달쏭 OX문제

01 이해관계인은 매수인이 매각대금을 완납하기 전까지 경매개시결정에 대한 이의신청을 할 수 있다. (   )

02 강제경매의 이의사유는 절차상의 사유와 집행채권의 부존재 또는 소멸 등 실체적 사유로도 가능하다. (   )

03 강제집행은 집행권원을 집행개시 전 또는 집행개시와 동시에 채권자에게 송달한 때에 한하여 개시할 수 있다. (   )

04 매각물건명세서 작성에 중대한 하자가 있을 경우는 매각허가에 대한 이의 및 매각허가결정에 대한 즉시항고의 사유가 된다. (   )

05 토지거래허가구역상의 토지를 경매신청하거나, 경매로 매수하기 위해서는 사전에 해당 시장·군수·구청장으로부터 토지거래계약허가를 받아야 한다. (   )

---

**정답 및 해설**

01 O
02 X 임의경매의 이의사유에 대한 설명이며, 강제경매는 실체상의 이유로 이의신청을 할 경우는 청구이의의 소를 제기하여야 한다.
03 X 강제집행은 집행권원을 집행개시 전 또는 집행개시와 동시에 집행을 받을 사람(채무자)에게 송달한 때에 한하여 개시할 수 있다(민집 제39조 1항).
04 O
05 X 토지거래허가 구역상의 토지를 경매신청하거나 경매로 매입하는 경우에는 토지거래허가를 받지 않아도 된다.

# 제4장 — 주관식 문제

01  매각물건명세서는 매각기일 얼마 전부터 열람이 가능한가?

02  채무자가 채권자의 채권을 변제하였을 경우 일반적으로 경매절차는 취소된다. 하지만 채권액을 모두 변제하였더라도 채권자와 최고가매수신고인의 동의가 필요한 경매는 임의경매와 강제경매 중 무엇인가?

03  경매개시결정기입등기의 효력이 발생하려면 이해관계인에게 송달이 이루어져야 한다. 반드시 송달이 이루어져야 하는 이해관계인은?

04  경매절차에서 미리 이해관계인과 관공서에 통지하는 이유는 무엇인가?

05  공유부동산의 지분에 관하여 경매개시결정을 하였을 경우 반드시 다른 공유자에게 그 경매개시결정에 대한 통지를 하여야 한다. 그런데 예외적으로 통지하지 않아도 되는 경우를 쓰시오.

---

### 정답 및 해설

01  1주일 전
02  강제경매
03  임의경매- 소유자 (실무에서는 채무자에게도 송달), 강제경매-채무자
04  미리 무잉여 여부를 판단하고 경매신청자에게 돌아갈 배당금이 있는지 확인하여 불필요한 경매절차를 방지하기 위해서이다.
05  ① 공유물분할판결에 기하여 공유물 전부를 경매에 붙여 그 매각대금을 분배하기 위한 현금화의 경우
    ② 아파트, 상가 또는 다세대주택 등 구분소유적 공유의 경우

# 제4장 — 정석 I 객관식 문제

**01** 다음 경매진행절차 중 괄호 안의 단계가 올바르게 된 것은?

> 매각신청 ➜ ( 가 ) ➜ 경매개시결정문의 송달 ➜ ( 나 ) ➜ 집행관의 현황조사 ➜ 관공서에 통지 ➜ ( 다 ) ➜ 부동산의 평가 및 최저매각가격의 결정 ➜ ( 라 ) ➜ 매각공고 후 매각

① 가-배당요구의 종기 결정 및 공고
② 나-이해관계인에 대한 채권신고의 최고
③ 다-경매개시결정
④ 라-매각물건명세서의 작성과 비치

정답 ▶ ④
가-경매개시결정과 압류등기의 촉탁
나-배당요구의 종기 결정 및 공고
다-이해관계인에 대한 채권신고의 최고

**02** 경매신청이 접수되면 법원은 신청서의 기재 및 첨부 서류에 대하여 형식적인 심사를 한 후 신청이 적법하다고 인정하게 되면 강제(임의)경매개시결정을 하고 등기관에게 압류등기를 촉탁하여 매각대상부동산의 압류를 명하게 된다. 이후 바로 진행되는 절차는?

① 관공서에 통지
② 경매개시결정의 송달
③ 배당요구의 종기 결정 및 공고
④ 집행관의 현황조사
⑤ 이해관계인에 대한 채권신고의 최고

정답 ▶ ②

03 경매개시결정에 대한 이의신청은 언제까지 할 수 있나?
① 매각대금 완납 시까지　② 매각기일까지
③ 배당요구의 종기까지　④ 매각허가결정확정일까지
⑤ 배당기일까지

정답 ▶ ①


04 다음 중 강제경매개시결정의 이의사유가 될 수 없는 경우를 모두 고르시오.
① 매각기일의 공고·통지절차가 적법하지 않은 경우
② 집행채권의 기한이 도래하지 않은 경우
③ 집행채권이 소멸한 경우
④ 경매신청의 자격이 없는 자가 경매신청한 경우
⑤ 매각부동산의 표시가 잘못된 경우

정답 ▶ ① ③
① 강제개시결정의 이의사유는 경매개시결정 전의 것이어야 하므로 개시결정 후에 발생한 매각절차상의 하자는 강제경매개시결정의 이의사유가 될 수 없다.
③ 강제경매의 경우 집행채권의 부존재등의 실체상의 하자는 청구이의의 소로써만 주장할 수 있다.


05 경매절차의 취소사유로 볼 수 없는 것은?
① 목적부동산의 멸실
② 채무자의 경매목적물에 대한 소유권 상실
③ 임의경매개시결정 후 소유자가 사망한 경우
④ 잉여의 가망이 없는 사건
⑤ 기타 법령에 의한 강제집행의 정지

정답 ▶ ③

06 다음 중 배당요구의 종기까지 반드시 배당요구를 하지 않아도 되는 사람은?

① 민법, 상법, 기타 법률에 의하여 우선변제청구권이 있는 채권자
② 근로기준법에 의한 임금채권자
③ 상법에 의한 고용관계로 인한 채권이 있는 자
④ 경매개시결정기입등기 전의 임차권등기권자
⑤ 경매개시결정기입등기 후에 가압류한 채권자

정답 ▶ ④ 경매개시결정기입등기 전의 임차권등기권자는 배당요구를 하지 않아도 배당에 참여할 수 있지만, 경매개시결정기입등기 후의 임차권등기권자는 배당요구를 하여야만 배당에 참여할 수 있다.

07 다음 중 임의경매신청을 할 수 없는 경우는?

① 피담보채권이 소멸하였지만 다른 채권의 담보를 위해 유용하기로 약정한 경우
② 단독 1인의 토지에 근저당권이 설정되었는데 근저당권자가 토지의 일부지분에 대하여만 경매신청을 하는 경우
③ 한 개의 부동산의 일부분에 대해 경매를 신청하기 위해 분할등기를 한 후 그 저당권의 목적이 된 부분에 대하여만 경매신청을 할 경우
④ 근저당설정등기가 원인 없이 소멸하였지만 회복등기를 경료한 경우
⑤ 근저당채권을 전액 대위변제한 자가 경매신청하는 경우

정답 ▶ ② 단독 1인의 토지에 근저당권이 설정되었는데 근저당권자가 토지의 일부지분에 대하여만 경매신청을 하는 것은 허용되지 않는다.

08 다음 중 이해관계인의 권리가 아닌 것은?

① 자신의 채권에 대해 모두 배당받을 수 있는 권리
② 배당요구신청 또는 이중경매신청이 있음을 법원으로부터 통지받을 권리
③ 매각허부결정에 대하여 즉시항고 할 수 있는 권리
④ 입찰을 신청할 수 있는 권리
⑤ 매각기일에 출석을 할 수 있는 권리

정답 ▶ ① 이해관계자라고 해서 배당을 모두 받을 수 있는 것은 아니다.

**이해관계인의 권리**
① 집행에 관한 이의신청권
② 부동산에 대한 침해방지신청권
③ 경매개시결정에 대한 이의신청권
④ 배당요구신청 또는 이중경매신청이 있으면 법원으로부터 그 통지를 받을 수 있는 권리
⑤ 매각기일과 매각결정기일을 통지받을 수 있는 권리
⑥ 매각기일에 출석하여 매각기일 조서에 서명날인 할 수 있는 권리
⑦ 최저매각가격 외에 매각조건의 변경에 관하여 합의할 수 있는 권리
⑧ 매각결정기일에 매각허가에 관한 의견을 진술할 수 있는 권리
⑨ 매각허가 여부의 결정에 대하여 즉시항고를 할 수 있는 권리
⑩ 배당기일의 통지를 받을 권리
⑪ 배당기일에 출석하여 배당표에 관한 의견을 진술할 수 있는 권리
⑫ 배당기일에 출석하여 배당에 대한 합의를 할 수 있는 권리

**09** 다음 중 경매절차 집행 중에 채무자가 소유권을 상실하는 경우가 아닌 것은?

① 경매대상 부동산이 채무자의 소유가 아니고 제3자의 소유일 때
② 공매로 소유권이 이전됐을 때
③ 부동산이 일부 멸실한 경우
④ 제1, 2 순위의 근저당권 사이에 소유권이전등기청구권보전가등기가 경료되어 있었고, 제 2순위의 근저당권자가 경매를 실행하였는데 매각허가결정선고 전에 가등기에 기한 본등기가 경료된 경우
⑤ 말소기준권리보다 선순위가등기에 기한 본등기 및 선순위가처분권자의 본안 승소판결에 기한 등기가 완료됐을 때

정답 ▶ ③ 부동산이 일부 멸실된 것은 경매절차 취소 사유 여부에 대한 문제이고 채무자가 경매절차 중 소유권을 상실하는 것은 아니다.

10 임의경매에 있어서 이의사유가 될 수 없는 것은?

① 법원경매 절차상의 사유
② 저당권설정등기의 원인무효
③ 피담보채권의 변제
④ 피담보채권의 이행기 도래
⑤ 변제기일의 유예

정답 ▶ ④ 담보채권의 이행기 도래는 경매신청요건이다.

11 체납처분(공매)에 의한 압류등기가 있는 부동산에 대하여 경매를 신청하는 경우 그 설명이 옳지 않은 것은?

① 체납처분에 의한 압류등기가 있는 부동산도 경매개시결정을 할 수 있다.
② 체납처분(공매)은 공법상 채권인 조세채권의 실현을 목적으로 하고 강제집행(법원경매)은 사법상 청구권의 실현을 목적으로 한다.
③ 동일부동산에 대하여 체납처분(공매)과 강제집행(경매)이 경합하는 경우 각기 다른 법령과 집행기관에 의하여 독립된 절차로 진행된다.
④ 동일부동산에 대하여 체납처분(공매)과 강제집행(경매)이 경합하는 경우는 양쪽 각각의 매수인 중 먼저 매각대금을 납부한 자를 소유자로 확정하게 된다.
⑤ 대개의 경우 강제집행(경매)의 매수인이 매각대금을 먼저 납부하기에 유리하다.

정답 ▶ ⑤ 공매의 납부일이 더 빠르므로 공매의 낙찰자가 대금납부를 빨리 하는 경우가 더 많다.

**12** 경매진행절차 중 경매개시결정문의 송달에 대한 설명 중 옳지 않은 것은?

① 반드시 경매개시결정 정본이 송달되어야 한다.
② 채무자에게의 송달은 경매절차진행의 적법 유효요건이다.
③ 채권자에게 송달이 이루어지지 않고 경매가 진행이 되었다면 불허가 사유에 해당된다.
④ 채무자에게 경매개시결정문의 송달이 되지 않은 경우 경매절차를 진행할 수 없다.
⑤ 임의경매인 경우, 실무에서는 소유자와 채무자 모두에게 송달한다.

정답 ▶ ③ 경매개시결정은 채권자에 대하여도 고지의 방법으로 그 정본을 송달하게 된다. 그러나 송달에 의하지 아니하고 적당한 방법으로 고지하여도 무방하며 채권자에게 송달하지 않고 절차를 진행하여도 매각허가의 효력에 아무런 영향이 없다(대결 1969.6.10. 69마231 참조).

**13** 다음 중 유효한 보충송달이 아닌 경우는?

① 생활을 같이 하고 있는 배우자가 송달 받은 경우
② 사무원이 송달받은 경우
③ 근무장소의 종업원에게 송달한 경우
④ 정당한 사유없이 송달받기를 거부하여 송달장소에 서류를 놓아 둔 경우
⑤ 가사도우미에게 송달을 한 경우

정답 ▶ ⑤ 가사도우미는 송달장소에 거주하더라도 세대를 달리하는 사람이라면 보충송달을 받을 수 있는 동거자에 해당하지 않는다.

**14** 압류의 효력이 소멸되는 때가 아닌 것은?

① 경매절차의 정지
② 채무자가 소유권을 상실한 때
③ 매각목적물이 멸실된 경우
④ 배당으로 집행이 종료되는 시점
⑤ 채권자 등에 대한 매각대금의 교부

정답 ▶ ① 경매절차의 취소가 완전히 확정되어야 효력이 생긴다.

### 15  다음 배당요구의 종기에 관한 내용 중 바르지 않은 것은?

① 배당요구의 종기를 정하여 공고하는 시기는 경매개시결정에 따라 압류의 효력이 생긴 후 1주일 이내이다.
② 배당요구의 종기는 첫 매각기일 이전으로 집행법원이 정한다.
③ 배당요구의 종기결정의 취지는 매수하고자 하는 이가 미리 인수하게 될 권리 여부와 무잉여 여부를 판단하도록 하기 위해서이다.
④ 배당받을 수 있는 권리자라 하더라도 배당요구의 종기 이내에 배당요구를 하여야 배당받을 수 있다.
⑤ 배당요구의 종기를 연기할 경우 그 기한의 제한이 없다.

정답 ▶ ⑤ 원칙적으로 배당요구의 종기는 연기가 안 되지만, 경매법원은 감정평가나 현황조사가 예상보다 지연되는 경우나 채무자에게 경매개시결정의 송달이 이루어지지 않은 사유를 들어 배당요구의 종기를 연기할 수 있다. 이때 첫 배당요구의 종기결정일로부터 6개월 이후로 정해서는 안 된다.

### 16  최저매각가격에 대한 설명이 바르지 않은 것은?

① 최저매각가격에 미달하는 응찰에 대해서는 매각이 허가되지 않는다.
② 경매개시결정이 이루어지면 3일 내에 감정인으로 하여금 경매부동산을 평가하게 하고, 그 평가액을 감안하여 최저매각가격을 정한다
③ 처음 최저매각가격을 정한 후 오랜 시일이 지났다면 목적물의 부동산가격을 반드시 재평가하여 최저매각가격을 다시 정해야 한다.
④ 최저매각가격조건은 법정매각조건으로서 이해관계인 전원의 합의가 있다 해도 바꿀 수 없다.

정답 ▶ ③ 처음 최저매각가격을 정한 후 오랜 시일이 지났다고 해서 반드시 목적부동산가격을 재평가하는 것은 아니다.

**17** 다음 중 감정인의 매각부동산의 평가에 관한 설명으로 옳지 않은 것은?

① 집행법원은 감정인을 통해 부동산을 평가하고 최저매각가격을 결정한다.
② 감정인은 목적물의 평가를 위해 해당 부동산의 출입이 필요할 경우, 법원의 허가를 얻어 집행관의 원조를 받을 수 있다.
③ 부동산의 부합물은 원칙적으로 평가대상에 포함되지 않는다.
④ 부동산의 평가는 평가 당시의 현황을 기준으로 한다.
⑤ 건물이 증축되었을 경우 그 증축 부분도 평가에 포함된다.

정답 ▶ ③ 부합물은 평가의 대상이 되며 매수인은 주물과 함께 소유권을 취득할 수 있다. 다만 다른 약정이 있을 경우, 부합물은 평가대상이 되지 않는다.

**18** 매각물건명세서에 대한 설명으로 옳지 않은 것은?

① 매각기일 1주일 전 비치기간 중에는 자유로이 열람이 가능하다.
② 매각물건명세서에 잘못 기재된 내용이 있는 경우 비치, 열람된 후에는 정정과 변경을 할 수 없다.
③ 이중경매에서 먼저 개시결정 한 매각절차가 정지된 경우 뒤의 매각절차에 따라 속행할 것인지에 대한 표준이 된다.
④ 기간입찰의 경우 법원이 인정하는 경우에 매각물건명세서의 기재내용을 사본의 비치대신 전자통신매체로도 공시할 수 있다.
⑤ 매각물건명세서를 비치하는 것은 목적물 부동산에 대한 현황과 권리관계를 공시하여 입찰하고자 하는 사람의 예측하지 못한 손해를 막고 입찰참여를 유도하기 위함이다.

정답 ▶ ② 매각물건명세서가 잘못 기재된 내용이 있는 경우, 비치, 열람 후라도 직권으로 정정할 수 있다.

**여기서 잠깐!** 매각물건명세서는 비치, 열람 후라도 법원의 직권으로 정정할 수가 있으며 정정이 매각기일 1주일 전이라면 그대로 매각절차를 진행하기도 한다. 하지만 정정·변경된 내용이 매수신청에 영향을 미치는 경우이면 법원에서는 매각기일을 변경한다.

19 배당에 대한 설명이 바르지 않은 것은?
① 배당이란 경매부동산의 매각대금으로 채권자의 채권을 만족시키는 절차이다.
② 배당요구를 하지 않아도 배당받을 수 있는 사람에게는 배당요구의 종기를 고지하는 대신 채권신고의 최고를 하게 된다.
③ 매수인이 매각대금을 완납하면 법원은 매각대금납부일 4주 이내로 배당기일을 정한다.
④ 배당이의신청을 하였다면 따로 배당이의의 소를 제기하지 않더라도 배당이의의 효력을 가질 수 있다.
⑤ 배당요구에 따라 매수인이 인수하여야 할 부담이 바뀌는 경우, 배당요구를 한 채권자는 배당요구의 종기가 지난 뒤에 이를 철회하지 못한다.

정답 ▶ ④ 배당이의신청을 했더라도 배당이의의 소를 제기하지 않거나 소송은 제기하였으나 소제기증명원을 배당기일로부터 1주일 이내에 제출하지 않으면 배당이의의 효력은 없어진다.

20 다음 중 적법한 송달절차가 아닌 경우는?
① 이사불명으로 송달불능이 된 경우 법원은 채권자에게 주소보정을 명한다.
② 채무자의 주소가 불분명하거나 발송이 불가할 경우는 경매신청채권자의 신청 또는 법원의 직권으로 공시송달을 한다.
③ 채무자가 외국에 주소를 두고 있는 경우 외국송달의 특례를 적용한다.
④ 채무자가 법인인 경우 법인등기부상 법인주소지와 대표이사 개인 주소지 양쪽 모두 송달이 안된 경우에만 공시송달을 한다.
⑤ 경매신청채권자가 주소보정명령에 불응하였을 경우, 법원은 직권으로 공시송달을 한다.

정답 ▶ ⑤ 경매신청채권자가 주소보정에 불응할 경우, 법원은 경매개시결정을 취소하고 경매신청을 각하한다.

## 21. 다음 중 임의경매신청이 가능한 경우는?

① 저당권설정 계약만 체결하고 아직 저당권설정등기를 경료하지 못한 경우
② 저당권부채권의 양도를 받았으나 아직 저당권이전의 부기등기를 경료 받지 못한 경우
③ 저당권부채권의 양도를 받고 저당권이전의 부기등기를 마쳤으나 채권 양도의 대항요건에 관한 소명자료가 없는 경우
④ 저당권부채권이 법률의 규정에 의하여 이전하여 등기부상에 저당권자 로 등기 되어있지 않은 경우
⑤ 담보권 실행으로 이미 일부담보권이 소멸된 경우 그 잔액에 대해 경매 신청을 하려는 경우

정답 ▶ ④ 저당권부채권이 법률의 규정에 의하여 이전하는 경우에는 저당권도 이에 따라 등기 없이도 이전되므로 이 경우 저당권을 취득한 자는 등기부상에 저당권자로 등기되지 않 더라도 경매신청을 할 수 있다.

## 22. 다음 중 집행관의 조사와 권한에 대하여 내용이 바르지 않은 것은?

① 현황조사를 위해 해당 부동산을 출입할 수 있다.
② 채무자 또는 그 부동산을 점유하는 제3자에게 문서제시와 질문 등을 할 수 있다.
③ 점유자의 저항이 있을 경우에는 경찰 또는 국군의 도움을 받을 수 있다.
④ 부동산에 출입을 위하여 필요하면 잠긴 문을 여는 등의 적절한 처분을 할 수 있다.
⑤ 집행관의 조사보고서는 사실관계가 정확해야 하지만 그것이 구속력을 갖지는 않는다.

정답 ▶ ⑤ 집행관의 조사보고서는 객관적이고 구속력 있는 판단자료가 되기 때문에 정확한 사실관계 확인이 필요하다.

## 23 아래 내용을 보고 그 설명이 바르지 않은 것을 고르시오.

> · 매각절차의 처음부터 최저매각가격이 우선채권총액에 미달하는 경우
> · 매각기일에 매수신고가 없어 새매각을 위해 최저매각가격을 저감한 결과 우선채권총액에 미달하는 경우
> · 압류가 경합된 경우 먼저 개시결정한 경매신청이 취하되거나 매각절차가 취소되어 뒤의 개시결정에 의한 경매가 진행되는 경우, 뒤의 경매신청인을 기준으로 한 우선채권총액이 최저매각가격에 미달하는 경우
> · 매수인의 대금미납으로 재매각을 하게 되는 경우 최저매각가격과 전의 매수인이 제공한 보증금의 합계액이 우선채권 총액을 넘지 않을 때
> (여기서 우선채권이란 압류채권자의 채권에 우선하여 매각대금에서 변제받게 될 채권과 비용. 즉 부동산상의 모든 부담과 절차비용을 말한다.)

① 모두 잉여의 가망이 없는 경매가 되는 경우이다.
② 무잉여경매일 경우 법원은 이를 압류채권자(경매신청채권자)에게 통지하게 된다.
③ 압류채권자가 무잉여 통지를 받은 날로부터 1주 이내에 부동산상의 모든 부담과 절차비용을 변제하고 남을 만한 충분한 보증금의 제공과 더불어 매수신고를 하지 않는다면 그 경매절차는 취소된다.
④ 무잉여경매임에도 매각허가결정을 한 경우, 압류채권자와 우선채권자는 즉시항고를 할 수 있다.
⑤ 무잉여경매임에도 매각허가결정이 선고되고, 선순위채권자나 경매신청채권자의 즉시항고 없이 매수인이 매각대금을 완납하였더라도 그 매각허가결정은 무효이다.

정답 ▶ ⑤ 매각허가결정이 선고되고 선순위채권자나 경매신청채권자가 즉시항고 없이 매수인이 매각대금을 완납하였다면 매수인은 목적부동산의 소유권을 취득한다.

24 경매신청 전에 채무자 또는 소유자가 사망한 경우에 대한 설명 중 바르지 않은 것을 고르시오.

① 경매개시결정 당시 이미 채무자가 사망하였나 이를 간과하고 강제경매신청이 되었고 개시결정 이후 사망사실이 밝혀지면 개시결정은 취소되고 강제경매신청은 각하된다.
② 임의경매가 개시되기 전 또는 진행 중 소유자가 사망한 경우 이를 간과하고 경매개시결정을 한 때에는 그 소유자의 표시를 경정하고 경매절차가 진행된다.
③ 법인의 대표자가 사망한 경우 매각절차는 중단되지 않는다.
④ 임의경매신청시 소유자의 상속인들의 적법한 상속포기신고사실이 확인된 경우에는 상속인들을 상대로 경매신청할 수 없다.
⑤ 근저당설정자가 사망한 경우에 상속개시는 되었으나 상속등기가 되지 않은 경우는 근저당권자의 경매신청을 위하여 집행법원은 직권으로 상속대위등기촉탁을 한다.

정답 ▶ ⑤ 근저당권자 자신이 상속인을 대위로 상속등기한 후 그 상속인을 대상으로 임의경매 신청하거나, 경매신청시 상속을 증명하는 서류를 제출하면 경매신청과 상속대위등기신청을 같이 할 수 있다.

25 경매개시결정을 취소하는 결정에 대하여 이해관계인이 즉시항고를 할 경우 가장 바른 설명은?

① 즉시항고에는 집행정지의 효력이 있어 법원은 집행을 정지시킨다.
② 즉시항고는 이해관계인이 아니어도 할 수 있다.
③ 즉시항고장에 항고이유를 적을 필요는 없다.
④ 이의신청을 기각하거나 각하하는 결정에 대하여 즉시항고가 제기된 경우에는 항고에 관계없이 그 집행을 계속할 수 있다.
⑤ 즉시항고는 구두로도 할 수 있으므로 반드시 원심법원에 항고장을 제출할 필요는 없다.

정답 ▶ ④

① 즉시항고에는 집행정지의 효력이 없고 그 취소결정이 확정되어야 효력이 생긴다. 그러나 이론상으로는 확정 될 때까지 그 집행을 계속할 수 있는 것으로 보지만 법원에선 사실상 집행을 정지한다.
② 즉시항고는 이해관계인만 할 수 있다.
③ 즉시항고장을 이의신청에 관한 재판을 고지 받은 날부터 1주의 기간 내에 제출하여야 하며 만약 항고장에 항고 이유를 적지 않은 경우 항고장을 제출한 날로부터 10일 이내에 항고이유서를 제출하여야 한다. 제출하지 않으면 즉시항고는 각하된다.
⑤ 즉시항고는 원심법원에 항고장을 제출하여야 한다.

## 26 집행관의 권한 및 업무에 대한 설명 중 옳지 않은 것은?

① 집행관은 현황조사 시 부동산의 현상 및 점유관계, 부동산의 위치 및 현상, 부동산의 내부구조, 사용용도, 부동산 점유자의 사용권원 등을 조사한다.
② 경매개시결정 후 3일 이내에 법원은 집행관에게 해당 부동산의 현황을 조사하게 하며, 집행관은 2주 이내에 조사보고서를 제출하여야 한다.
③ 집행관은 임대차조사시 그 임대차가 법률적으로 제3자에게 대항할 수 있는지의 여부를 정확히 판단하여 보고하여야 한다.
④ 집행관은 임대차 내용, 주민등록 전입 여부 및 그 일자와 확정일자 여부 및 그 일자 등을 조사한다.
⑤ 집행관의 현황조사 자체는 집행에 관한 이의의 대상이 아니다.

정답 ▶ ③ 집행관의 조사보고는 현실로 존재하는 임대차의 실체를 있는 그대로 보고하면 족하고 그 임대차가 제3자에게 대항할 수 있는 것인가를 법률적으로 판단할 필요는 없다.

## 27 다음 중 매각목적물의 평가에 대해 잘못 설명한 것은?

① 감정사의 감정 당시의 적정가격과 현격한 차이가 있는 평가로 인하여 손해가 발생한다면 감정평가사는 손해배상에 책임을 질 수도 있다.
② 토지의 지목, 지적, 건물의 구조, 바닥면적 등에 관하여 현황과 공부상의 표시에 차이가 있는지 조사하여야 하지만 토지나 건물 면적의 표시가 근소한 차이라면 공부상의 표시에 따라 평가하게 된다.
③ 구분소유적 공유일 때는 토지의 지분에 대한 평가가 아닌 특정 구분소유 목적물에 대한 평가를 하게 된다.
④ 지료나 임료 등은 법정과실에 해당하며 이런 법정과실은 평가대상이 아니다.
⑤ 공유지분이 경매대상일 경우 먼저 공유물 전체에 대한 평가를 한 다음 그 지분비율을 따져 평가하게 된다.

정답 ▶ ② 감정인이 평가를 함에 있어 그 면적을 실제의 면적과 달리 평가하게 되면 근소한 차이라도 경매부동산의 전체가액에는 큰 차이가 생길 수 있으므로 공부상의 면적과 현황상의 면적에 차이가 있는 것으로 확인되었다면 그 사실과 함께 감안하여 평가를 하여야 한다. 그렇지 않다면 경매진행의 위법사유가 될 수도 있다(대결 1993.9.15. 지 93마 1065참조).

## 28 다음 중 매각물건명세서에 반드시 정확히 기재되어 있지 않아도 되는 사항을 모두 고르시오.

① 임차인의 임대차보증금, 임대차기간, 배당요구 여부와 그 일자
② 미등기 건물이 매각에서 제외될 경우 그 취지
③ 배당요구 한 전세권
④ 토지와 건물의 최선순위 저당권 설정일자가 다른 경우 토지와 건물 각각의 설정일자
⑤ 유치권자와 그 신고금액

정답 ▶ ③, ⑤
배당요구 한 전세권은 기재사항이 아니지만 배당요구 하지 아니한 최선순위의 전세권의 경우 매수인이 인수해야 하므로 그 취지는 기재되어야 한다.
유치권은 등기된 부동산에 관한 권리가 아니므로 점유자로 기재하지만 실무에선 보통 '유치권신고자' 또는 '유치권신고서 제출' 또는 '유치권신고 있음' 등으로 기재된다.

29 법정지상권성립의 여지가 있는 건물이 존재하는 토지에 대하여 평가할 경우에 대한 설명이 가장 바르게 된 것을 고르시오.

① 감정인은 반드시 그 건물에 대한 법정지상권의 성립여부를 가려 각 상황에 맞게 평가하여야 한다.
② 법정지상권이 성립한다고 평가되면 지료에 대해 정확히 조사하여 그것에 맞추어 평가하게 된다.
③ 법정지상권이 매각으로 발생할 경우 매수인이 그 토지를 사용하는데 제약이 따를 경우나 지료를 받게 될 점을 감안하여 최저매각가격을 정하게 된다.
④ 건물이 비록 타인의 건물이지만 아직 완성되지 않고 골조만 갖춘 경우라면 토지에 부합된 것으로 보고 평가하게 된다.
⑤ 비록 건물이 경매대상에 제외되었더라도 건물 소유자가 토지소유자와 동일하다면 그 건물을 토지의 부합물로 보고 토지의 가액으로 함께 평가하게 된다.

정답 ▶ ③
① 감정인이 그 건물이 법정지상권이 성립하는지에 대한 여부를 판단하지 않는다.
② 법정지상권이 성립함에 따른 지료에 대한 것도 감정인이 평가할 부분이 아니다.
④ 골조가 갖추어진 경우라면 독립한 건물로 보며 토지의 부합물로 평가되지 않는다.
⑤ 경매대상에서 제외된 독립된 건물이 토지의 소유자와 동일인이더라도 토지의 부합물로 보지 않는다.

30 다음 감정평가의 대상에 대한 설명 중 가장 바른 것을 고르시오.

① 온천권 혹은 온천수이용권인 온천공은 높은 경제적 가치가 있더라도 감정평가의 대상에서 제외된다.
② 매수인이 인수하여야 할 유치권과 같은 담보권이 있는 경우나 매수인에게 대항할 수 있는 용익권 등이 존재할 경우 이를 참작하여 부동산을 평가하고 최저매각가격을 결정하여야 한다는 견해가 있지만 법원 실무에서는 이를 참작하지 않고 결정하는 편이다.
③ 토지 사용상에 공법상 제한이 있더라도 이를 참작하지 않고 평가하게

된다.
④ 미분리의 천연과실은 토지의 구성부분으로 보아 평가의 대상이 되며, 법정과실 또한 평가대상이 된다.
⑤ 토지는 공부상의 지목에 의한 형식적 평가를 하게 된다.

정답 ▶ ②
① 온천권 혹은 온천수이용권인 온천공은 별도의 경매 대상이 되지 않지만 경제적 가치가 있는 경우 토지에 부착된 용익적 권리에 준하여 토지를 평가하게 된다.
③ 토지 사용상에 공법상 제한이 있다면 그것을 참작하여 평가하게 된다.
④ 물건의 사용대가로 받는 금전 그 밖의 물건인 법정과실은 평가대상이 아니다.
⑤ 토지는 공부상의 지목에 의한 형식적 평가를 하는 것이 아니라 현황에 따라 평가하게 된다.

**31** 아래의 보기 중 이해관계인에 해당되는 사람을 모두 고르시오.

> 가. 경매개시결정 당시의 부동산의 소유자
> 나. 가처분권자
> 다. 임차권등기권자
> 라. 압류 후에 소유권을 양도한 소유자
> 마. 압류등기 전에 등기한 환매권자
> 바. 전세권자
> 사. 등기부에 기입된 지상권자
> 아. 임차권등기를 하지 아니한 토지임차인
> 자. 가압류권자
> 차. 공유지분경매에서 다른 공유자
> 카. 재매각의 경우 전의 매수인

① 가, 나, 다, 마, 사, 차
② 나, 다, 마, 사, 자, 차
③ 가, 다, 마, 바, 사, 차
④ 다, 마, 사, 자, 차, 카

정답 ▶ ③ 그 외 집행정본에 의한 배당요구를 한 채권자와 부동산 위의 권리자로서 그 권리를 증명한 사람으로 제3자에게 대항할 수 있는 물권 또는 채권을 가진 부동산 위의 권리자, 법정지상권자, 유치권자, 점유권자, 주택 임차인, 상가임차인, 토지임차인, 경매개시결정등기 후의 제3취득자 같은 경우의 담보권자·용익권을 취득한 자 등이 이해관계인이 될 수 있다.

32 임의경매에 있어서 피담보채권의 변제 시 이의신청이 가능하다. 이에 대한 설명 중 바르지 않은 것은?

① 채무자 겸 근저당권설정자인 경우 채무전액을 변제하면 된다.
② 제3취득자는 채권최고액과 집행비용을 변제하면 이의신청이 가능하다.
③ 경매개시결정에 대한 이의신청이 제기되면 매각절차는 일단 정지된다.
④ 채무자의 채무액이 근저당권의 채권최고액을 초과하는 경우는 채무의 일부인 최고액과 지연이자 및 경매비용을 변제하더라도 근저당권의 말소를 구할 수 없다.
⑤ 채무자 아닌 근저당권설정자는 채권최고액의 변제만으로 이의를 신청할 수 있다.

정답 ▶ ③ 경매개시결정에 대한 이의신청이 제기되었다 하더라도 그 매각절차의 진행이 정지되지 않고 그대로 진행된 결과 매수인이 대금지급기한까지 대금납부를 하면 그 이후에 있어서는 이의사유의 존부에 불구하고 개시결정을 취소할 수 없게 되며 그 이의신청은 부적법하게 되므로 (대결 1965.12.7. 65마955, 대결 1979.9.12. 79마246 등), 매수인의 대금납부를 저지하기 위해서는 매각절차의 일시정지를 명하는 가처분(잠정처분)결정을 받아야 한다.

33 다음 중 저당권자의 경매신청에 대한 설명이 바르지 않은 것은?

① 경매신청시 담보권이 존재하면 순위에 상관없이 경매신청을 할 수 있으므로 후순위저당권자는 선순위저당권이 있더라도 경매신청을 할 수 있다.
② 후순위저당권자가 경매를 신청하면 선순위저당권도 매각으로 소멸된다.
③ 선순위저당권보다 후순위인 임차인이지만 그보다 더 후순위저당권자가 경매를 신청한 경우 그의 대항력은 상실 되지 않는다.
④ 선순위저당권자가 저당매각부동산의 소유권을 취득하였는데 후순위저당권이 존재한 채로 그 선순위저당권이 소멸되지 않은 경우 선순위저당권자는 자기소유의 부동산에 대하여 경매신청할 수 있다.
⑤ 선순위저당권이 형식적으로만 남아 있는 경우 그 선순위저당권 보다 후순위인 임차인이 매수인에게 대항할 수 있는 경우가 발생할 수도 있다.

정답 ▶ ③ 비록 후순위인 임차인보다 더 후순위저당권자가 경매를 신청하였어도 말소기준권리는 선순위저당권이 되므로 선순위저당권과 함께 그 후순위 임차권도 매각으로 소멸하게 된다.

## 34  경매대상이 농지일 경우 집행법원에서의 경매절차에 대해 잘못 설명한 것은?

① 집행관은 등기부상의 지목이 전·답·과수원에 해당하지만 그 현황 지목이 농지법 제2조 소정의 농지에 해당하는지 여부에 대하여 의문이 있는 경우 이를 즉시 집행법원에 보고하여야 한다.

② 경매대상이 농지일 경우 매수신고인은 매각결정기일까지 농지취득자격증명을 제출해야 매각허가를 받을 수 있다.

③ 농지취득자격증명을 제출하라는 특별매각조건이 있음에도 매각결정기일까지 제출하지 못한 경우 매수신청보증금을 반환받지 못한다.

④ 비록 지목이 전으로 되어 있지만 사실상 대지로 사용되고 있다면 매수신고인이 농지법 소정의 농지취득자격증명을 제출하지 않았더라도 매각이 불허되지 않는다.

⑤ 농지취득자격증명을 제출하여야 하는 경우라면 매수신청인이 부득이한 사정으로 농지취득자격증명을 발급받을 수 없었음을 소명한다 하더라도 매수신청보증금을 반환받지 못한다.

정답 ▶ ⑤ 실무에선 농지취득자격증명을 제출하여야 하는 경우임에도 매수신청인이 부득이한 사정으로 농지취득자격증명을 발급받을 수 없었음을 소명한 경우라면 매수신청보증금을 반환하기도 한다.

35 매각물건명세서에 중대한 하자가 있는 경우는 매각허가에 대한 이의사유가 되거나 매각불허가사유가 된다. 다음 중 여기서 말하는 중대한 하자라고 볼 수 없는 경우는?

① 토지의 일부에 대해서만 법정지상권이 성립하는 경우 그 범위를 특정하여 표시되지 않았을 경우
② 농지취득자격증명의 필요 유무가 반대로 기재된 경우
③ 전입신고가 되어 있는 선순위임차인이 있음에도 전입신고 된 임차인이 없음이라고 기재된 경우
④ 후순위임차인을 선순위임차인이 있는 것으로 기재된 경우
⑤ 선순위임차인의 보증금 칸에 아무런 표시가 없이 비워둔 경우

정답 ▶ ① 토지의 일부에 대해서만 법정지상권이 성립하는 경우라도 그 뜻을 기재할 뿐 그 범위를 특정하여 표시하지는 않는다.

**본 서는 최대한 법률적 근거를 바탕으로 최근개정안과 판례를 참조하여 보다 나은 이해를 돕고자 나름의 해석을 하였습니다. 그래도 법 개정과 신설 조항 등이 있을 수 있고 상황에 따라 해석이 달라질 수도 있습니다. 따라서 본 서의 모든 내용이 법적기준을 가지는 것은 아니므로 투자 시 유의하시기 바랍니다.**

## 배당연습문제

모든 문제의 배당금은 매각대금에서 경매비용을 제외한 금액으로 간주한다.

**(참고) 주택 소액임차인의 범위와 배당액표**  (단위: 만원)

| 담보물권설정일 | 지역구분 | 계약금액 범위 | 최우선변제액 |
|---|---|---|---|
| 1984. 6. 14. ~ 1987. 11. 30. | 특별시, 광역시<br>기타 지역 | 300 이하<br>200 이하 | 300 까지<br>200 까지 |
| 1987. 12. 1. ~ 1990. 2. 18. | 특별시, 광역시<br>기타 지역 | 500 이하<br>400 이하 | 500 까지<br>400 까지 |
| 1990. 2. 19. ~ 1995. 10. 18. | 특별시, 광역시<br>기타 지역 | 2,000 이하<br>1,500 이하 | 700 까지<br>500 까지 |
| 1995. 10. 19. ~ 2001. 9. 14. | 특별시, 광역시<br>기타 지역 | 3,000 이하<br>2,000 이하 | 1,200 까지<br>800 까지 |
| 2001. 9. 15. ~ 2008. 8. 20. | 수도권과밀제권역<br>광역시 (인천광역시제외)<br>기타 지역 | 4,000 이하<br>3,500 이하<br>3,000 이하 | 1,600 까지<br>1,400 까지<br>1,200 까지 |
| 2008. 8. 21. ~ 2010. 7. 25. | 수도권과밀제권역<br>광역시(인천광역시 제외)<br>기타 지역 | 6,000 이하<br>5,000 이하<br>4,000 이하 | 2,000 까지<br>1,700 까지<br>1,400 까지 |
| 2010. 7. 26. ~ | 서울특별시<br>수도권 정비계획법에 따른 과밀억제권역(서울시 제외)<br>광역시(과밀억제권역 포함지역, 군 지역 제외), 안산시, 용인시, 김포시, 광주시<br>그 밖의 지역 | 7,500 이하<br>6,500 이하<br><br>5,500 이하<br><br>4,000 이하 | 2,500 까지<br>2,200 까지<br><br>1,900 까지<br><br>1,400 까지 |

① 수도권: 서울특별시와 대통령령으로 정하는 그 주변 지역 즉 인천광역시와 경기도
② 수도권정비계획법에 따른 수도권과밀억제권역
  서울특별시
  인천광역시(강화군, 옹진군, 서구 대곡동/불로동/마전동/금곡동/오류동/왕길동/당하동/원당동, 인천경제자유구역 및 남동국가산업단지 제외), 의정부시, 구리시, 남양주시(호평동, 평내동, 금곡동, 일패동, 이패동, 삼패동, 가운동, 수석동, 지금동 및 도농동만 해당), 하남시, 고양시, 수원시, 성남시, 안양시, 부천시, 광명시, 과천시, 의왕시, 군포시, 시흥시(반월 특수지역 제외), 수도권정비계획법 시행령

## 1. 배당금 8,000만 원

| 서울 OO동 빌라 101호 ||||
|---|---|---|---|---|
| | 등기접수일 | 권리 종류 | 권리자/채권액 | 비고 |
| 1 | 2000. 5. 15. | 소유권 | 갑순이 | |
| 2 | 2002. 3. 11. | 근저당권 | OO은행/ 6,000만 원 | |
| 3 | 2004. 6. 3. | 임의경매 | OO은행 | |

| 임차인 | 용도<br>점유기간 | 배당요구의 종기 2004. 9. 13. ||||
|---|---|---|---|---|---|
| | | 보증금 | 전입일 | 확정일자 | 배당요구일 |
| 김순돌 | 주거용<br>2001. 12. 26. ~ | 3,000만 원 | 2001. 12. 28. | 2003. 12. 25. | 2004. 7. 25. |

1. 말소기준권리:

2. 인수하는 등기부상의 권리:

3. 배당금액:

4. 임차인의 경우, 매수인이 인수해야 하는 보증금액:

### 정답 및 해설

**01** 말소기준권리: 2번 OO은행의 근저당권
**02** 인수하는 권리: 없음
**03** 배당금액
   1) 김순돌: 16,000,000원(최우선변제금)
   2) OO은행: 60,000,000원
   3) 김순돌: 4,000,000원(우선변제금)
**04** 임차인의 보증금 중 매수인이 인수하는 금액: 1,000만 원

**point** 대항력 있는 임차인 김순돌은 확정일자가 OO은행보다 늦으므로 OO은행 다음으로 우선변제를 받지만, 임차보증금액이 주택임대차보호법상 소액임차인의 최우선변제금에 해당되어 1,600만 원을 최우선변제받고 나머지는 순위에 따라 배당받는다.

## 2. 배당금 1억 원

| | | 서울 OO동 상가 201호 | | |
|---|---|---|---|---|
| | 등기접수일 | 권리 종류 | 권리자/채권액 | 비고 |
| 1 | 2002. 5. 15. | 근저당권 | OO은행 | |
| 2 | 2003. 3. 11. | 가압류 | 홍길동/3,000만 원 | |
| 3 | 2004. 6. 3. | 임의경매 | OO은행/9,000만 원 | |

| 임차인 | 용도/점유기간 | 배당요구의 종기 2004. 9. 13. | | | |
|---|---|---|---|---|---|
| | | 보증금 | 사업자등록일 | 확정일자 | 배당요구일 |
| 김순돌 | 영업용/<br>2003. 2. 25. ~ | 2,000만 원 | 2002. 2. 26. | 2003. 2. 26. | 2004. 7. 25. |

1. 말소기준권리:

2. 인수하는 등기부상의 권리:

3. 배당금액:

4. 임차인의 경우, 매수인이 인수해야 하는 보증금액:

---

### 정답 및 해설

**01** 말소기준권리: 1번 OO은행의 근저당권
**02** 인수하는 권리: 없음
**03** 배당금액
   1) OO은행: 90,000,000원
   2) 김순돌: 10,000,000원(우선변제권)
**04** 임차인의 보증금 중 매수인이 인수하는 금액: 없음

**point** 김순돌은 상가건물임대차보호법 시행 전(2002년 11월 1일)의 근저당권에는 대항할 수 없으나 그 시행 후의 가압류에는 대항할 수 있다. 김순돌의 우선변제권 발생일은 2003년 2월 27일이다.

## 3. 배당금 1억 원

| 서울 OO동 주택 | | | |
|---|---|---|---|
| 등기접수일 | 권리 종류 | 권리자/채권액 | 비고 |
| 1  2002. 5. 15. | 근저당권 | OO은행 | |
| 2  2005. 3. 11. | 가압류 | 홍길동/3,000만 원 | |
| 3  2006. 6. 3. | 임의경매 | OO은행/3,000만 원 | |

| 임차인 | 용도/점유기간 | 배당요구의 종기 2006. 9. 13. | | | |
|---|---|---|---|---|---|
| | | 보증금 | 전입일 | 확정일자 | 배당요구일 |
| 김순돌 | 주거용 2002. 2. 26. ~ | 6,000만 원 | 2002. 2. 26. | 2002. 2. 26. | 2006. 9. 27. |

1. 말소기준권리:

2. 인수하는 등기부상의 권리:

3. 배당금액:

4. 임차인의 경우, 매수인이 인수해야 하는 보증금액:

---

### 정답 및 해설

**01** 말소기준권리: 1번 OO은행의 근저당권
**02** 인수하는 권리: 없음
**03** 배당금액
   1) OO은행: 30,000,000원
   2) 홍길동: 30,000,000원
   3) 소유자: 40,000,000원(잉여금)
**04** 임차인의 보증금 중 매수인이 인수하는 금액: 김순돌의 보증금 60,000,000원

**point** 김순돌은 대항력과 확정일자를 갖춘 임차인이나 배당요구의 종기 이후에야 배당요구를 함에 따라 배당에서 제외된다. 그러나 대항력이 있는 임차인이므로 매수인이 그 보증금을 인수해야 한다.

## 4. 배당금 1억 원

| 서울 ○○동 | | | |
|---|---|---|---|
| 등기접수일 | 권리 종류 | 권리자/채권액 | 비고 |
| 1 | 2002. 5. 15. | 근저당권 | ○○은행/9,000만 원 | |
| 2 | 2003. 3. 11. | 가압류 | 홍길동/5,000만 원 | |
| 3 | 2004. 6. 3. | 강제경매 | 홍길동/5,000만 원 | |

| 임차인 | 용도/점유기간 | 배당요구의 종기 2004. 9. 13. | | | |
|---|---|---|---|---|---|
| | | 보증금 | 전입일 | 확정일자 | 배당요구일 |
| 홍길동 | 주거용<br>1998. 2. 26. ~ | 5,000만 원 | 1998. 2. 26. | 2000. 2. 28. | |

1. 말소기준권리:

2. 인수하는 등기부상의 권리:

3. 배당금액:

4. 임차인의 경우, 매수인이 인수해야 하는 보증금액:

---

### 정답 및 해설

01 말소기준권리: 1번 ○○은행의 근저당권
02 인수하는 권리: 없음
03 배당금액
    1) 홍길동: 50,000,000원(우선변제금)
    2) ○○은행: 50,000,000원
04 임차인의 보증금 중 매수인이 인수하는 금액: 없음

**point** 홍길동은 확정일자를 갖춘 임차인으로서 강제경매신청을 함으로써 배당요구를 한 것으로 보아 우선배당한다.

## 5. 배당금 1억 원

| 서울 OO동 주택 | | | |
|---|---|---|---|
| | 등기접수일 | 권리 종류 | 권리자/채권액 | 비고 |
| 1 | 2002. 5. 15. | 근저당권 | OO은행/4,000만 원 | |
| 2 | 2003. 3. 11. | 근저당권 | ♡♡금고/2,000만 원 | |
| 3 | 2005. 6. 3. | 임의경매 | OO은행/3,000만 원 | |

| 임차인 | 용도/점유기간 | 배당요구의 종기 2005. 9. 13. | | | |
| | | 보증금 | 전입일 | 확정일자 | 배당요구일 |
| 김순돌 | 주거용<br>2000. 2. 26. ~ | 5,000만 원 | 2000. 2. 26. | 2000. 2. 26. | · |

1. 말소기준권리:

2. 인수하는 등기부상의 권리:

3. 배당금액:

4. 임차인의 경우, 매수인이 인수해야 하는 보증금액:

### 정답 및 해설

**01** 말소기준권리: 1번 OO은행의 근저당권
**02** 인수하는 권리: 없음
**03** 배당금액
  1) OO은행: 30,000,000원
  2) ♡♡금고: 20,000,000원
  3) 소유자: 50,000,000원(잉여금)
**04** 임차인의 보증금 중 매수인이 인수하는 금액: 김순돌의 보증금 50,000,000원

**point** 김순돌은 대항력과 확정일자를 갖춘 임차인이나 배당요구를 하지 않음에 따라 배당에서 제외한다. 따라서 매수인이 그 보증금을 인수한다.

## 6. 배당금 8,000만 원

| 서울 ○○동 | | | |
|---|---|---|---|
| 등기접수일 | 권리 종류 | 권리자/채권액 | 비고 |
| 1 | 2002. 5. 15. | 근저당권 | ○○은행/3,000만 원 | |
| 2 | 2003. 3. 11. | 가압류 | 홍길동/4,000만 원 | |
| 3 | 2004. 6. 3. | 임의경매 | ○○은행/3,000만 원 | |

| 임차인 | 용도/점유기간 | 배당요구의 종기 2004. 9. 13. | | | |
|---|---|---|---|---|---|
| | | 보증금 | 전입일 | 확정일자 | 배당요구일 |
| 김순돌 | 주거용<br>2003. 12. 26. ~ | 2,000만 원 | 2003. 12. 26. | 2003. 12. 26. | 2004. 9. 10. |

1. 말소기준권리:

2. 인수하는 등기부상의 권리:

3. 배당금액:

4. 임차인의 경우, 매수인이 인수해야 하는 보증금액:

### 정답 및 해설

**01** 말소기준권리: 1번 ○○은행의 근저당권
**02** 인수하는 권리: 없음
**03** 배당금액
    1) 김순돌: 16,000,000원(최우선변제금)
    2) ○○은행: 30,000,000원
    3) 홍길동: 30,909,090원
    3) 김순돌: 3,090,909원(우선변제금)
**04** 임차인의 보증금 중 매수인이 인수하는 금액: 없음

**point** 홍길동의 가압류와 김순돌의 최우선변제금 배당 후 남는 우선변제금은 동순위이므로 안분배당한다.
3) 3,400 × 4,000/4,400 = 30,909,090
4) 3,400 × 400/4,400 = 3,090,909

## 7. 배당금 1억 원

| | 서울 OO동 아파트 303호 | | | |
|---|---|---|---|---|
| | 등기접수일 | 권리 종류 | 권리자/채권액 | 비고 |
| 1 | 2002. 5. 15. | 근저당권 | OO은행/6,000만 원 | |
| 2 | 2003. 3. 11. | 전세권 | 나전세/8,000만 원 | |
| 3 | 2007. 6. 3. | 임의경매 | OO은행/3,000만 원 | |

| 임차인 | 용도/점유기간 | 배당요구의 종기 2007. 9. 13. | | | |
|---|---|---|---|---|---|
| | | 보증금 | 전입일 | 확정일자 | 배당요구일 |
| 나전세 | 주거용 전부<br>2001. 5. 2. ~ | 8,000만 원 | 2001. 5. 2. | 2001. 5. 2. | - |

1. 말소기준권리:

2. 인수하는 등기부상의 권리:

3. 배당금액:

4. 임차인의 경우, 매수인이 인수해야 하는 보증금액:

### 정답 및 해설

**01** 말소기준권리: OO은행의 근저당권
**02** 인수하는 권리: 없음
**03** 배당금액
   1) OO은행: 30,000,000원
   2) 나전세: 0원(전세권) 혹은 70,000,000원
**04** 임차인의 보증금 중 매수인이 인수하는 금액: 나전세의 보증금 중 80,000,000원 혹은 10,000,000원

**point** 나전세는 후순위 전세권자이면서 대항력 있는 임차인 두가지 권리를 가진다. 따라서 비록 배당요구를 하지 않았지만 후순위전세권자로서 자동으로 배당에 참여할 수도 있고, 대항력 있는 임차인의 권리를 주장하여 매수인에게 보증금액 모두를 인수시킬 수도 있다.

## 8. 배당금 1억 원

| | 서울 ○○동 다세대주택 202호 | | | |
|---|---|---|---|---|
| | 등기접수일 | 권리 종류 | 권리자/채권액 | 비고 |
| 1 | 2004. 5. 15. | 전세권 | 나전세/8,000만 원 | |
| 2 | 2005. 5. 1. | 근저당권 | ○○은행/6,000만 원 | |
| 3 | 2008. 6. 3. | 임의경매 | 나전세/8,000만 원 | |

| 임차인 | 용도/점유기간 | 배당요구의 종기 2008. 9. 13. | | | |
|---|---|---|---|---|---|
| | | 보증금 | 전입일 | 확정일자 | 배당요구일 |
| 나전세 | 주거용 전부<br>2004. 5. 15. ~ | 8,000만 원 | 2002. 5. 15. | · | · |

1. 말소기준권리:

2. 인수하는 등기부상의 권리:

3. 배당금액:

4. 임차인의 경우, 매수인이 인수해야 하는 보증금액:

### 정답 및 해설

01 말소기준권리: 1번 나전세의 전세권
02 인수하는 권리: 없음
03 배당금액
    1) 나전세: 80,000,000원
    2) ○○은행: 20,000,000원
04 임차인의 보증금 중 매수인이 인수하는 금액: 없음

**point** 선순위전세권의 경우 그 전세권자가 경매신청을 하거나 배당요구를 하는 때에는 매각으로 인하여 소멸하고 말소기준권리가 될 수 있다.

## 9. 배당금 1억 원

| | 서울 OO동 아파트 304호 | | | |
|---|---|---|---|---|
| | 등기접수일 | 권리 종류 | 권리자/채권액 | 비고 |
| 1 | 2004. 5. 15. | 저당권 | OO은행/6,000만 원 | |
| 2 | 2004. 5. 20. | 전세권 | 나전세/8,000만 원 | |
| 3 | 2008. 6. 3. | 가압류 | 이대감/5,000만 원 | |
| 4 | 2008. 12. 1. | 임의경매 | OO은행/6,000만 원 | |

| 임차인 | 용도/점유기간 | 배당요구의 종기 2009. 3. 13. | | | |
| | | 보증금 | 전입일 | 확정일자 | 배당요구일 |
|---|---|---|---|---|---|
| 나전세 | 주거용 전부<br>2004. 5. 15. ~ | 8,000만 원 | 2004. 5. 15. | · | 2009. 2. 28. |

1. 말소기준권리:

2. 인수하는 등기부상의 권리:

3. 배당금액:

4. 임차인의 경우, 매수인이 인수해야 하는 보증금액:

---

### 정답 및 해설

**01** 말소기준권리: 1번 OO은행의 근저당권
**02** 인수하는 권리: 없음
**03** 배당금액
  1) OO은행: 60,000,000원
  2) 나전세: 40,000,000원
**04** 임차인의 보증금 중 매수인이 인수하는 금액: 없음

**point** 나전세가 임차인으로서 대항력을 가지는 일시는 2004. 5. 16. 0시, 따라서 말소기준권리보다 후순위이므로 대항력이 없다. 하지만 비록 나전세가 확정일자를 갖추고 있지 않아도 전세권등기 접수인을 확정일자로 인정받을 수 있으므로 나전세는 그 일자의 순위로 배당을 받을 수 있다.

## 10. 배당금 1억 원

| 서울 OO동 단독주택 |||||
|---|---|---|---|---|
| | 등기접수일 | 권리 종류 | 권리자/채권액 | 비고 |
| 1 | 2002. 5. 15. | 근저당권 | OO은행/8,000만 원 | |
| 2 | 2003. 3. 11. | 전세권 | 홍길동/4,000만 원 | |
| 3 | 2004. 6. 3. | 임의경매 | OO은행/8,000만 원 | |
| 참고사항<br>건물감정: 1억 원<br>토지감정: 5,000만 원 |||||

1. 말소기준권리:

2. 인수하는 등기부상의 권리:

3. 배당금액:

4. 임차인의 경우, 매수인이 인수해야 하는 보증금액:

### 정답 및 해설

01 말소기준권리: 1번 OO은행의 근저당권
02 인수하는 권리: 없음
03 배당금액
   1) OO은행: 80,000,000원
   2) 홍길동: 13,333,334원
   3) 소유자: 6,666,666(잉여금)
04 임차인의 보증금 중 매수인이 인수하는 금액: 없음

**point** 단독주택의 경우 건물에만 전세권을 설정한 전세권자는 토지의 매각대금에서 배당을 받을 수 없다. OO은행은 토지와 건물을 공동담보로 하여 저당권을 설정하고 홍길동은 건물에만 전세권을 설정한 경우, 부동산별 이해관계인이 다르므로 각별로 배당을 하여야 한다. 그 경우 배당금 100,000,000원을 감정가격의 비율에 따라 토지 33,333,333원, 건물 66,666,667원으로 구별하고 OO은행 또한 그 채권액 80,000,000원을 감정가격의 비율에 따라 토지 26,666,667원, 건물 53,333,333원으로 나누어 토지와 건물에서 배당을 받게 되며, 그리하여 건물 배당금에서 남게 된 13,333,334원을 홍길동이 배당받게 된다.

## 11. 배당금 1억 원

| 서울 OO동 상가 | | | |
|---|---|---|---|
| | 등기접수일 | 권리 종류 | 권리자/채권액 | 비고 |
| 1 | 2001. 5. 15. | 근저당권 | OO은행/8,000만 원 | |
| 2 | 2003. 3. 11. | 저당권 | 홍길동/4,000만 원 | |
| 3 | 2004. 6. 3. | 임의경매 | OO은행/8,000만 원 | |

| 임차인 | 점유기간 | 배당요구의 종기 2006. 10. 13. | | | |
|---|---|---|---|---|---|
| | | 보증금 | 사업자등록일 | 확정일자 | 배당요구일 |
| 나전세 | 2001. 5. 15. ~ | 500/40만 원 | 2001. 5. 15. | 2001. 5. 15. | 2006. 9. 28. |
| 임차옥 | 2004. 2. 3. ~ | 500/40만 원 | 2004. 2. 3. | 2004. 2. 3. | |

1. 말소기준권리:

2. 인수하는 등기부상의 권리:

3. 배당금액:

4. 임차인의 경우, 매수인이 인수해야 하는 보증금액:

### 정답 및 해설

01 말소기준권리: 1번 OO은행의 근저당권
02 인수하는 권리: 없음
03 배당금액
  1) OO은행: 80,000,000원
  2) 나전세: 5,000,000원(최우선변제금)
  3) 홍길동: 15,000,000원
04 임차인의 보증금 중 매수인이 인수하는 금액: 없음

**point** 나전세는 상가건물임대차보호법 시행 전(2002. 11. 1.)의 근저당권자에 대항할 수는 없으나 그 시행 후의 저당권자 등에 대하여는 최우선변제권을 주장할 수 있다. 임차옥의 경우 역시 나전세의 경우와 같으나 배당요구를 하지 아니한 관계로 배당에서 제외된다.

## 12. 배당금 9,000만 원

| 서울 ○○동 | | | |
|---|---|---|---|
| 등기접수일 | 권리 종류 | 권리자/채권액 | 비고 |
| 1 | 2001. 5. 15. | 가등기 | 홍길동 | 소유권이전등기<br>청구권보전가등기 |
| 2 | 2003. 3. 11. | 가압류 | 김대감/8,000만 원 | |
| 3 | 2006. 6. 3. | 강제경매 | 김대감/8,000만 원 | |

| 임차인 | 용도/점유기간 | 배당요구의 종기 2006. 10. 13. | | | |
|---|---|---|---|---|---|
| | | 보증금 | 전입일 | 확정일자 | 배당요구일 |
| 나전세 | 주거용<br>2003. 3. 11. ~ | 4,000만 원 | 2003. 3. 11. | 2003. 3. 11. | 2006. 9. 28. |

1. 말소기준권리:

2. 인수하는 등기부상의 권리:

3. 배당금액:

4. 임차인의 경우, 매수인이 인수해야 하는 보증금액:

---

### 정답 및 해설

01 말소기준권리: 2번 김대감의 가압류
02 인수하는 권리: 1번 가등기
03 배당금액
   1) 나전세: 16,000,000원(최우선변제금)
   2) 김대감: 56,923,076원
   3) 나전세: 17,076,924원
04 임차인의 보증금 중 매수인이 인수하는 금액: 없음

**point** 1번 가등기는 선순위이면서 소유권이전등기청구권보전가등기이므로 매수인이 인수한다. 나전세의 대항력 발생일시는 말소기준권리보다 늦은 2003년 3월 12일 0시이므로 매수인에게 대항할 수 없다. 본 서에서는 소액임차인의 판단기준일은 선순위담보율권 설정일로 보며 이 담보물권에는 확정일자를 갖춘 임차인도 포함한다. 이 외에는 현행법을 기준으로 하였다.

## 13. 배당금 1억 원

| | | 서울 ○○동 | | |
|---|---|---|---|---|
| | 등기접수일 | 권리 종류 | 권리자/채권액 | 비고 |
| 1 | 2003. 3. 11. | 가등기 | 홍길동 | |
| 2 | 2004. 5. 11. | 근저당권 | ○○은행/6,000만 원 | |
| 3 | 2005. 3. 16. | 임차권 | 나전세/4,000만 원 | |
| 4 | 2006. 8. 12. | 임의경매 | 홍길동/6,000만 원 | |

| 임차인 | 용도/점유기간 | 배당요구의 종기 2006. 10 .13. | | | |
|---|---|---|---|---|---|
| | | 보증금 | 전입일 | 확정일자 | 배당요구일 |
| 나전세 | 주거용<br>2003. 3. 11. ~ | 4,000만 원 | 2003. 3. 11. | 2005. 3. 16. | 2006. 9. 28. |

1. 말소기준권리:

2. 인수하는 등기부상의 권리:

3. 배당금액:

4. 임차인의 경우, 매수인이 인수해야 하는 보증금액:

### 정답 및 해설

**01** 말소기준권리: 1번 홍길동의 등기
**02** 인수하는 권리: 없음
**03** 배당금액
 1) 나전세: 16,000,000원(최우선변제금)
 2) 홍길동: 60,000,000원
 3) ○○은행: 24,000,000원
**04** 임차인의 보증금 중 매수인이 인수하는 금액: 없음

**point** 가등기는 가등기권리자 홍길동이 임의경매신청을 한 것으로 보아 담보가등기이다. 따라서 가등기가 말소기준권리가 되고 그 이후의 권리와 함께 소멸되며, 나전세의 대항력 발생일시는 말소기준권리보다 늦은 2003. 3. 12. 0시이므로 매수인에게 대항할 수 없다.

## 14. 배당금 1억 원

| 서울 OO동 | | | |
|---|---|---|---|
| 등기접수일 | 권리 종류 | 권리자/채권액 | 비고 |
| 1 | 2003. 3. 11. | 가압류 | 김대감/5,000만 원 | |
| 2 | 2004. 5. 11. | 가등기 | 홍길동/3,000만 원 | 배당요구 |
| 3 | 2006. 3. 16. | 임차권 | 나전세/7,000만 원 | |
| 4 | 2006. 8. 12. | 강제경매 | 김대감/5,000만 원 | |

| 임차인 | 용도/점유기간 | 배당요구의 종기 2006. 10. 13. | | | |
|---|---|---|---|---|---|
| | | 보증금 | 전입일 | 확정일자 | 배당요구일 |
| 나전세 | 주거용<br>2004. 3. 11. ~ | 7,000만 원 | 2004. 3. 11. | 2004. 3. 16. | 2006. 9. 28. |

1. 말소기준권리:

2. 인수하는 등기부상의 권리:

3. 배당금액:

4. 임차인의 경우, 매수인이 인수해야 하는 보증금액:

### 정답 및 해설

**01** 말소기준권리: 1번 김대감의 가압류
**02** 인수하는 권리: 없음
**03** 배당금액
    1) 김대감: 33,333,333원
    1) 나전세: 66,666,667원
**04** 임차인의 보증금 중 매수인이 인수하는 금액: 없음

**point** 김대감의 가압류와 나전세의 확정일자부임차권, 김대감의 가압류와 홍길동의 가등기는 각 동순위이다.
나전세의 확정일자부임차권이 홍길동의 가등기보다 선순위이므로 안분배당 후 흡수배당한다. 먼저 안분배당을 하면, 김대감 33,333,333원, 나전세 46,666,667원, 홍길동 20,000,000원이다. 그 후 나전세에게 홍길동의 배당금 20,000,000원을 흡수배당 하게 된다.

## 15. 배당금 2억

| | 서울 ○○동 빌라 202호 | | | |
|---|---|---|---|---|
| | 등기접수일 | 권리 종류 | 권리자/채권액 | 비고 |
| 1 | 2005. 5. 15. | 근저당권 | ○○은행/1억 원 | |
| 2 | 2010. 8. 15. | 임의경매 | ○○은행/1억 원 | |

| 임차인 | 점유기간 | 배당요구의 종기 2010. 11. 13. | | | |
|---|---|---|---|---|---|
| | | 보증금 | 전입일 | 확정일자 | 배당요구일 |
| 홍길동 | 2001. 2. 11 | 8,000만 원 | 2001. 2. 11. | 2001. 2. 11. | 2010. 10. 28. |
| 김대감 (홍길동으로부터 전차한 전차인) | 2004. 3. 10 | 4,000만 원 | 2004. 3. 10. | 2004. 3. 10. | 2010. 10. 15. |
| 최진사 | 2010. 8. 12 | 5,000만 원 | 2010. 8. 12. | 2010. 8. 12. | 2010. 10. 28. |

1. 말소기준권리:

2. 인수하는 등기부상의 권리:

3. 배당금액:

4. 임차인의 경우, 매수인이 인수해야 하는 보증금액:

### 정답 및 해설

**01** 말소기준권리: 1번 ○○은행의 근저당권
**02** 인수하는 권리: 없음
**03** 배당금액
   1) 홍길동: 80,000,000원(우선변제금)
   2) ○○은행: 100,000,000원
   3) 최진사: 20,000,000원
**04** 임차인의 보증금 중 매수인이 인수하는 금액: 없음

**point** 김대감은 소액임차인에 해당하나 전대인(임차인) 홍길동이 소액임차인이 아니므로 김대감 또한 소액임차인으로 최우선변제를 받을 수 없다. 또한 이와 같은 경우 우선변제권을 주장할 수 있는 사람은 홍길동이다.

## 16. 배당금 1억 원

| 서울 OO동 빌라 202호 | | | |
|---|---|---|---|
| | 등기접수일 | 권리 종류 | 권리자/채권액 | 비고 |
| 1 | 2005. 5. 15. | 근저당권 | OO은행/1억 원 | |
| 2 | 2010. 8. 15. | 임의경매 | OO은행/1억 원 | |

| 임차인 | 점유기간 | 배당요구의 종기 2010. 11. 13. | | | |
|---|---|---|---|---|---|
| | | 보증금 | 전입일 | 확정일자 | 배당요구일 |
| 홍길동 | 2001. 9. 18. | 3,000만 원 | 2001. 9. 18. | 2001. 9. 18. | 2010. 10. 28. |
| 김대감<br>(홍길동으로부터<br>전차한 전차인) | 2004. 3. 10. | 1,500만 원 | 2004. 3. 10. | 2004. 3. 10. | 2010. 10. 15. |
| 최진사 | 2010. 8. 12. | 5,000만 원 | 2010. 8. 12. | 2010. 8. 12. | 2010. 10. 28. |

1. 말소기준권리:

2. 인수하는 등기부상의 권리:

3. 배당금액:

4. 임차인의 경우, 매수인이 인수해야 하는 보증금액:

### 정답 및 해설

**01** 말소기준권리: 1번 OO은행의 근저당권
**02** 인수하는 권리: 없음
**03** 배당금액
    1) 김대감: 15,000,000원
    2) 홍길동: 15,000,000원
    2) OO은행: 70,000,000원
**04** 임차인의 보증금 중 매수인이 인수하는 금액: 없음

**point** 전대인(임차인) 홍길동 및 전차인 김대감 모두 소액임차인에 해당하므로 전차인인 김대감은 홍길동의 최우선변제권을 대위하여 15,000,000원을 배당받을 수 있고 홍길동은 나머지 금액인 15,000,000원을 배당받을 수 있다.

### 17. 배당금 1억 4천만 원

| 서울 OO동 빌라 202호 ||||
|---|---|---|---|
| | 등기접수일 | 권리 종류 | 권리자/채권액 | 비고 |
| 1 | 2005. 5. 15. | 근저당권 | OO은행/1억 원 | |
| 2 | 2008. 8. 15. | 임의경매 | OO은행/1억 원 | |

| 임차인 | 점유기간 | 배당요구의 종기 2010. 11. 13. ||||
|---|---|---|---|---|---|
| | | 보증금 | 전입일 | 확정일자 | 배당요구일 |
| 홍길동 | 2005. 6. 11. | 5,000만 원 | 2005. 6. 11. | 2005. 6. 11. | 2010. 10. 28. |
| 김대감 | 2008. 8. 16. | 5,000만 원 | 2008. 8. 16. | | 2010. 10. 15. |
| 최진사 | 2008. 8. 16. | 5,000만 원 | 2008. 8. 16. | 2008. 8. 16. | 2010. 10. 28. |

1. 말소기준권리:

2. 인수하는 등기부상의 권리:

3. 배당금액:

4. 임차인의 경우, 매수인이 인수해야 하는 보증금액:

#### 정답 및 해설

**01** 말소기준권리: 1번 OO은행의 근저당권
**02** 인수하는 권리: 없음
**03** 배당금액
　　1) OO은행: 100,000,000원
　　2) 홍길동: 40,000,000원
**04** 임차인의 보증금 중 매수인이 인수하는 금액: 없음

## 18. 배당금 1억 5천만 원

| 서울 ○○동 빌라 202호 ||||
|---|---|---|---|
| | 등기접수일 | 권리 종류 | 권리자/채권액 | 비고 |
| 1 | 2002. 5. 15. | 근저당권 | ○○은행/1억 원 | |
| 2 | 2008. 8. 2. | 임의경매 | ○○은행/8,000만 원 | |

| 임차인 | 점유기간 | 배당요구의 종기 2008. 11. 13. ||||
|---|---|---|---|---|---|
| | | 보증금 | 전입일 | 확정일자 | 배당요구일 |
| 홍길동 | 2001. 9. 18. | 5,000만원<br>+1,000만원<br>(2003. 8. 1.<br>1,000만 원 증액) | 2001. 9. 18. | 2001. 9. 18. | 2008. 10. 28. |
| 김대감 | 2003. 3. 10. | 3,000만 원 | 2003. 3. 10. | 2003. 3. 10. | 2008. 10. 28. |

1. 말소기준권리:

2. 인수하는 등기부상의 권리:

3. 배당금액:

4. 임차인의 경우, 매수인이 인수해야 하는 보증금액:

### 정답 및 해설

01 말소기준권리: 1번 ○○은행의 근저당권
02 인수하는 권리: 없음
03 배당금액
    1) 김대감: 16,000,000원(최우선변제금)
    2) 홍길동: 50,000,000원(우선변제금)
    3) ○○은행: 80,000,000원
    4) 김대감: 4,000,000원(우선변제금)
04 임차인의 보증금 중 매수인이 인수하는 금액: 없음

**point** 홍길동의 보증금 증액분 10,000,000원은 그 증액일자보다 선순위의 1번 저당권 및 김대감의 우선변제권에 대항할 수 없다.

## 19. 배당금 1억 원

| 서울 ○○동 빌라 202호 ||||
|---|---|---|---|
| | 등기접수일 | 권리 종류 | 권리자/채권액 | 비고 |
| 1 | 2002. 5. 15. | 근저당권 | ○○은행/5,000만 원 | |
| 2 | 2004. 9. 2. | 임의경매 | ○○은행/5,000만 원 | |

| 임차인 | 점유기간 | 배당요구의 종기 2008. 11. 13. ||||
|---|---|---|---|---|---|
| | | 보증금 | 전입일 | 확정일자 | 배당요구일 |
| 김대감 | 2001. 3. 1.~ | 5,000만 원 | 2001. 3. 1. | 2001. 3. 1. | 2008. 10. 28. |
| 홍길동 | 2002. 8. 1.~ | 5,000만 원 | 2002. 8. 1. | 2002. 8. 1. | 2008. 10. 28. |

**참고사항**
홍길동
2004. 8. 1. 임대인 동의하에 보증금 5,000만 원을 보증금 4,000만 원에 월세 10만 원으로 변경함.

1. 말소기준권리:

2. 인수하는 등기부상의 권리:

3. 배당금액:

4. 임차인의 경우, 매수인이 인수해야 하는 보증금액:

### 정답 및 해설

**01** 말소기준권리: 1번 ○○은행의 근저당권
**02** 인수하는 권리: 없음
**03** 배당금액
　　1) 김대감: 50,000,000원
　　2) 홍길동: 16,000,000원
　　3) ○○은행: 34,000,000원
**04** 임차인의 보증금 중 매수인이 인수하는 금액: 없음

**point** 홍길동은 경매개시결정등기 전에 소액보증금으로 변경하였으므로 소액임차인으로서 최우선변제를 받을 수 있다.

## 20. 배당금 1억 3천만 원

| 서울 OO동 상가 | | | |
|---|---|---|---|
| | 등기접수일 | 권리 종류 | 권리자/채권액 | 비고 |
| 1 | 2000. 5. 15. | 근저당권 | OO은행/1억 원 | |
| 2 | 2005. 4. 15. | 가압류 | 김대감/5,000만 원 | |
| 3 | 2007. 5. 15. | 강제경매 | 김대감/2,000만 원 | |

| 임차인 | 점유기간 | 배당요구의 종기 2007. 7. 13. | | | |
|---|---|---|---|---|---|
| | | 보증금 | 사업자등록일 | 확정일자 | 배당요구일 |
| 홍길동 | 2000. 2. 14. ~ | 7,000만 원 | 2000. 2. 14. | 2002. 10. 16. | 2007. 6. 10. |

1. 말소기준권리:

2. 인수하는 등기부상의 권리:

3. 배당금액:

4. 임차인의 경우, 매수인이 인수해야 하는 보증금액:

### 정답 및 해설

01 말소기준권리: 1번 OO은행의 근저당권
02 인수하는 권리: 없음
03 배당금액
   1) OO은행: 100,000,000원
   2) 홍길동: 30,000,000원(우선변제금)
04 임차인의 보증금 중 매수인이 인수하는 금액: 없음

**point** 홍길동으로서는 상가건물임대차보호법 시행 전의 근저당권자에 대항할 수는 없으나 그 시행 후의 권리자 등에는 대항할 수 있다. 홍길동의 사업자등록일의 효력은 2002. 11. 1.부터 인정된다.

## 21. 배당금 1억 원

| 서울 OO동 빌라 201호 ||||
|---|---|---|---|
| | 등기접수일 | 등기목적 | 권리자/채권최고액 | 비고 |
| 1 | 2004. 9. 21. | 근저당권 | OO저축은행/1억 원 | |
| 2 | 2008. 5. 14. | 가압류 | OO금고/5,000만 원 | |
| 3 | 2009. 5. 6. | 임의경매 | OO저축은행/8,000만 원 | |

| 임차인 | 점유기간 | 배당요구의 종기 2009. 7. 13. ||||
|---|---|---|---|---|---|
| | | 보증금 | 전입일 | 확정일자 | 배당요구일 |
| 홍길동 | 2005. 2. 14. ~ | 3,000만 원 | 2005. 2. 14. | 2005. 2. 14. | 2009. 6. 10. |
| 꽃분이 | 2005. 2. 14. ~ | 3,000만 원 | 2005. 2. 14. | 2005. 2. 14. | 2009. 6. 10. |

**참고사항**
홍길동과 꽃분이는 부부관계로 같이 201호에 살고 있음.

1. 말소기준권리:

2. 인수하는 등기부상의 권리:

3. 배당금액:

4. 임차인의 경우, 매수인이 인수해야 하는 보증금액:

### 정답 및 해설

01 말소기준권리: 1번 OO저축은행의 근저당권
02 인수하는 권리: 없음
03 배당금액
   1) 홍길동 및 꽃분이: 16,000,000원
   2) OO저축은행: 80,000,000원
   3) 홍길동 및 꽃분이: 4,000,000원
   4) 임차인의 보증금 중 매수인이 인수하는 금액: 없음

**point** 홍길동과 꽃분이는 가정공동생활을 하는 부부이므로 이들을 1인의 임차인으로 보아야 하고, 이때에는 각 보증금을 합산하여 소액임차인에 해당하는지 여부를 판단하여야 하지만 부부가 각각 임대차내역을 신고하였더라도 하나의 임대차일 경우가 많다.

## 22. 배당금 2억 원

| | | 서울 OO동 아파트 303호 | | |
|---|---|---|---|---|
| | 등기접수일 | 등기목적 | 권리자/채권액 | 비고 |
| 1 | 2008. 9. 21. | 가압류 | 갑돌이/5,000만 원 | |
| 2 | 2009. 5. 14. | 근저당권 | OO저축은행/1억 원 | |
| 3 | 2010. 2. 6. | 임의경매 | OO저축은행/1억 원 | |

| 임차인 | 용도/점유기간 | 배당요구의 종기 2010. 3. 8. | | | |
|---|---|---|---|---|---|
| | | 보증금 | 전입일 | 확정일자 | 배당요구일 |
| 홍길동 | 주거용<br>2008. 2. 3. ~ | 8,000만 원 | 2008. 2. 3. | 2008. 2. 3. | 2010. 3. 4. |
| 참고사항<br>임차인 홍길동은 채무자의 남편임 | | | | | |

1. 말소기준권리:

2. 인수하는 등기부상의 권리:

3. 배당금액:

4. 임차인의 경우, 매수인이 인수해야 하는 보증금액:

### 정답 및 해설

**01** 말소기준권리: 1번 갑돌이의 가압류
**02** 인수하는 권리: 없음
**03** 배당금액
　　1) 홍길동: 80,000,000원(우선변제금)
　　2) 갑돌이: 40,000,000원
　　2) OO저축은행: 80,000,000원
**04** 임차인의 보증금 중 매수인이 인수하는 금액: 없음

**point** 홍길동이 채무자의 남편이어도 임차인으로 인정받을 수도 있다. 가압류와 저당권은 동순위이므로 안분배당한다.

## 23. 배당금 1억원

| | 건물등기부- 서울 OO동 | | | |
|---|---|---|---|---|
| | 등기접수일 | 권리 종류 | 권리자/채권액 | 비고 |
| 1 | 1998. 8. 4. | 저당권 | 홍길동/6,000만 원 | |
| 2 | 2000. 3. 26. | 가압류 | 김대감/5,000만 원 | |
| 3 | 2006. 4. 6. | 소유권이전 | 김순돌 | |
| 4 | 2006. 8. 16. | 가압류 | 최진사/3,000만 원 | |
| 5 | 2008. 12. 19. | 임의경매 | 홍길동/6,000만 원 | |

1. 말소기준권리:

2. 인수하는 등기부상의 권리:

3. 배당금액:

4. 임차인의 경우, 매수인이 인수해야 하는 보증금액:

### 정답 및 해설

**01** 말소기준권리: 1번 홍길동의 저당권
**02** 인수하는 권리: 없음
**03** 배당금액
　　1) 홍길동: 60,000,000원
　　2) 김대감 40,000,000원, 최진사 0원

**point** 전소유자의 가압류 이전의 저당권이 경매 신청하였고 또한 전소유자의 가압류권자인 김대감은 채권신고를 하였으므로 전소유자의 가압류는 매각으로 소멸한다. 그리고 가압류인 경우 전소유자 채권자들이 모두 변제되고 남은 금액이 있을 경우 현소유자들의 채권자들이 배당받아갈 수 있다. (민사집행의실무, 윤경, 1306쪽 참조)

## 24. 배당금 1억 원

| | | 서울 OO동 아파트 303호 | | |
|---|---|---|---|---|
| | 등기접수일 | 권리 종류 | 권리자/채권액 | 비고 |
| 1 | 2002. 5. 15. | 근저당권 | OO은행/6,000만 원 | |
| 2 | 2003. 5. 1. | 전세권 | 나전세/8,000만 원 | |
| 3 | 2007. 6. 3. | 임의경매 | OO은행/3,000만 원 | |

1. 말소기준권리:

2. 인수하는 등기부상의 권리:

3. 배당금액:

4. 임차인의 경우, 매수인이 인수해야 하는 보증금액:

---

### 정답 및 해설

01 말소기준권리: 1번 OO은행의 근저당권
02 인수하는 권리: 없음
03 배당금액
    1) OO은행: 30,000,000원
    2) 나전세: 70,000,000원(전세권)
04 임차인의 보증금 중 매수인이 인수하는 금액: 0원

**point** 후순위전세권자는 배당요구를 하지 않아도 자동으로 배당에 참여하게 된다. 집합건물의 전세권자는 대지의 매각대금에 대해서도 배당받을 수 있다.

## 25. 매각대금 1억 2천만 원

| | 경기도 용인시 OO동 주택 | | | |
|---|---|---|---|---|
| | 등기접수일 | 권리 종류 | 권리자/채권액 | 비고 |
| 1 | 2002. 5. 15. | 근저당권 | OO은행/1억 원 | |
| 2 | 2002. 5. 15. | 전세권 | 홍길동/6,000만 원 | |
| 3 | 2004. 6. 3. | 임의경매 | OO은행/1억 원 | |

| 임차인 | 용도/점유기간 | 배당요구의 종기 2004. 9. 13. | | | |
|---|---|---|---|---|---|
| | | 보증금 | 전입일 | 확정일자 | 배당요구일 |
| 홍길동 | 주거용, 방 한 칸<br>2002. 5. 15. ~ | 6,000만 원 | 2002. 5. 15. | 2002. 5. 15. | 2004. 9. 10. |

건물감정 1억 원
토지감정 5,000만 원
OO은행의 근저당권은 토지와 건물을 공동담보로 설정,
홍길동의 전세권은 건물 일부에만 설정됨.

1. 말소기준권리:

2. 인수하는 등기부상의 권리:

3. 배당금액:

4. 임차인의 경우, 매수인이 인수해야 하는 보증금액:

### 정답 및 해설

**01** 말소기준권리: 1번 OO은행의 근저당권
**02** 인수하는 권리: 없음
**03** 배당금액
   1) OO은행: 100,000,000원
   1) 홍길동: 20,000,000원
**04** 임차인의 보증금 중 매수인이 인수하는 금액: 없음

**point** 홍길동은 우선변제권을 가진 임차인으로서 권리를 주장할 수 있고 전세권자로서 권리를 주장할 수도 있다. 대항요건을 갖추고 전세권도 갖춘 임차인은 자신에게 유리한 쪽으로 권리신고를 하는 것이 좋다. 하지만 여기서 홍길동은 임차인으로서 권리를 주장하면 2002. 5. 16. 0시부터 우선변제권의 효력을 가질 수 있으므로 근저당권자 2002. 5. 15일자보다 후순위가 되고 전세권자로서 권리를 주장하여도 비록 근저당권과 동일한 일자이지만 접수번호 순으로는 근저당권자보다 후순위이므로 OO은행이 먼저 1억에 대해서 배당받고 남은 금액 2,000만 원을 홍길동이 배당받게 된다.

## 참 고 문 헌

《ABC부동산경매》, 안종현, 한빛

《가압류 가처분 지식 쌓기》, 김기웅, 미래와 경영

《가압류·가처분 실무총람》, 정승열, 육법사

《경매야 놀자》, 강은현, 매일경제신문사

《경매유치권과 손자병법》, 노인수, 이선우, 법률정보센타

《경매재테크 상식사전》, 백영록, 길벗

《공매투자 완전정복》, 고종옥, 매일경제신문사

《권리분석만 잘해도 부자 되는 부동산 경매》, 신용철, 청년정신

《근저당권의 이론과 실무》, 오시정, 육법사

《나 홀로 하는 가압류가처분》, 이병일, 진원사

《나는 쇼핑보다 경매투자가 좋다 3》, 박수진, 다산북스

《당신이 몰랐던 경매의 재발견 럭셔리 토지경매》, 전종철, 설춘환, 고려원북스

《돈 버는 부동산 실전경매1,2》, 정희섭, 미래지식

《뭘 해도 돈 버는 반값토지경매》, 이상규, 살림라이프

《민사집행 부동산경매의 실무》, 윤경, 육법사

《민사집행법》, 김지후, 법학사

《민사집행법》, 우금도, 진원사

《박용석의 부동산경매 권리분석 첫걸음》, 박용석, 위즈덤하우스

《법원실무제요》, 법원행정처

《법정지상권》, 임정수저, 진원사

《법정지상권》, 최광석, LTS

《법정지상권과 경매》, 곽용진, 법률서원

《부동산 상식사전》, 백영록, 길벗

《부동산 실무자를 위한 부동산공법 무작정 따라 하기》, 남우현, 길벗

《부동산경매실무 119》, 신창용, 다산북스

《부동산관계법규》, 박한동, 리북스
《부동산등기법》, 유석주, 삼조사
《실전경매 투자자를 위한 부동산 경매 권리분석》, 우형달, 김종덕, 원앤원북스
《실전투자자들이 가장 궁금해 하는 부동산경매》, 강은현, 새로운제안
《알고하자 부동산경매》, 김명채, 미래와경영
《우계장의 특급경매실무 1,2》, 우금도, 진원사
《유치권 법정지상권 공략 119》, 신창용, 다산북스
《지상권의 이론과 실무》, 고선철, 백영사
《판례로 본 물권법》, 곽용진, 법률서원

## 참 고 사 이 트

| | |
|---|---|
| 대법원종합법률정보 | http://glaw.scourt.go.kr |
| 국가법령정보센터 | http://law.go.kr |
| 대법원경매사이트 | http://www.courtauction.go.kr |
| 법률지식정보시스템 | http://likms.assembly.go.kr |